ISBN 978-1-333-91065-5
PIBN 10639446

FB &c Ltd, Dalton House, 60 Windsor Avenue, London, SW19 2RR.
Company number 08720141. Registered in England and Wales.

For support please visit www.forgottenbooks.com

ANNALES

DU SERVICE DES ANTIQUITÉS

DE L'ÉGYPTE

t

SERVICE DES ANTIQUITÉS DE L'ÉGYPTE

ANNALES
DU SERVICE DES ANTIQUITÉS
DE L'ÉGYPTE

TOME VII

LE CAIRE

IMPRIMERIE DE L'INSTITUT FRANÇAIS

D'ARCHÉOLOGIE ORIENTALE

M DCCCC VI

ANNALES

DU SERVICE DES ANTIQUITÉS

DE L'ÉGYPTE.

REPORT

ON EXCAVATION AT NAG EL-KELEBAT

BY

M. TEWFIK BOULOS.

With reference to a first report n° 118 forwarded to M. Lefebvre, the Chef-Inspector of the Service des Antiquités Assiut, on the 15th of May 1905, regarding the illegal excavations made at that site and stopped by me, the Service granted me L.E. 2 for the purpose of completing the work begun by the antiquity dealers.

The site is in the eastern mountain just east of Nag El-Kelebat which is opposite to the Railway station, on the western bank, of the village called El-Maragha. On Monday 12th June 1905 I went there and started the work. I continued it four days, staying at night at the Coptic Convent of Deir Amba Shinoodeh which is a few yards to the north of the above site. I took up the work where the natives had left it, and after clearing a depth of 6 metres, the workmen came on a wooden coffin entirely decayed, which crumbled to pieces at the first touch. The following antiquities were discovered near it amongst the rubbish.

1. *An uninscribed jar.* — Pottery. Height 1 metre, maximum circle

1 metre. As it presents no interest whatever, I left it at the Deir there to remain at the disposition of the Service.

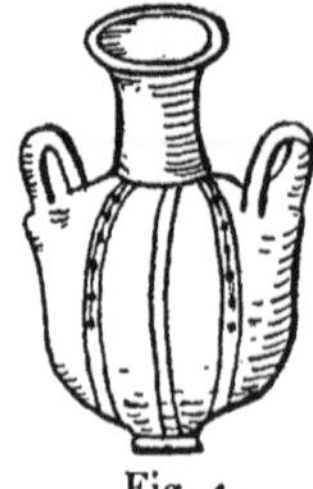

Fig. 1.

2. *A vase.* — Pottery. Height 0 m. 20 cent., largest circle 0 m. 50 cent. Its colour is yellowish, and lines in black are traced on it from neck to base (fig. 1).

3. *Saucer.* — Red pottery. Height 0 m. 12 c., diameter 0 m. 27 cent.

4. *Small jars.* — Red pottery. Height 0 m. 15 cent., largest circle 0 m. 25 cent. I have brought with me the best of them as samples. In one of them I found a fine green scarab of 0 m. 02 cent. in length and 0 m. 01 1/2 cent. in breadth (fig. 2); and a fine fish bearing the cartouch of Amen-hetep (fig. 3) which is nearly of the same size with figure 2; and two small beads (fig. 4 and 5), one of which represents two fishes laying alongside.

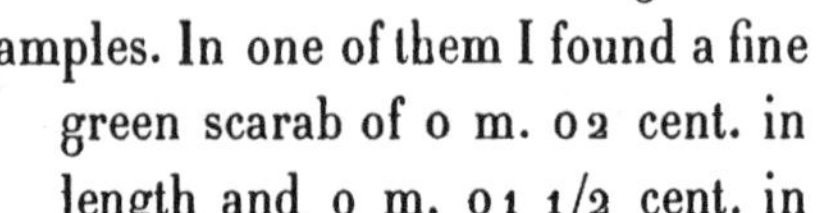

Fig. 2.

Fig. 3.

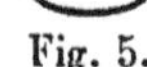

Fig. 4. Fig. 5.

5. *Saucer.* — Green. Inscribed inside. Height 0 m. 05 cent., diameter 0 m. 12 cent. (fig. 6). The few damages it has suffered are due to an efflorescence of salt which ate away some lines in the painting.

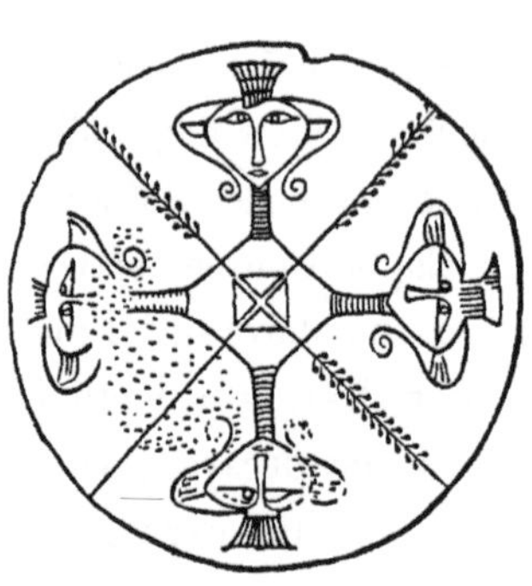

Fig. 6.

6. *Two pots closed together.* — Red pottery. Height 0 m. 10 cent., length of the base 0 m. 12 cent.

7. *Pot.* — Alabaster. Height 0 m. 06 c., diameter 0 m. 06 cent. This pot has a lid of alabaster. All those objects were found in the trench which had been begun by the native diggers. After having exhausted it, I tried several other places where I discovered a few objects more.

8. Six alabaster pots larger and smaller than the pot n° 7, some of which have suffered a little from their long stay in the ground.

9. *A piece of pottery.* — Height 0 m. 30 cent., diameter 0 m. 16 cent. It looks very good. Red glaze.

10. *A small vase.* — White pottery. Height 0 m. 06 cent., maximum diameter 0 m. 06 cent.

Tewfik Boulos,
Inspecteur d'Abydos.

ANCIENT EGYPTIAN MORTARS

BY

A. LUCAS

SUPERINTENDENT SURVEY DEPARTMENT LABORATORY.

Writing of the mortar of the ancients, Professor W. N. Hartley F. R. S. says on the authority of Vicat : « An examination of the mortar lying between the stones of the pyramid of Cheops has shown it to be identical with that in use in Europe at the present day, although its preparation must have taken place more than two thousand years before the Christian era ». Later on however in the same article Professor Hartley writing of plaster of Paris says : « It was used to some extent for building purposes by the ancient Egyptians, as is evident from the analyses of Dr W. Wallace of a specimen of plaster from the pyramid of Cheops ». The following are the results alluded to :

Analyses of Plaster from the Pyramid of Cheops (1).

CONSTITUENTS.	FROM THE INTERIOR.	FROM THE EXTERIOR.
	p. 100.	p. 100.
Hydrate calcium sulphate	81.50	82.89
Silicic acid	5.30	4.30
Calcium carbonate	9.47	9.80
Alumina	2.41	3.00
Ferric oxide	0.25	0.21
Magnesium carbonate	0.59	0.79
Total	99.52	100.99

The two opinions quoted above seem contradictory, and unfortunately there are no analyses by Vicat to show what the composition of the mortar was to which he referred.

An opportunity has recently occurred of examining numerous specimens of old Egyptian mortar, and the results obtained do not confirm Vicat's

(1) Article on Cements in *A Dictionary of Applied Chemistry*, by Dr T. E. Thorpe, C. B. F. R. S, London, 1890, vol. I, p. 467 and 468.

statement that it is « identical with that in use in Europe at the present day ». Dr Wallace more correctly calls the material plaster of Paris, although this definition will not strictly apply in every instance.

At the present time, many of the samples are essentially hydrated calcium sulphate mixed with varying proportions of sand : others of the samples however contain in addition from 25 to 50 p. 100 of calcium carbonate.

Since, according to our modern and western ideas, the use of plaster of Paris as a mortar is somewhat strange, the question naturally suggests itself whether the ancient Egyptians knew the use of lime and sand mortar at all. It may be useful therefore to ascertain what evidence is furnished on this point by the samples examined.

The whole question turns on the origin of the calcium carbonate.

There are two ways in which the presence of calcium carbonate may be accounted for, the first of these is by supposing that slaked lime was used in the first instance, and that this gradually absorbed carbon dioxide from the atmosphere until it became in great part converted into carbonate. This is what takes place in the ordinary lime and sand mortar of today; the lime sets by drying, and subsequently hardens by the absorption of carbon dioxide from the air and the conversion of the hydrate in part into carbonate.

Another possible view of the composition of the mortar in the first instance is to suppose that the calcium carbonate was originally present as an impurity in the sulphate.

The origin of the calcium sulphate used is unknown, and hence it cannot be stated with certainty whether or not it contained carbonate as an impurity. That Egyptian plaster as used at the present day however does contain carbonate is shown by the following analyses :

EGYPTIAN PLASTER OF PARIS FROM HELWAN.

CONSTITUENTS.	N° 1.	N° 2.	N° 3.
	p. 100.	p. 100.	p. 100.
Silica (Sand)	7.60	3.74	2.14
Oxide of Iron and Alumina	1.02	0.98	0.52
Calcium Sulphate	67.97	78.78	82.16
Calcium Carbonate	15.24	9.41	7.46
Water	7.46	6.43	8.29
TOTAL	99.29	99.34	100.57

If then this impure calcium sulphate was used, the necessary preliminary calcination would convert some part at least of the carbonate into quick lime, this would slake on the addition of water and would subsequently become converted into carbonate; the rest of the carbonate present remaining unchanged after calcination would simply be added as such.

From the above analyses it will be seen too that native Egyptian plaster also contains sand; and since in most of the samples of mortar analysed there is less than 10 p. 100 of sand, it seems likely that the sand also was introduced as an impurity in the plaster.

It will be noticed that in most of the samples there is a little lime in excess of that required to combine with both the sulphuric acid and carbon dioxide taken together, as though some of the lime were still left uncarbonated even after so many centuries of exposure. In one sample there is 22 p. 100 of lime still uncombined; this however may be of later origin and may indicate some comparatively recent repairs.

From these samples therefore there is no evidence that the ancient Egyptians understood the use of lime in making mortar, but there is a certain amount of evidence to the contrary, and which tends to show that where lime or carbonate of lime occurs it was used unconsciously.

Several years ago a sample of mortar from one of the pillars in the hypostyle hall at Karnak was examined by the writer with the following result. From the analysis it will be seen that this too is evidently a plaster of Paris.

Mortar from Karnak.

Silica and insoluble	13.54	per cent
Oxide of Iron and Alumina	2.90	
Lime	27.70	
Magnesia	0.42	
Sulphur Trioxide	36.54	
Soda	0.37	
Chlorine	trace	
Loss on Ignition, being Carbon Dioxide and Combined Water	19.19	
Total	100.66	

All of the samples analysed with the exception of the native plaster of Paris and the mortar from Karnak, were taken by Mr. Dow Covington in the course of his work on the Sphinx, Pyramids, etc. and it was at his suggestion that the analyses were made.

CONSTITUENTS.	PLACE FROM WHICH TAKEN.													
	SPHINX.						TEMPLE OF SPHINX.			SECOND PYRAMID.		GREAT PYRAMID.		
	REAR.	LEFT side.	RIGHT side.	PAW.	LEFT shoulder.	RIGHT shoulder.	1	2	3	Exterior.	Interior.	Exterior.	Interior.	Grotto.
	p. 100.	p. 100.	p. 100.	p. 100.	p. 100.	p. 100.	p. 100.	p. 100.	p. 100.	p. 100.	p. 100.	p. 100.	p. 100.	p. 100.
ınd Insoluble Silicates.........	9.97	23.06	12.14	9.32	17.34	9.29	3.96	7.06	1.67	7.48	1.62	8 31	4.17	8.73
e Silica..............	2.67	2.39	3.23	2.97	3.35	2.25	0.85	0.38	1.52	0.36	0.40	1.16	2.68	4.03
of Iron and Alumina.........	1.48	1.95	1.76	1.43	1.30	1.33	0.70	1.07	0.55	2.16	0.75	2.64	1.08	1.22
....	35.60	23.55	28.15	29.37	41.61	36.67	44.10	35.72	39.99	35.61	32.45	30.60	37.14	28.38
sia......................	0.56	0.35	0.78	1.01	0.96	trace	1.81	1.82	trace	trace	trace	0.61	trace	trace
r Trioxide.................	21.79	31.09	34.03	36.25	22.73	21.96	10.85	26.61	25.33	25.26	41.53	32.89	37.00	37.23
ı Dioxide..................	16.34	trace	3.03	1.88	2.65	17.00	25.53	13.38	17.41	11.73	trace	3.54	1.52	trace
ned Water (by difference).....	11.59	17.61	16.88	17.77	10.06	11.50	12.20	13.96	13.53	17.40	23.25	20.25	16.41	20.41
TOTAL.....	100.00	100.00	100.00	100.00	100.00	100.00	100.00	100.00	100.00	100.00	100.00	100.00	100.00	100.00
ır Trioxide calculated as Calcium phate (Anhydrous)...........	37.04	52.85	57.85	61.62	38.64	37.33	18.44	45.23	43.06	42.94	70.60	55.91	62.90	63.29
ı Dioxide calculated as Calcium bonate..................	37.09	trace	6.87	4.26	6.01	38.59	57.95	30.37	39.52	26.62	trace	8.03	3.45	trace
eft uncombined............	.....	1.79	0.49	1.62	22.34	.....	4.09	0.11	0.15	3.04	3.38	3.09	9.31	2.32

. — The sample from the left side of the Sphinx contained fragments of pottery; sample n° 2 from the Temple of the Sphinx contained small pieces of calcite; sample from
yramid contained small pebbles.

ther sample of mortar from the south air channel of the King's chamber of the great Pyramid was examined qualitatively and was very similar in composition to bove.

REPORT

ON WORK DONE IN UPPER EGYPT

DURING

THE WINTER 1904-1905

BY

J. E. QUIBELL

INSPECTEUR EN CHEF DU SERVICE DES ANTIQUITÉS.

1. I arrived at Luxor on 15th November 1904. The first piece of work was to finish the transport of the coffins found in the Tombs of the Kings the year before and to bring to an end the nearly finished installation of the electric light in the tomb of Merenptah.

2. More time was spent on Mr. Davis' excavations than on anything else. I heard from Mr. Davis on his arrival in Cairo that he wished to begin early. We therefore got the men started in December, and began to clear the upper part of the gully in which Thutmôsis IV and Hatshepsuîtu were found. No success attended the search and we gradually swept down the valley. Near the mouth, on the east side, are two tombs, one (n° 3) of Ramses III, the other (n° 4) of Ramses XII. Between them lay a great mass of chips, evidently derived from these tombs and, from their colour and the smooth slope of the mound, untouched for long ages. Here I pointed out to Mr. Davis and others that there was a chance, if a small one, of finding under this mound a tomb older than the XXth Dynasty, robbed and almost forgotten when the later tombs were dug. The idea attracted Mr. Davis and the trench we ran into the mound soon disclosed the opening of the tomb, which turned out to be that of Yuaa and Thuaa. While I was away at Edfu in attendance on H. R. H. the Duke of Connaught, the tomb was opened by the Director and Mr. Davis, on the 12th of February. On my return from Edfu on the 13th, some objects had already been removed

to Mr. Davis' dahabieh. With the help of Mr. Weigall and Mr. Lindon Smith, I began the planning, photographing and packing. On the 3rd of March the boxes were brought down to the river in weather so hot and trying that seventy out of one hundred and twenty workmen gave up after midday and risked their wages; the rest held on till nearly 9 P. M. and very well earned the 6 1/2 P. T. each which we had to pay them. Notwithstanding every precaution, several objects were stolen, part of the pole of the chariot and some fragments of inscribed gilt plaster; most of these have been recovered, and are now in the Museum with the rest.

The cost of excavation, borne by Mr. Davis, was Lst. 108, that of packing and transport, paid by the Department, was Lst. 132.

The objects found in the tomb need not be described here as two publications are to be made during the summer. Mr. Davis' will bear the cost of a fully illustrated description to which M. Maspero will contribute a life of Yuaa and Thuaa, Mr. Newberry an appreciation of the objects of art and Mr. Carter the plates, while an account of the find and a list of the monuments is to be written by me and to form a volume of the Museum Catalogue.

3. At Denfiq the sebakh diggers had uncovered the mouths of two shafts which looked promising; I dug them out, but only found sufficient pottery to prove that the graves were of the Middle Empire. Another couple of days were spent in a valley one hour to the north of Qurneh which ends in singularly vertical cliffs. In one of these, at a height of 12 metres, the opening of two ancient tombs could be seen; the path of approach, which must once have existed, had been quarried away and we had to get up by ladders. In one of the three chambers to which we gained access there is a sarcophagus hewn out of the live rock, but no other monuments of old Egyptian times remain. Outside these chambers however, there was once a gallery and the outer wall of this remains at the north end. In this wall a small chapel is cut, in the apsidal roof of which is painted, in rude Byzantine style but in colours of great freshness, the figure of a seated Christ surrounded by the symbols of the four Evangelists. A rude seat, made of a few blocks of stone, remains before the picture. This remote spot must have been the abode of some anchorite. There are traces of Coptic building in the valley below.

4. H. H. Prince Djemil Toussoun, when visiting the Tombs of the Kings one day in January, informed me that he wished to give Lst. 400 to some definite piece of work at Luxor which the Service should carry out. I submitted to H. H. various plans, the repairing of Deir el Medineh and others, and the one which attracted him was the clearing of the temple of Thutmôsis III, N. of the Ramesseum. This work was accordingly begun on 15th March. In the first days, I found a statue of Thutmôsis III, in black basalt, two tables of offerings and some interesting fragments, but the ruins are but shallow and Rameses' quarrying seems to have been very thorough. Mr. Weigall will continue the excavation.

5. The building of the house for the chief inspector at Luxor was continued under charge of M. Baraize; L.E. 439 was spent. Small huts for guards were built at the *Tombs of the Kings* and at Medinet Habu.

6. Several excavations went on at Luxor during the winter, which I frequently visited. M. Schiaparelli dug at Deir el Medineh, Messrs. Naville, Hall and Ayrton at Deir el Bahri, M. Lortet in the Valley of Apes; Mr. Mond continued his work on the slope of Sheikh Abd el Qurneh. All of these will print reports. South of Luxor M. Chassinat worked at the Edfu temple, Prof. Sayce and Mr. Garstang from Edfu to Esneh : the latter I had not time to visit.

7. Mr. Weigall came to Luxor on the 4th of February, but his official nomination had not arrived when, summoned by a letter from the Director, I left Luxor. I therefore had his help for several weeks and it was of great service to me, especially in the rather exhausting work of the Davis tomb.

8. I had prepared a list of tombs (34 in number) and temples at Luxor and Assuan to which doors should be placed, or other repairs are needed : such repairs are necessarily made after the tourist season, and the work was left to Mr. Weigall.

9. I left Luxor on the 22nd March and, after two short visits to Sakkara, finally established myself here on the 2nd of April and took charge of my new district, having retained the Southern Inspectorate a little more than four months.

May, 1905. Sakkara. J. E. Quibell.

A REPORT
ON THE SUFFOCATION OF FIVE PERSONS
IN A TOMB AT GURNEH
ON NOVEMBER 10TH-11TH 1905

BY

A. E. P. WEIGALL

INSPECTEUR EN CHEF DU SERVICE DES ANTIQUITÉS.

In November 1905 five natives of Gurneh lost their lives by asphyxiation in a tomb at Dra abul Neqqa, and as the case is somewhat peculiar it may be of interest to record the circumstances here. The house of a certain Ahmed Ibn Soliman is built upon the hillside not far south of the bay of Deir el Bahri, and from one of the back rooms an ancient tomb runs into the rock. The tomb has the appearance of an open cave, and it was used by the family who inhabited the premises as a stable and lumber-room. This family consisted of Ali Younis, his wife Fatmah Muhammed Hammad, his wife's mother Messedah Ahmed Khalifa, and his two cousins Muhammed Ahmed Salim and Hussein Ahmed Salim. In the early part of November, during the removal of some rubbish from the cave, Ali Younis discovered what appeared to be the entrance to a passage descending into the rock from the south of the tomb, and, excited by the hope of a rich find of antiquities, he quietly dug away each day a portion of the loose earth and stones which blocked the doorway. He confided his discovery to his family, but when, on November 10th, he was finally able to force his way into the passage, he selected a moment when his relatives were out of the house. Early on the morning of the 11th, his wife apparently became anxious at his disappearance and, finding that the passage to the new tomb was open, she decided that her husband was inside and entered in search of him. She was presently followed by her mother, who in her turn was followed by Hussein Ahmed Salim; and lastly Muhammed Ahmed Salim entered. By this time several persons had collected at the mouth of the tomb, and when an hour or more had passed without the return of any of the five, two or three onlookers decided to enter, carrying candles with them. They found that after three yards or so the passage turned sharply to the left, then almost immediately to the left again. At this point their candles began to fail owing to the bad air, but proceeding a few feet further they came across Muhammed Ahmed Salim lying on the ground and still alive. He was carried to the surface but expired a few moments later. The Moawin of the Luxor Police now arrived upon the scenes, and shortly afterwards the District Inspector of Antiquities, Mursi Effendi Halim, came up to the tomb. With four other persons, one of whom was Hassan el Hashash, ex-omdeh of Gurneh, Mursi Effendi entered the passage. Passing the spot where the first body had been lying, he found that the passage turned slightly to the right and then once more to the left, and presently it opened into a hall supported by rough pillars. Here the air was extremely foul, and the candles which the party carried began to go out. In the dim light they saw, or believed they saw, the bodies of three of the four persons lying upon the ground some yards in front of them, but they were unable to reach them, being overcome with nausea. On their return to the surface their condition was such that they neither dared to enter the tomb again, nor could they persuade any of the others to do so, the common belief amongst these latter being that an *afryt,* or spirit, who inhabited the tomb and guarded the hoards of treasure which were buried there, had seized each of the five persons as they entered and had strangled them. On the morning of the 12th, the Moawin of the Police brought the Sanitary Inspector to the tomb, and in the afternoon Mr. Hazel, Inspector of the Ministry of the Interior, rode over. I had suggested to him that the air pump belonging to the Department of Antiquities might be used with effect, but after an examination of the place he decided that it would be better to leave the four bodies where they lay and to brick up the passage, regarding it as their tomb. Their deaths were registered as being due to asphyxia produced by the poisonous gasses which had accumulated in the lower parts of the passage. On the 16th, when I last visited the place, the cave and the vacant rooms had been occupied by the nearest neighbours, the ordinary business of the household was proceeding, and there was not a sign of the tragedy remaining.

A. E. P. Weigall.

LETTER

TO THE DIRECTOR-GENERAL OF ANTIQUITIES

ON RUINS FOUND AT N° 3 STATION

ON THE SUEZ ROAD

BY

W. G. KEMP.

Dear Sir,

While crossing the desert in the neighbourhood of the old overland Mail Route to Suez, I have for many years past noticed fragments of ancient columns strewn about, but until recently I could not identify the place from which they came. This summer, being at the signal-tower at n° 3

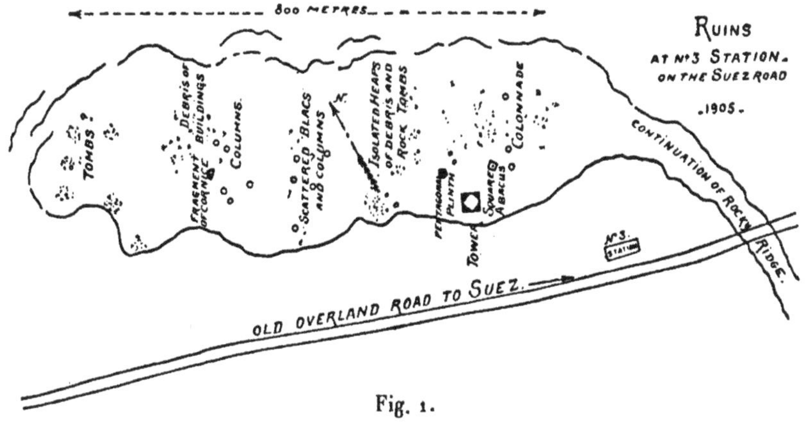

Fig. 1.

station in that road, I found extensive remains of tombs and a temple, or temples, showing the ruins of numerous columns and blocks of worked stone, covering nearly the whole plateau of the abrupt rocky ridge upon which the tower stands, the area of which is about 80,000 square metres (fig. 1). The columns, etc., consist of the same stone as that which forms the hill itself, and it is clear that the n° 3 tower and station of the late Transit Company and the tower at n° 2 are built with fragments from the ruins in question. Many of the pedestals of the columns are still in their original positions, which were about 6 metres apart and, in at least one place, have formed a 50 metres colonnade, 10 metres in width. The face of the buildings was covered with a thin layer of an exceedingly hard white cement, as will be seen on the specimen of stone which I send to you enclosed with this.

The remains are evidently of great age, roughly shaped and much weather worn and of simple design, although the ruins on the south-eastern portion of the ridge show signs of more artistic finish than those lying to the north-west. Cut in the rock are several openings indicating tomb-shafts,

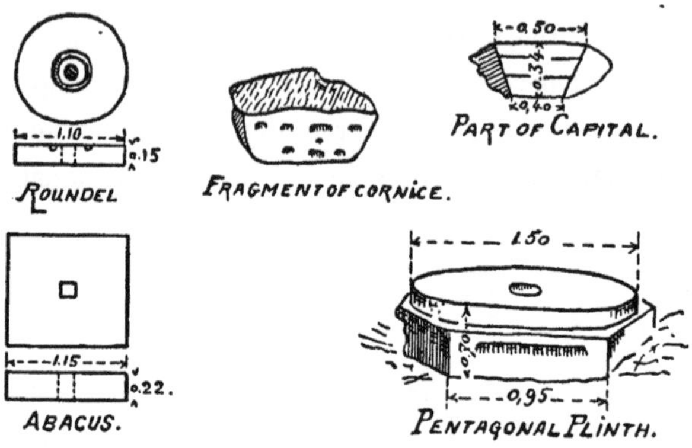

Fig. 2.

apparently long since opened, but, as far as my examination went, there are not any of the usual débris of bones, etc.

The best fragment of cornice that I was able to find (being unprovided with tools) had nine holes cut in it with some appearance of rough order (fig. 2), and other fragments bear similar markings.

The column-shafts vary in diameter from 0 m. 65 cent., 0 m. 80 cent., 0 m. 85 cent. to 0 m. 90 cent. Those with a groove and pierced central boss are probably roundels to support the capitals.

Some of the circular dadoes measure 1 m. 45 cent. and are 0 m. 25 c. thick, but one (of many) near the tower is 1 m. 50 cent. in diameter, with a pentagonal plinth, each face of which measures 0 m. 95 cent. and the combined block is 0 m. 70 cent. deep and has been slipped off its pentagonal foundation, the top of which is now on a level with the ground. Its central hollow is o m. 25 cent. in diameter and o m. 15 cent. deep. On one face of the pentagon it is indented with an incision o m. 75 cent. long, bevelled inwards and upwards. Mingled with these plinths I found pentagonal capitals o m. 34 cent. high, each face of which at the upper part measures o m. 50 cent. and at the base o m. 40 cent.

The whole field has been used as a convenient stone-quarry and it is surprising that so much remains, but, as I could merely examine the surface, this description is necessarily very imperfect, although a systematic examination of the spot would, no doubt, disclose other interesting remains.

Since these ruins are not mentioned in any map of the district and appear to be practically unknown, I beg to draw your attention to the matter in hope that the site may receive the care it deserves, remaining, Dear Sir,

Yours obediently.

W. G. Kemp.

SUR

DEUX TROUVAILLES DE CULOTS D'ARGENT

PROVENANT DE MIT-RAHINEH

PAR

É. BRUGSCH PACHA.

Vers la fin du mois de février 1906, à l'occasion de l'enlèvement du sébakh, des ouvriers ont trouvé dans les ruines du Kom el-Qala, l'un des koms qui marquent l'emplacement de Memphis, des culots en argent provenant de l'atelier d'un orfèvre, et affectant la forme de segments de sphère. Deux d'entre eux ont été entaillés dans l'antiquité d'un coup de ciseau sur la moitié de leur longueur. La moitié d'un troisième morceau a été enlevée pour déterminer le titre du métal.

Le poids des différents morceaux est :

	POIDS. — grammes.
1° Segment de sphère complet	142
2° 1/2 segment de sphère	107
3° Segment de sphère entaillé	92
4° Segment de sphère complet	149
5° Segment de sphère complet	147
TOTAL	637

L'argent essayé par un orfèvre du Caire, a été reconnu au titre de 950. Un lot pareil, conservé au Musée, se compose des morceaux suivants :

	POIDS. — grammes.
1° Segment de sphère complet	158
2° Segment de sphère complet	98
3° Segment de sphère complet	80
4° Segment de sphère complet	257
5° Segment de sphère entaillé pour l'essayage	133
TOTAL	726

Le titre du métal est le même que dans le lot précédent.

Le Caire, le 8 mars 1906.

É. BRUGSCH PACHA.

SUR LE TOMBEAU ROMAIN

DE TELL EL-SABAKHA

PAR

MOHAMMED EFFENDI CHABAN.

L'amas de *sébakh* connu sous le nom de Tell El-Sabakha est tout ce qui reste d'une ville antique d'époque romaine. Au temps de l'inondation, des efflorescences salines percent dans certaines parties, et c'est l'origine du nom actuel.

On remarque au nord-ouest de ce Tell un tombeau romain construit de beau calcaire blanc. Il est établi sur un plan rectangulaire et surmonté d'un toit pointu (fig. 1). Il mesure, à l'intérieur, 2 m. 67 cent. de longueur, sur 1 m. 81 cent. de largeur et 2 m. 35 cent. de hauteur (fig. 2). Les pierres qui entrent dans la construction de la moitié du plafond, du côté droit, sont au nombre de sept, alors que l'autre moitié n'en contient que six. On y voit à l'intérieur, un sarcophage en pierre d'*El-Haïssam* que surmonte un couvercle de la même pierre. Le couvercle a été poussé en arrière (fig. 3) par les voleurs qui enlevèrent la momie et les objets de valeur qui avaient été déposés avec elle. La cuve est toujours remplie d'une eau claire, qui se renouvelle sans cesse par infiltration, et qui lui a valu chez les habitants de cette localité le nom de *El Hammam* « le bain ».

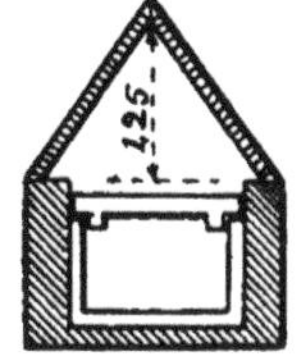

Fig. 1.

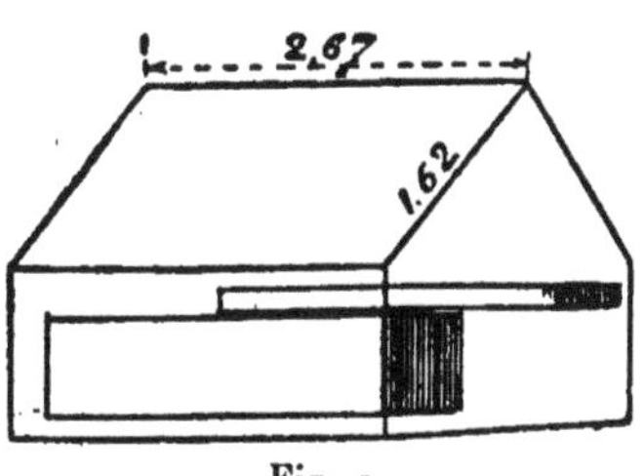

Fig. 2.

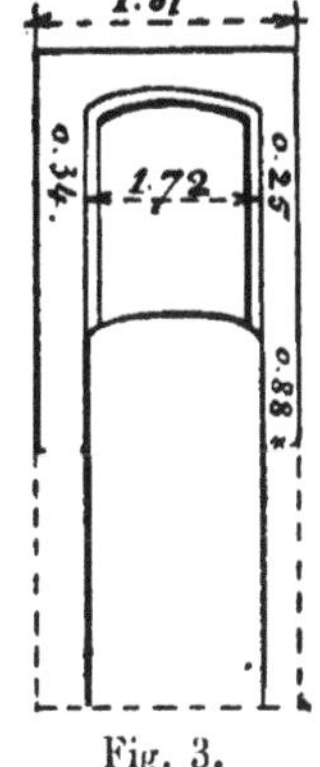

Fig. 3.

Ce tombeau jouit d'une grande renommée dans tout le voisinage. Il sert, dit-on, d'asile à un saint dont le nom n'est pas connu, mais qu'on désigne sous le titre de Cheikh du Hammam. Beaucoup de visiteurs viennent se baigner dans les eaux du sarcophage, et ils promettent au saint un pain de sucre s'il leur procure la guérison de leurs maux. Tous les malades qui sont guéris reviennent en pèlerinage, ils apportent avec eux un pain de sucre qu'ils jettent dans le sarcophage, en accomplissement de leur vœu.

Le monument ne contient malheureusement aucune inscription qui permette de savoir à qui il appartenait dans l'antiquité. Sur l'ordre de M. le Directeur général j'ai pris les mesures nécessaires pour en assurer la conservation.

Le 21 juillet 1905.

Mohammed effendi Chaban,
Inspecteur de Zagazig.

ÉTUDE ET ANALYSE
D'UNE ROCHE TROUVÉE À KARNAK
(1903-1905)

PAR

M. HIPPOLYTE DUCROS.

I

Pendant les dernières fouilles exécutées à Karnak en 1903-1905 par M. Legrain, on trouva dans la cachette, entre la salle hypostyle du grand temple d'Amon et le VIIe pylône, divers fragments d'une pierre incrustée d'une matière verte d'apparence cristalline.

Tous ces fragments semblaient par leur structure et leur composition faire partie d'une seule et même roche.

Cette incrustation était-elle due à un dépôt provenant de la décomposition par les eaux d'infiltration des nombreux bronzes qui avaient été trouvés dans le même périmètre mais beaucoup plus loin (environ une quinzaine de mètres au delà), ou bien n'était-ce qu'nn amas naturel de sels minéraux?

Je me décidai à en chercher la composition chimique.

Les échantillons qui m'ont été remis pour être soumis à l'analyse proviennent d'une roche archéenne et offrent tout l'aspect d'un fragment grossièrement feuilleté d'un schiste micacé.

De couleur gris clair, la pierre présente par endroits des portions rouillées, imitant parfois des veines; elle est mouchetée de points bruns et noirs. Dans certains échantillons on voit des taches jaunes qui donnent à l'ensemble de ces incrustations salines une couleur jaune verdâtre sale. Examiné de près, ce sel ne présente aucune structure cristalline; il est amorphe de couleur variant du vert bleuâtre au vert foncé, et par endroits il a pris une teinte nacrée et blanche due très probablement à une action de déshydratation. Il imprègne presque toute la masse de la pierre bien que cependant il se trouve de préférence aggloméré sous forme de couches minces, de teinte plus foncée.

Certaines parties de cette roche résistent à l'ongle; d'autres sont rayées par l'acier, d'autres rayent le verre. Compacte en général, cette pierre présente parfois un toucher légèrement onctueux.

Tous ces débris, trouvés épars çà et là à diverses profondeurs mêlés aux statues dans la cachette, présentent le même aspect de composition et semblent provenir d'un même gîte minier.

Quelle peut être l'origine de cette pierre? d'où a-t-elle pu être extraite? comment expliquer sa présence au temple de Karnak? Voilà autant de questions que nous chercherons à résoudre.

Tout d'abord, à n'en juger que par l'emplacement où furent trouvés ces fragments et par les matières terreuses auxquelles ils étaient mêlés et qui ont été enlevées en même temps qu'eux, nul doute que ce ne soit un dépôt remontant à l'antiquité.

Cette roche en outre n'appartient ni au sol de Karnak ni aux montagnes de Thèbes; les terrains de la région sont des terrains d'alluvions, et les montagnes sont calcaires. D'autre part, la structure schisteuse et micacée de notre échantillon indique suffisamment qu'il ne peut appartenir à un terrain d'alluvion, mais bien à un terrain de nature éruptive.

Si nous examinons dès lors la structure du sol de l'Égypte, nous voyons qu'il existe un énorme massif archéen traversé par l'effondrement de la mer Rouge et que l'on retrouve aussi bien dans la partie méridionale du Sinaï que sur la côte égyptienne. Depuis le 28° 30′ de latitude nord elle présente un alignement constant de hauts pics et de groupes isolés formant la ligne de partage des eaux entre la vallée du Nil et la mer Rouge. Au sud de la latitude Keneh-Kosseir, ce massif arrive à constituer presque tout le désert oriental.

Bien des gisements miniers ont été signalés dans cette région. Sans parler du district de Sarbet-el-Khadima au Sinaï, nous voyons que dans le désert oriental de l'Égypte on a exploité les porphyres du Gebel Doukhan dans le voisinage duquel, près du Gebel Dara, M. Wanner a signalé, il y a peu de temps, un gisement de minerai de cuivre. Ce renseignement qui nous a été fourni par M. Fourtau, et pour lequel nous le remercions, confirme les dires des historiens, et des voyageurs qui ont parcouru cette contrée : «Que le Sinaï n'était pas le seul centre minier connu et exploité par les anciens». La région du Ouadi Hammamat est assez connue, et depuis longtemps les anciens y ont exploité le granit, la brèche verte et peut-être aussi le quartz aurifère. Plus bas dans les talcschistes du Gebel Zabara on a cherché des émeraudes, et A. Figari bey a signalé depuis longtemps les mines de cuivre du Gebel Baram à l'est d'Assouan[1]. La description qu'en a fait cet auteur nous prouve plus que tous les textes que les Égyptiens ne devaient pas s'adresser seulement au Sinaï, d'ailleurs assez pauvre et incapable de fournir à lui seul aux besoins de toute l'Égypte, mais encore à tous les gisements miniers de ce massif, plus proches comme le Ouadi Hammamat, le Gebel Zabara, etc., qui nous ont été signalés par les historiens ou les voyageurs.

L'inscription de Redesiéh nous montre en effet une divinité qui dit au roi : « Je te donne le pays de l'or, les montagnes te donneront ce qu'il y a en elles en fait d'or, de lapis et de *mafek*[2] ».

Plus tard, les auteurs grecs et latins, Pline[3], Diodore de Sicile[4] et Strabon[5], puis dans les siècles plus proches de nous, Savary[6], de Rozière[7], Wilkinson[8], Champollion Figeac[9], Chabas[10] et enfin récemment M. Golenischeff[11] et M. Floyer[12], nous ont donné d'utiles renseignements sur ces régions peu connues qui, on n'en peut douter d'après leurs témoignages, fournissaient de cette matière à l'époque pharaonique.

Toute cette région minière n'était-elle pas du reste sillonnée de routes?

---

(1) *Revue d'Égypte*, t. III, f. 8, p. 457 : *L'Exploration scientifique de l'Égypte;* Figari Husson, *Lettre d'Assouan*, 7 septembre 1847.

(2) Chabas, *Études sur l'antiquité historique*, éd. 1873, p. 19.

(3) Pline, liv. XXXVII, § 17 et 18.

(4) Diodore de Sicile, 2e éd., 1865, liv. I, § xxxiii, p. 36.

(5) *Strabonis Geographica*, éd. Kramer, 1852, liv. XVII, chap. ii, § 2 et chap. iii, § 11.

(6) Savary, *Lettres sur l'Égypte*, 8e lettre, 2e vol., p. 103 (1798).

(7) De Rozière, *Description de l'Égypte*, Panckouke, t. XX, p. 187, et t. XXI, p. 279 (1824).

(8) Wilkinson, *Topography of Thebes*, p. 415 (1835).

(9) Champollion Figeac, *L'Égypte ancienne*, p. 432 (1843).

(10) Chabas, *Les inscriptions des mines d'or*, p. 11 (1862); *Études sur l'antiquité historique d'après les sources égyptiennes*, p. 21 à 31 (1873).

(11) Golenischeff, *Une excursion à Bérénice*, 1888-1889, *Recueil de travaux relatifs à la philologie et à l'archéologie égyptiennes et assyriennes*, t. XIII, p. 75.

(12) Floyer, *Étude sur le nord Etbaï entre le Nil et la mer Rouge*, janvier 1893.

d'Éléphantine à la tête de Nekhabit, de Thèbes ou de Coptos à Saou ou à la tête de Nekhabit, de Redesiéh à Nahasit, d'Apollinopolis Magna à la tête de Nekhabit? [1].

La grande distance qui séparait Thèbes de la presqu'île Sinaïtique d'une part et d'autre part la difficulté des transports à cette époque ne font-ils pas écarter toute idée que cette pierre pourrait provenir des mines du Sinaï? Bien plus, la nature même de cette roche ne porterait-elle pas à croire que notre minerai provient plutôt du Gebel Baram que du Sinaï?

Enfin, comment expliquer la présence de ces fragments de roche dans la favissa, si ce n'est en supposant qu'ils ont été apportés dans le temple comme offrande, ainsi du reste que les statues qui s'y trouvaient.

Nous avons essayé de déterminer la composition de cette roche et de la substance verte qui y adhérait. Nous avons fait à cet effet deux analyses; l'une sur un échantillon moyen, l'autre sur la matière verte détachée avec tous les soins possibles de la masse à laquelle elle adhérait.

II

ANALYSE GÉNÉRALE DE LA ROCHE.

L'échantillon finement pulvérisé traité par HCl à chaud n'a été attaqué que très faiblement, par contre AzO^3H a provoqué même à froid, et assez vivement, un dégagement gazeux.

Soumise à une ébullition assez prolongée en présence de AzO^3H étendu, puis filtrée, cette substance a donné un liquide d'une belle couleur verte et un dépôt blanc légèrement grisâtre.

Le passage de H^2S dans cette solution a provoqué la formation d'un précipité noir abondant qui a été séparé et recueilli par filtration. Le liquide obtenu est demeuré limpide et incolore.

Ce précipité noir lavé puis traité par $SHAzH^4$ à chaud a été insoluble dans ce réactif et les eaux de lavage obtenues n'ont décelé la présence d'aucun métal.

---

[1] Maspero, *Histoire ancienne des peuples de l'Orient*, t. I, p. 494 et 496; Bonola bey, *Routes et carrières de l'ancienne Égypte*, *Bull. Inst. géogr.*, mars 1891, p. 567.

Quant au précipité de sulfure insoluble dans $SHAzH^4$ dissous à la faveur de AzO^3H à chaud il a régénéré une solution de couleur vert clair dans laquelle les réactifs ont mis en évidence la présence des sels de cuivre :

1° Belle coloration bleu céleste par AzH^3.
2° Précipité marron abondant par $FeCy^6K^4$.

Enfin la solution obtenue après l'action de H^2S, additionnée d'AzH^4Cl et de AzH^3 puis traitée par $SHAzH^4$ a donné lieu à la formation d'un précipité noir, qui, séparé par filtration, lavé rapidement à l'eau bouillante et dissous dans HCl, a donné une liqueur qui à son tour a présenté toutes les réactions des sels de fer :

1° Précipité blanc par KOH soluble dans AzH^3.
2° Précipité blanc devenu bleu à l'air, par $FeCy^6K^4$.

Les eaux de lavage obtenues dans l'opération précédente, débarrassées du SO^4Ba qu'elles pouvaient contenir, neutralisées par CO^3Na^2 et chauffées ont produit un nouveau précipité brun très léger. Ce précipité dissous dans très peu de HCl, neutralisé par CO^3Na^2, additionné de $C^2H^3O^2Na$ puis acidulé de nouveau par $C^2H^4O^2$ a été traité par le courant de H^2S et a donné lieu à un précipité brun très léger de cobalt.

D'autre part la liqueur traitée par AzH^3 a donné aussi un précipité rose de manganèse. Restait à connaître les acides qui étaient combinés aux bases que nous venons de trouver :

Cuivre,
Fer,
Manganèse,
Cobalt;

à déterminer si notre substance ne contenait pas de principes volatils et à savoir comment elle se comportait sous l'influence de la chaleur à l'abri de l'air.

Pour cela nous avons fait un essai en tube fermé et nous avons observé que notre matière chauffée à la flamme d'une lampe à alcool :

1° A dégagé de l'eau, qui au papier de tournesol, n'a accusé aucune réaction.

2° Décrépitait; cette décrépitation pouvait être due soit à l'éclatement de la matière par suite de l'évaporation de l'eau, soit à la présence de sulfure.

3° A formé un léger sublimé de soufre sur les parois refroidies du tube.

4° Dégageait un gaz incolore et inodore (CO^2) troublant l'eau de chaux.

5° S'était décolorée; et de verte, elle avait pris une teinte brun-noir.

Les perles au sel de Borax ont été :

1° A la flamme d'oxydation : Vertes à chaud;
Bleu très clair à froid.

2° A la flamme de réduction : Vertes à chaud;
Brun-rouge à froid.

Ces colorations ne s'éloignent pas de celles fournies par le cuivre et le fer.

Le dépôt grisâtre retenu sur le filtre après l'action de AzO^3H sur la matière première a donné les réactions de la silice :

Précipité gélatineux par AzH^4Cl concentré.
Précipité gélatineux par HCl concentré.

ANALYSE DE LA SUBSTANCE VERTE.

Ces résultats obtenus pour la composition générale du minerai, nous avons procédé à une seconde analyse sur un nouvel échantillon constitué cette fois seulement par la matière verte.

Le résultat qui nous a été fourni par l'analyse est le suivant :

1° Un dépôt blanc granuleux insoluble dans AzO^3H. Silice.

2° Une solution qui a présenté les réactions du Cuivre et du Fer.

Outre l'analyse par voie sèche effectuée sur toute la masse de l'échantillon moyen nous avons procédé à la recherche des acides par voie humide sur un échantillon choisi et constitué par la substance verte.

Les particules vertes détachées avec soin de la pierre à laquelle elles adhéraient ont été dissoutes dans AzO^3H. Puis dans cette liqueur rendue alcaline par le CO^3Na^2 nous avons recherché les acides au moyen des réac tifs habituels.

Le $BaCl^2$ et le AzO^3Ag ont donné chacun un précipité blanc qui s'est dissous dans AzO^3H dilué en produisant un dégagement gazeux de CO^2. Donc présence d'un carbonate.

D'autre part le précipité de AzO^3Ag porté à l'ébullition pendant quelques minutes a donné une poudre légèrement miroitante d'argent métallique. En même temps le précipité obtenu par l'action de $BaCl^2$ traité par une goutte de HCl puis chauffé légèrement s'est dissous en laissant dégager du gaz SO^2. Donc présence d'un sulfite.

Enfin le résidu pulvérulent et blanc que nous avions obtenu après l'action de AzO^3H à ébullition sur la matière verte fondue avec du CO^3Na^2 a présenté tous les caractères propres à l'acide silicique :

1° Précipité gélatineux par HCl.
2° Précipité gélatineux par AzH^4Cl.

Dès lors nous pouvons conclure que ce minerai était un composé d'Hydrosilicate de cuivre, de carbonate de cuivre, de sulfure de fer et de bioxyde de manganèse avec traces de cobalt à l'état d'oxyde.

Les études présentées il y a quelques années par l'éminent chimiste M. Berthelot sur les mines de cuivre du Sinaï[1] et les analyses qu'il a faites de certains échantillons de minerai provenant du massif Sinaïtique, nous montrent que dans ces gîtes on trouvait non seulement des turquoises mais encore des hydrosilicates de cuivre et des grès imprégnés de sels de cuivre (carbonate et hydrosilicate de cuivre ou chrysocolle).

Les résultats de nos recherches correspondant à peu de chose près à ceux donnés par M. Berthelot ne pouvons-nous pas considérer notre minerai comme étant aussi du *mafek?*

Le mot *mafek,* , qui indique le métal où le minéral que les Égyptiens ont exploité dès la plus haute antiquité au Sinaï, qu'on appelait le pays du *mafek,* comme très probablement aussi au Gebel Baram et dans les autres gîtes de cette région, peut-il s'appliquer au minéral qui nous occupe aujourd'hui?

Les quelques représentations que nous avons du *mafek* nous montrent ce corps comme étant de couleur bleue ou verte. Les bas-reliefs le présentent

---

(1) Berthelot, *Comptes rendus des séances de l'Académie des Sciences,* 19 août 1896.

contenu dans des vases plats[1], ou dans des sacs[2]. Enfin on l'importait en Égypte soit en tas, soit en briques oblongues, soit encore sous forme de petits blocs de roche taillée.

Pendant son voyage au Sinaï, H. Brugsch a remarqué d'autre part que les inscriptions mentionnant le *mafek* se rencontraient tout auprès des mines de turquoises[3]. Faudrait-il par suite identifier le *mafek* à la turquoise? Nous ne le pensons pas.

Cette pierre précieuse, comme sa formule l'indique $Al^4P^2O^{11},5H^2O$ est un phosphate d'alumine qui contient toujours un peu de protoxyde de cuivre. Si nous comparons donc sa composition à celle de l'échantillon que nous venons d'analyser, nous trouvons qu'elle diffère totalement de celle de notre minerai qui ne contient, lui, ni alumine ni phosphore, et qui par contre se rapprocherait de la chrysocolle et de la malachite qui sont la première un silicate et la seconde un carbonate de cuivre hydratés.

Enfin les inscriptions qui accompagnent certains bas-reliefs nous montrent le roi, un prêtre, ou tout autre personnage présentant à la divinité, de l'or, de l'argent, des pierres précieuses... etc., et parfois même, mais plus rarement du *mafek*[4]. Les bas-reliefs du temple de Dendérah nous offrent quelques exemples à ce sujet et le tombeau de Houï nous en donne une peinture[5].

Si donc ce minerai de Karnak est du *mafek*, nous pourrions conclure que le mot *mafek* ne s'appliquerait pas à une seule espèce de pierre précieuse, turquoise ou autre, mais à tout minerai de couleur verte provenant d'une combinaison naturelle du cuivre.

H. A. Ducros.

---

(1) Lepsius, Abt. III, pl. CXV, Gournah.

(2) Temple de Louxor, cour de Ramsès II, mur sud.

(3) Brugsch, *Wanderung nach den Turkisminen*, 1868, p. 79.

(4) Lepsius, *Redesie*, Abt. II, pl. CXLI.

(5) Lepsius, *Denkmäler aus Ægypten und Æthiopien*, B. VI, Abt. III, pl. CXV.

NOTE

SUR UN PRODUIT MÉTALLURGIQUE

ET UNE TURQUOISE DU SINAÏ

PAR

M. HIPPOLYTE DUCROS.

Produit métallurgique.

Les échantillons analysés, qui font l'objet de cet article, nous ont été remis par M. Maspero. Ils avaient été offerts au Musée, par M. Flinders Petrie, comme provenant de la région minière du Wadi Maghara au Sinaï.

Ils ont un aspect métallique mat. La masse parfois spongieuse est en d'autres endroits vitrifiée et boursouflée; de couleur brune ou brun-noirâtre, elle est en général vert bleuté, ou même vert foncé; sa cassure, granuleuse et rouge violacée, laisse voir à l'intérieur de la matière de petits fragments de charbon et des particules métalliques brillantes; rugueuse au toucher, elle a dès qu'on la frotte l'odeur désagréable et caractéristique du cuivre. Sa densité est de 2,14.

Pulvérisée finement, la matière a été traitée d'abord par l'eau ensuite par l'acide nitrique.

Recherche des bases. — 1° Sels solubles dans l'eau. La liqueur obtenue après ébullition de la substance pulvérisée dans l'eau est limpide et incolore.

H^2S n'a rien donné.

$SHAzH^4$ est resté sans action.

CO^3Na^2 a produit un trouble que les divers essais ont prouvé être du Calcium.

La solution qui restait contenait en outre du Potassium.

2° Sels solubles dans l'acide nitrique. La matière après le traitement par l'eau a été soumise à l'action de l'acide nitrique.

Après nouvelle ébullition dans cet acide on a obtenu une liqueur verte et un dépôt gris siliceux que l'on a séparé par filtration.

Le courant de H^2S a provoqué dans cette solution un précipité noir qui a été séparé par filtration de la liqueur, devenue incolore, au sein de laquelle il s'est formé.

Ce précipité noir lavé à l'eau distillée a été traité à nouveau par $SHAzH^4$. Porté à l'ébullition pendant quelques minutes, nous avons eu un résidu noir et une solution colorée que nous avons séparée par filtration.

Ce résidu noir, lavé soigneusement à l'eau distillée et bouillante a été traité par AzO^3H qui l'a dissous complètement et a donné un liquide d'une belle couleur bleu turquoise.

Cette solution provenant de la dissolution complète des sulfures a été additionnée de HCl, filtrée, traitée par AzH^3 puis additionnée de CAzK et soumise à nouveau à l'action du courant de H^2S; mais ni HCl, ni AzH^3 ni H^2S n'ont provoqué le moindre trouble.

Toutefois la liqueur additionnée de $FeCy^6K^4$ a donné lieu à un précipité rouge de Cuivre.

Quant à la solution, obtenue après l'action du sulfure ammonique sur les sulfures, traitée successivement par $CO^3(AzH^4)^2$, par HCl étendu ou concentré et à chaud, puis par l'Hydrogène naissant et H^2S elle n'a rien donné. La solution séparée par filtration du précipité noir et chargée encore de H^2S a été alors traitée par $AzH^4Cl + AzH^3$. On a obtenu ainsi un résidu noir que par décantation nous avons séparé de la solution incolore au sein de laquelle il s'était formé.

Ce résidu, dissous dans AzO^3H puis traité par $AzH^4Cl + AzH^3$ a produit un nouveau précipité brun, qui traité par KOH et PbO^2, puis dissous dans HCl et additionné de $Fe\,Cy^6\,K^4$ a donné le précipité bleu de Prusse caractéristique des sels de Fer.

D'autre part la liqueur précédente acidifiée et additionnée de AzH^4Cl puis portée à l'ébullition, a provoqué un léger précipité blanc dénotant des traces d'Alumine.

Enfin la solution qui avait été obtenue après la séparation du résidu noir produit par $AzH^4Cl + AzH^3$ sur la liqueur primitive, traitée par $CO^3(AzH^4)^2$

a fourni un nouveau précipité qui, dissous, évaporé et traité par $C^2H^4O^2$ et CrO^4K^2 a donné une nouvelle solution qui par ajout de SO^4K^2 a fourni un précipité blanc de Calcium.

Quant à la solution dernière traitée : 1° par $AzH^3 + PO^4Na^2H$, elle a fourni un très léger précipité de Magnésium.

2° Par $Ba(OH)^2$ à ébullition puis par $CO^3(AzH^4)^2$ et additionnée de $C^6H^{12}(AzO^2)^3OH$ elle a donné par agitation un précipité de Potassium.

Recherche des acides. — Nous avons alors cherché les acides qui étaient combinés à ces bases.

Après alcalinisation de la liqueur primitive par CO^3Na^2, on a traité par $(AzO^3)^2Ba$; on a eu un précipité, qui, lavé et traité par HCl étendu, s'est dissous en partie avec effervescence et le gaz dégagé a troublé $Ca(OH)^2$: donc carbonate ou acide carbonique.

D'autre part le précipité barytique additionné de $CaFl^2 + SO^4H^2$ concentré et chauffé a dégagé des vapeurs qui ont laissé déposer sur le verre humide de la silice gélatineuse : donc silicate ou acide silicique.

Quant à la liqueur séparée par filtration du précipité barytique, traitée par AzO^3Ag, elle a donné un précipité soluble dans AzH^3 et non dans AzO^3H ce qui est l'indice de la présence d'un chlorure ou acide chlorhydrique.

Enfin en même temps que CO^2 il s'est dégagé de l'Oxygène pendant la dissolution de la matière dans l'acide nitrique.

En résumé nous pouvons dire que ces échantillons ont la composition suivante :

Cuivre à l'état d'oxyde.
Fer.
Alumine.
Chaux.
Magnésie.
Potasse.
Ac. carbonique.
Silice.
Ac. chlorhydrique.
densité = 2,14.

Fragments de creusets.

Deux petits fragments de creusets antiques ressemblant fort quant à leur composition aux poteries épaisses ordinaires égyptiennes et présentant quelques traces de matière verte y adhérant, nous ont été présentés en même temps que les échantillons précédents. Mais étant donné leur rareté, nous avons préféré reporter leur étude à plus tard et conserver ces fragments pour être exposés au Musée.

Échantillons de turquoises.

Outre ces objets il nous a été remis quelques échantillons de grès renfermant des turquoises. Ces grès dont le plus gros fragment avait environ un volume de 1 cm. cube, provenaient aussi du Sinaï; ils avaient été apportés du Wadi Maghara et avaient été donnés par M. Flinders Petrie.

Parmi ces fragments de grès qui sont d'une couleur variant du rouge au violacé, les uns contiennent de tout petits rognons de turquoise, d'autres de minces veinules, d'autres enfin de simples mouchetures de cette pierre précieuse.

La teinte de ces turquoises est très faible et varie pour la plupart des échantillons du blanc très légèrement bleuté au bleu-verdâtre; seuls quelques rognons ont conservé leur belle nuance vert pomme.

Recherche des bases. — La pierre précieuse, prise en échantillon moyen, débarrassée autant que possible des matières étrangères qui l'enveloppaient, traitée par HCl étendu a provoqué un léger dégagement gazeux qui a troublé $Ca(OH)^2$ et s'est dissoute assez rapidement dans cet acide.

Après ébullition on a obtenu un liquide incolore, et un léger dépôt blanc granuleux.

Traitée par H^2S à saturation, on a obtenu un précipité très peu abondant qui a été insoluble dans $SHAzH^4$.

Ce nouveau résidu, dissous dans AzO^3H, puis traité par AzH^3, CAzK et H^2S, a donné une solution qui additionnée de $FeCy^6K^4$, a produit un précipité rouge très léger indiquant des quantités extrêmement minimes de Cuivre.

La liqueur incolore obtenue après le filtrage des sulfures insolubles dans

$SHAzH^4$ additionnée de $AzH^4Cl + AzH^3$ a donné à son tour un nouveau précipité qui a été séparé de la solution incolore au sein de laquelle il s'était formé.

Ce résidu dissous dans AzO^3H puis soumis à l'action des divers réactifs ordinaires a donné, comme le composant : traces de Fer, Alumine et traces de Manganèse.

Et la solution qui restait, traitée par $CO^3(AzH^4)^2$, a provoqué la formation d'un nouveau précipité gélatineux et blanc qui dissous dans HCl et traité par $C^2H^4O^2$ et CrO^4K^2, a indiqué la présence de Calcium.

Quant à la solution finale débarrassée des alcalino-terreux et traitée par les divers réactifs ordinaires, elle a démontré l'existence de Magnésium de Potassium et de Sodium à l'état de traces.

L'essai en tube fermé a produit :

1° Une décrépitation de la pierre précieuse qui s'est décolorée et a légèrement bruni.

2° Un dégagement de vapeur d'eau.

3° Un sublimé de couleur jaune dégageant pendant qu'on le chauffait une légère odeur de sulfure.

Recherche des acides. — La liqueur primitive, traitée par CO^3Na^2 puis par $C^2H^4O^2$, débarrassée de CO^2, et alcalinisée faiblement par AzH^3, a été soumise à l'action de $(AzO^3)^2Ba$; traitée ensuite par HCl, elle a produit une solution de couleur jaune paille et un précipité.

Cette solution acétique, additionnée de AzO^3H et de molybdate d'ammoniaque a produit même à froid le précipité jaune de phospho-molybdate d'ammoniaque : donc présence de phosphate ou acide phosphorique.

Nous avons vu en outre dès le commencement de notre analyse, que le gaz dégagé pendant l'action dissolvante de l'acide sur la pierre analysée était du CO^2 puisqu'il troublait $Ca(OH)^2$. Donc présence d'un carbonate ou acide carbonique.

Quant au précipité insoluble dans HCl, traité par $SO^4H^2 + CaFl^2$ il a laissé déposer sur le tube humide un résidu de silice : donc silicate ou acide silicique.

Enfin le précipité barytique a fourni d'autre part les caractères des sulfures que l'analyse par voie sèche a déjà décelés : donc sulfate ou acide sulfurique.

Pour ce qui est de la solution obtenue après l'action de $(AzO^3)^2Ba$, traitée par AzO^3Ag elle a fourni un précipité peu abondant de chlorure provenant très probablement du HCl employé dans les diverses opérations qui ont précédé.

Nous voyons dès lors que notre échantillon moyen serait ainsi constitué :

Cuivre....	Quantités extrêmement minimes.
Alumine..................	Abondante.
Calcium..................	Peu abondant.
Fer......................	Traces.
Magnésium................	Traces.
Silice...................	Quantités notables.
Acide sulfurique.........	Peu abondant.
Acide phosphorique.......	Abondant.
Acide chlorhydrique......	Très peu abondant.
Eau......................	Assez abondante.
Densité..................	2.98

M. Frenzel, qui a étudié dans ces dernières années la composition d'un échantillon moyen de turquoise provenant du Wadi Maghara, a trouvé comme résultat de ses analyses les quantités suivantes :

Acide phosphorique..............................	28,40
Alumine...	38,61
Oxyde de cuivre.................................	3,32
Chaux...	3,95
Magnésie..	0,15
Silice..	4,37
Acide sulfurique................................	0,66
Eau...	20,69
Densité...	2,70

Si nous voulions, dès lors, comparer approximativement les résultats que nous avons trouvés avec ceux donnés par M. Frenzel, nous voyons que : à part le Fer, le Carbonate et le Chlorure qui doivent appartenir aux impuretés qui accompagnaient la pierre précieuse, toutes les autres bases ainsi que les acides se retrouvent dans nos deux compositions; quelques éléments, cependant tels que le Cuivre et le Calcium sont en quantité bien moindre dans notre échantillon.

H. A. Ducros.

NOTES D'INSPECTION

PAR

M. GEORGES LEGRAIN.

XXX

UNE STATUE DE MONTOUHOTPOU NIBHEPETRÎ.

La face sud du VIIe pylône à Karnak n'est pas ornée d'aussi nombreuses statues que celle du nord. Là, nous ne trouvons que deux grands colosses dressés devant les jambages de la porte et précédés d'énormes obélisques; sur la face même du pylône se voient les profondes rainures où se dressaient les hauts mâts ornés de clous et de plaques d'airain. La base sur laquelle reposait le mât le plus voisin du colosse est un très gros bloc de granit rose taillé *ad hoc*. Le 26 décembre 1905, nos ouvriers, dégageant la base du mât de l'est trouvèrent, en dessous du niveau, le long du mur, les pieds à l'ouest, la tête à l'est, le socle et les trois fragments d'une fort laide statue de mauvais grès que nous allons décrire.

Elle mesure, socle compris, 1 m. 95 cent. de hauteur, et représente un homme debout, coiffé de la couronne blanche, le corps engainé, les bras croisés sur la poitrine, les mains tenant chacune un *ankh* ☥. Le linceul peint en blanc qui l'enveloppe étroitement ne présente pas le collet du costume d'*habsadou*. Il couvre le corps entier sauf la tête et les mains et ne laisse voir le rouge de la peau qu'en une large échancrure sternale où saille la barbe peinte en bleu. Le bandeau de la couronne et l'uræus sont jaunes.

La statue a quelque peu souffert et il nous manque un morceau de la coiffure, une partie de l'épaule gauche et un fragment du socle. Mais, déjà, dans l'antiquité, la statue fut décapitée et le nez cassé ainsi que l'uræus; il fallut réparer tout cela. La tête fut maintenue sur les épaules par un goujon passant dans deux trous se raboutant, et le raccommodeur termina son œuvre en enfonçant dans deux petites alvéoles carrées un nez tout neuf et une nouvelle tête d'uræus.

Vaille que vaille, la statue alla ainsi jusqu'au jour où elle fut couchée et brisée définitivement au pied du pylône.

Elle n'est point belle; le corps, lourd et disproportionné ne va pas avec la tête trop petite. Son seul intérêt réside dans l'inscription de sept lignes horizontales gravée sur le ventre. Les hiéroglyphes, primitivement rehaussés de bleu, se lisent de droite à gauche sur le monument.

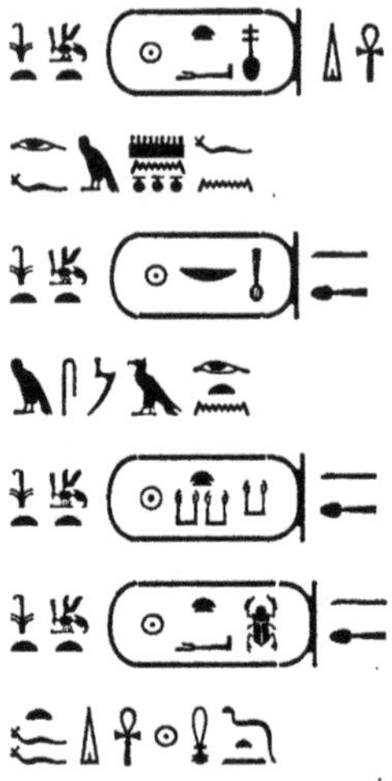

« Le Roi de la Haute et de la Basse-Égypte *Khanofirrî,* donnant la vie, « a fait sa dédicace au roi de la Haute et Basse-Égypte *Nibhepetrî* (1), « juste de voix, en restaurant ce qui fut fait par le roi de la Haute et Basse-« Égypte *Khakaourî,* juste de voix (et) le roi de la Haute et Basse-Égypte « *Khakhopirrî* juste de voix, son père, donnant la vie, comme le soleil « éternellement. » C'est-à-dire que c'est à *Sovkhotpou III* de la XIIIe dynastie que nous devons le raccommodage d'une statue osiriaque qui avait été dédiée par *Senousrit III* et probablement par son père *Senousrit II,* de la XIIe dynastie, à *Montouhotpou Nibhepetrî* de la XIe dynastie.

L'ordre chronologique de ces rois, la filiation de Senousrit III, le culte rendu à Montouhotpou nous étaient déjà connus. Ce texte, en somme, ne nous apprend rien que nous ne sachions déjà, mais il confirme d'une façon définitive les faits acquis. C'est son grand mérite.

---

(1) La lecture [cartouche] Neb-hapet-Ra et l'équivalence de ce cartouche avec [hiéroglyphes] ont été proposées par M. Griffith (*Archaeological Report,* 1904-1905, p. 8).

XXXI

LE ROI (cartouche) (cartouche) THOUTMÔSIS V (?).

Le 7 juillet 1905, j'ai attribué le numéro de fouille 710 à un sphinx acéphale en calcaire, mesurant o m. 45 cent. de long. Il est de si mauvais style que je ne l'aurais pas numéroté s'il n'avait porté gravé à l'avant et sur le côté droit du socle le texte suivant, écrit en hiéroglyphes assez mal faits :

(←) [hiéroglyphes] (?) [hiéroglyphes]

Dans le premier cartouche, le signe ♦ est figuré comme un petit triangle ▲.

Faut-il voir dans le premier cartouche une transcription ignorante du nom Manakhpirrî ou bien devons-nous enregistrer un Thoutmôsis V dans les listes royales? Dans ce dernier cas, je renonce, actuellement, à le classer dans une dynastie plutôt que dans une autre.

M. Maspero, auquel j'ai communiqué cette note, est d'avis que nous nous trouvons en présence d'un faux Thotmès créé à l'époque saïte et qu'il s'agit de Thoutmôsis III. De plus, il m'a fait remarquer que le cartouche Menkh-p-rî est déjà connu et qu'il fut adjoint au nom de Si-Amon dans les romans populaires. En effet M. Griffith dans ses *Stories of the High Priests of Memphis, The second Tale of Khamuas*, pl. III et IV et p. 54, nous fait connaître ce curieux passage que nous reproduisons ci-dessous.

[texte démotique]

XXXII

SUR UN CAS DE TOTÉMISME MODERNE.

La question du totémisme en Égypte à l'époque archaïque a été soulevée récemment par quelques savants [1]. On sait que le *totem* est un animal

---

[1] Cf. Capard, *Les débuts de l'Art en Égypte*, p. 202, 209, 213, et plus récemment par M. Loret.

considéré dans certaines tribus sauvages, particulièrement dans l'Amérique du Nord, comme l'ancêtre de la race et honoré comme tel. Diodore (I, 86) semble avoir vaguement deviné cette superstition chez les Égyptiens.

Ce que j'ai appris ici pourra, peut-être, aider à l'étude de cette croyance en Égypte, car, on le verra, elle y existe encore de nos jours.

J'avais déjà remarqué que certains de nos ouvriers de Karnak, répondaient aux surnoms de *Biss* et de *Seḥli*. J'en ai recherché la raison et voici ce que je tiens de bonnes sources, de gens sérieux qui, lorsque je les interrogeai, s'étonnèrent que la croyance et la coutume qu'ils m'ont fait connaître n'existassent pas en Europe.

Nous prendrons comme sujet, parmi les enfants de Karnak, Mohammed Ahmed Abdelhal que tout le monde appelle ici Mohammed el Biss ou el Biss, tout court, ce qui ne déplaît nullement au petit Mohammed, bien au contraire.

Le mot بس, *beis* ou plus exactement *biss* (au féminin بسّة, *bissa*) n'est pas du bon arabe, mais un mot patois avec lequel les paysans de Karnak désignent un chat sauvage, un chat errant qui rôde la nuit, et vole ce qu'il peut. Les gens d'ici ne confondent pas le بس, *biss*, avec le قط, *qott*, ou chat domestique.

Or, Mohammed el Biss n'a pas une âme d'homme, mais une âme, روح (*rouhh*) de *biss*, et quand il est endormi, si son âme sent une odeur de rat ou de cuisine, elle abandonne le corps de Mohammed, prend la forme d'un chat et part en chasse. Et, si quelqu'un frappe ou tue ce chat, le corps de Mohammed, demeuré inerte et abandonné, sera frappé et tué du même coup. La sœur de mon domestique, Rouéïa, qui était *bissa* mourut ainsi, subitement.

Cette croyance est commune aux Coptes et aux Musulmans [1] et le révérend indigène de la Mission américaine de Louqsor, ayant deux enfants *biss* les enferme chaque soir chacun dans une chambre séparée, craignant que leurs âmes sortent et se battent entre elles ou soient battues ou tuées par les voisins. De même, les deux garçons d'Ishaq Abadir, un des plus riches habitants de Keneh. Je pourrais citer d'autres exemples tout aussi authentiques.

La qualité de *biss* s'acquiert en naissant et devient héréditaire. Une femme

---

[1] S.E. Hussein pacha Fakhry m'a appris depuis qu'elle existe chez les Nègres soudanais.

vient-elle à mettre au monde deux enfants jumeaux que l'un des enfants et parfois les deux sont *biss*.

Ainsi Ermanios et Fehmy Yousef, les fils jumeaux de Yousef Makarios, ancien *sarraf* de Karnak, qui, aujourd'hui qu'ils sont grands, affirment à qui veut les croire que, étant enfants et *biss*, ils s'évadaient de leur corps chaque nuit, allaient à la maraude, réintégraient ensuite leur corps et au matin pouvaient dire qu'ils avaient été voler du poisson chez Shenoudi Makarios qui, en ce temps-là était à la fois agent consulaire de France et d'Autriche-Hongrie à Louqsor. Vérification faite, il se trouvait, assurent-ils, que le fait était vrai.

Je n'invente rien et ne fais que résumer l'enquête que j'ai faite au sujet des *biss*.

On peut cesser d'être *biss* : certains médecins fournissent des drogues; le meilleur traitement, m'assure-t-on, est de boire du lait de chamelle pendant quelques mois. Il vaut mieux en faire prendre aux très jeunes jumeaux, alors que « leur âme de chat n'a pas encore les yeux ouverts » (*sic*).

Et comme je trouvais que, malgré tout, la situation de *biss* n'avait rien d'enviable et ne présentait aucune garantie de sécurité, j'appris que la légende avait bien fait les choses : le chat *biss* a la queue coupée comme celle d'un fox-terrier. On est ainsi averti. Cependant, par mesure de précaution, les paysans ne tuent aucun chat : cela leur « porterait malheur »; le chat leur jetterait un regard et ils mourraient incontinent. Bien plus encore, on ne peut battre un enfant *biss* sans s'exposer à son mauvais œil et en supporter les néfastes conséquences. L'enfant, de son côté, mourrait aussitôt. En tout cas, c'est toujours lui le plus faible, celui qu'il faut traiter avec tous les ménagements possibles.

Tout ceci semble être un conte et rappeler la fable *La Chatte métamorphosée en Femme,* de Lafontaine. Mais ce qui suit ne pouvait être inventé : les gens *biss* ont les chats en grande révérence, les aiment « *comme leurs pères* » (*sic*) et les protègent autant qu'ils peuvent, pour être, en retour, protégés par eux.

C'est je crois, un beau cas de totémisme que nous venons de constater.

En voici, je crois, un second, mais moins précis.

Un autre surnom est donné aussi aux jumeaux : c'est celui de سحلى, *seḥli*. Le *seḥli* est le joli lézard des jardins et maisons de Haute-Égypte, le lézard bosquien (*Lacerta Boskiana,* Daud.) qui mange parfois les jeunes pousses d'arbre ou de plantes, mais rachète ce défaut en faisant la chasse aux scorpions. Les gens d'ici ajoutent que quand le lézard est piqué par le scorpion, il se roule sur du pourpier, guérit soudain et revient à la charge. M. Beato m'affirmait avoir assisté à ce spectacle. Je ne l'ai pas vu.

Quoi qu'il en soit, on appelle *seḥli* les jumeaux qui naissent malingres. Ils transmettent leur surnom à leurs descendants qui l'adoptent ensuite comme patronymique. Et eux aussi, les *seḥli,* aiment et respectent le lézard bosquien. Ils ont d'ailleurs, une excellente raison pour cela : c'est que le lézard qu'ils vénèrent «garde la clef qui leur ouvrira la porte du paradis» (*sic*).

Mais, je le répète, ceci n'est plus aussi tranché que le cas du *biss;* beaucoup de gens ne voient dans le terme *seḥli* qu'un surnom comme ceux de Gorani, Dib, Timsah, Halouf, etc., se rapportant au caractère physique ou moral de l'individu.

XXXIII

SUR QUELQUES PREMIERS PROPHÈTES D'AMON

DE LA DÉCADENCE THÉBAINE.

Un vase de bronze et une stèle du Louvre publiés par M. Pierret [1], nous ont fait connaître une famille de prophètes d'Amon ainsi composée [2] :

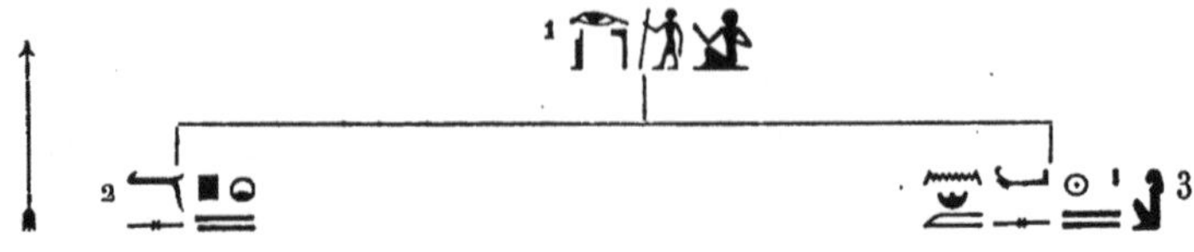

[1] P. Pierret, *Études égyptologiques*, t. II, p. 113, 121.

[2] Les généalogies données dans cet article sont toutes composées en ordre ascendant, c'est-à-dire que la souche de famille est placée en bas et que les générations nouvelles sont placées au-dessus des anciennes.

Le texte du vase fournit les renseignements suivants :

1	A B C	
2		
3		

La stèle du même Osorouer ajoute de nouveaux titres à la série fournie par le vase, titres qui, par leur disposition, semblent indiquer la progression des fonctions remplies par ce personnage, la filière suivie pour arriver au pontificat suprême.

TITRES FOURNIS PAR LA STÈLE :

1	(?)	
2		
3		

Cet Osorouer n'a rien de commun avec le possesseur de deux des coudées de Turin (1) qui est .

La statue n° 217 de Karnak nous fera connaître un troisième Osorouer qui, bien que prêtre d'Amon, n'atteignit pas au pontificat suprême comme son père Nsipaouttooui.

La même confusion, la même identité de noms se retrouve si nous notons les différents qui furent grands-prêtres d'Amon. M. Wreszinski (2) en a noté trois; il y en a davantage, je crois.

Le catalogue de Devéria (3) cite un qui pour être identique à celui déjà cité aurait eu son fils d'un second mariage. Le tableau généalogique donne :

Je ne crois pas, comme M. Wreszinski en est tenté, que le , fils de du Vatican puisse être identique au précédent.

M. Wreszinski cite encore un fils de (4).

Les statues de Karnak viennent ajouter de nouveaux documents à cette liste déjà longue.

---

(1) Lepsius, *Die alt. Aegyptische Elle und ihre Eintheilung*, pl. IV, n°s 7 et 8.

(2) W. Wreszinski, *Die Hohenpriester des Amon*, § 75, p. 44 et Supplément.

(3) Th. Devéria, *Catalogue des manuscrits du Musée du Louvre*, t. III, p. 67.

(4) W. Wreszinski, *Die Hohenpriester des Amon*.

La statue n° 456 fournit la fiche suivante :

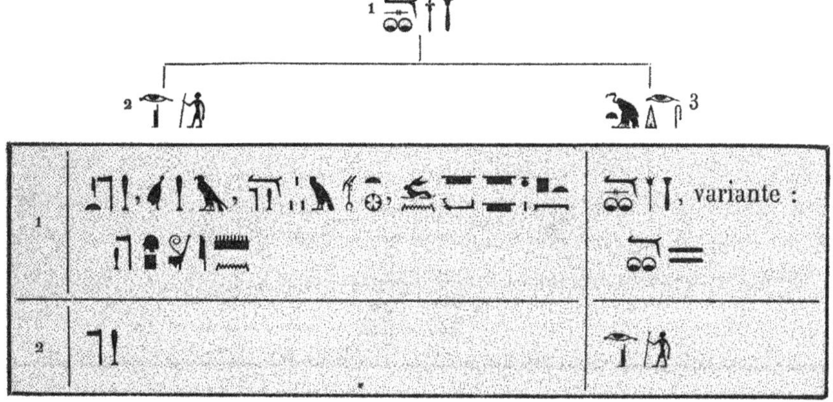

La statue n° 217 donne encore :

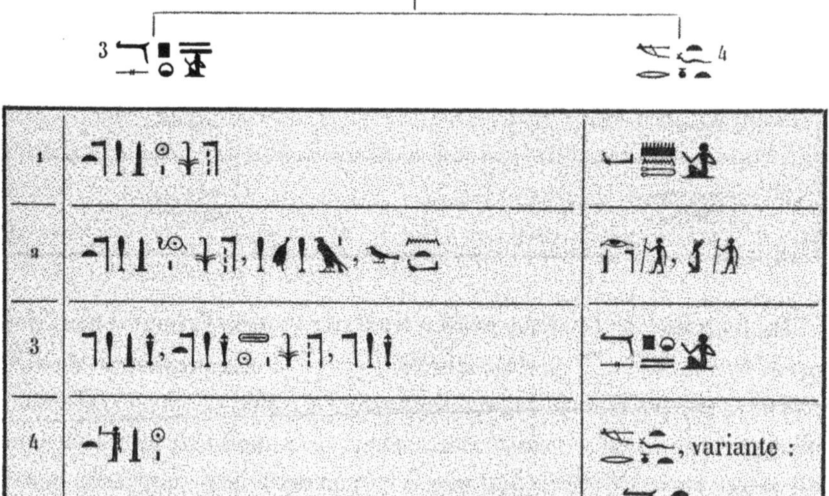

Ce Nakhtmontou est peut-être le même que celui de la statue n° 413, qui appartient au [hiéroglyphes]. Cette statue serait postérieure à l'autre, et aurait été faite après que Nakhtmontou aurait succédé aux fonctions de son père. Ceci reste à vérifier.

Le document fourni par la statue n° 385 est plus certain.

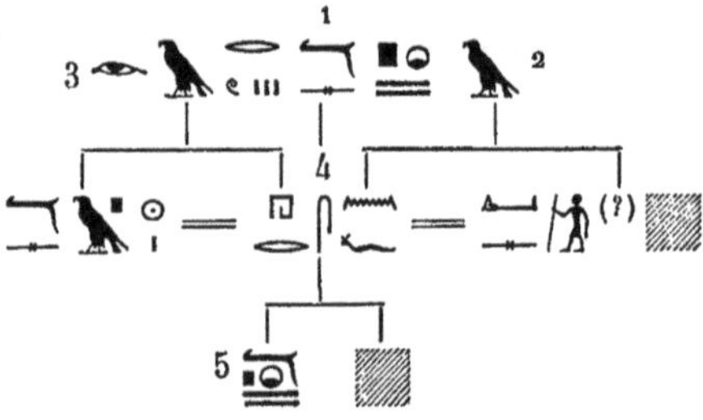

1	(?) , mère inconnue :	
2		
3	(sic)	
4	(sic)	
5		

Un fragment de la statue reste à trouver : si nous l'avions il nous donnerait le nom de la qui fut mère de : ceci permettrait de dater mieux le pontificat d'un des Nsipaouttooui. En effet, la statue d'Herisnaf n'est pas une de ces si nombreuses images accroupies où la classification est encore chose délicate. C'est celle d'un homme debout, marchant, tenant dressée devant lui une image d'Osiris. La tête est entièrement rasée. Le corps parait être couvert d'une longue jupe. Une peau de félin jetée sur l'épaule gauche couvre une partie du corps. (La statue de Naktmontou est aussi celle d'un homme à tête rasée, vêtu de même.)

Une dernière statue va, enfin, nous permettre de préciser davantage.

C'est encore celle d'un homme à tête rasée, vêtu de la longue et raide jupe qui passe sous les seins et est maintenue à gauche par une bretelle triangulaire que la peau de félin cache chez Herisnaf. Les textes qui couvrent la statue nous apprennent que c'est celle d'un [hiéroglyphes] qui, entre autres titres, porte celui de [hiéroglyphes].

Même granit gris, même style de décadence, même «faire», même costume typique, même tête rasée. Il y a contemporanéité évidente entre ces trois statues. Le titre de Nsimin «premier prophète de la demeure de Nekhtanebo Ier vivant éternellement» montre que nous sommes arrivés à la XXXe dynastie.

Je ne puis encore, aujourd'hui, que grouper tous ces documents : il serait, croyons-nous, périlleux de tenter, déjà, une classification de ces prophètes d'Amon. Parmi ceux-ci se trouvera, peut-être, un de ceux qui montrèrent à Hérodote les 345 statues de Piromis fils de Piromis (1) qu'il nous reste à découvrir, à moins que l'on ne prenne pour deux d'entre elles le n° 681 de la cachette de Karnak qui appartient à [hiéroglyphes] et le n° 143 de même origine qui représente le [hiéroglyphes]. La coïncidence est curieuse, j'en conviens, mais il ne faut y ajouter, je crois, aucune suite. Notre [hiéroglyphes] est, en effet, [hiéroglyphes], ce qui, après tout, signifie bien «grand-prêtre d'Amon», mais j'objecterai qu'Hérodote parle de grandes statues de bois alors que les nôtres sont en calcaire et de petites dimensions, et que je ne vois pas très bien comment ce [hiéroglyphes] égyptien pourrait se traduire par «noble» et «bon». Il n'y a, dans tout ceci, qu'nn petit fait à noter et rien de plus.

XXXIV

SUR UN FRAGMENT DE STATUE D'OSIRIS.

Si nous devons croire le marchand de Louqsor qui le garde chez lui, le fragment de statue que nous publions proviendrait d'Erment. Le ton gris revêtu par le granit noirâtre d'où fut tirée l'image d'Osiris, la patine

(1) Hérodote, II, 143.

spéciale que connaissent bien ceux qui virent sortir des antiquités du sebakh, semblent indiquer que les paysans en quête d'engrais la trouvèrent dans une butte de décombres et, finalement, parvinrent à en tirer profit en la vendant à Louqsor. Son poids permet de penser que ce fut par barque ou par chameau que, malgré les règlements en vigueur, cette antiquité pût être transportée de son point d'origine à son point de vente.

C'était autrefois, une statue d'Osiris debout tenant pedum et flagellum; aujourd'hui, la tête a disparu et les jambes sont brisées jusqu'à moitié des mollets. Le fragment ne mesure plus que o m. 55 cent. de hauteur. Le haut et le bas des quatre lignes verticales gravées au dossier de la statue nous manquent, et c'est, croyons-nous, grand dommage.

Les hiéroglyphes sont gravés maladroitement, sans élégance; les fautes de grammaire ou d'orthographe émaillent le texte, le et le sont gravés et , les noms propres ont été estropiés de temps en temps et il faudrait, pour un peu, refaire une édition correcte du texte. Je ne crois pas, cependant, qu'elle nous soit indispensable. Voici le texte copié exactement : (→)

Le cartouche fautif d'Osorkon est gravé ainsi, verticalement. Le est retourné, le est muni d'une tige supérieure très longue le a été oublié, le est à l'envers et au-dessous du , à droite dans le cartouche, désaxés, sont deux traits verticaux et non pas trois ni .

Le nom de Shapenapit doit être corrigé en [hiéroglyphes] et la formule [hiéroglyphes] n'a rien gagné dans sa transcription. A la ligne 3, je ne sais au juste si [hiéroglyphes] (*sic*) est un titre où un nom propre. Les [hiéroglyphe] féminins abondent où ils sont inutiles et manquent à la ligne 4 où ils seraient nécessaires pour indiquer les filiations royales ([hiéroglyphes] au lieu de [hiéroglyphes]) d'Ameniritis et de Shapenapit.

D'aucuns pourront penser, après ces constatations, que l'inscription est douteuse. Je n'en crois rien. Elle est l'œuvre d'un illettré, mais nullement d'un faussaire. Nous avons d'autres exemples de fautes semblables (1). Malgré les malfaçons du texte, la traduction en est possible.

[« 1. Proscynème à Osiris?] il donne les aliments funéraires, les bœufs, « oies et pains, les grains d'encens, tissus, vin, lait, provisions sèches et « fraîches et toutes choses bonnes et pures. Il te donne les aliments secs, il « te donne les aliments frais.......

« 2....... dans les Apitou (?) il donne vie, santé, force et grande « durée à la femme du dieu Shapenapit, juste de voix, fille du roi Osorkon, « juste de voix; sa mère est l'épouse royale Ka.......

« 3....... Iaiaau fils de la dame Monkhitamon, fille de ([hiéroglyphe]) la dame « Anououdja, juste de voix. Sa femme est la dame Tashirhos (?)......

« 4....... les bœufs, les oies, les pains, l'encens, les tissus, au « double de l'Osiris, la main du dieu, Ameniritis, juste de voix, fille royale « ([hiéroglyphes]) de [Kashta (?)] juste de voix, Shapenapit juste de voix, fille « royale ([hiéroglyphes]) de [Piankhi (?)]. »

Nous ne nous occuperons pas des formules dédicatoires ni du dédicateur Iaiaau et de sa famille dont je ne retrouve pas trace sur d'autres monuments (2). La question historique que ce monument vient poser de nouveau, seule, nous intéresse.

La statue d'Osiris du Musée de l'Ermitage que fit connaître jadis

---

(1) Par exemple le texte publié par M. Daressy, *Notes et remarques*, CXLIII, dans le *Recueil de travaux*, XIX, p. 20. Voir aussi le [cartouche] de l'égide du Louvre, etc.

(2) Cf. Lieblein, *Dictionnaire de noms hiéroglyphiques* et mes fiches personnelles.

M. Lieblein [1] mérite d'être rapprochée de la nouvelle. Nous y trouvons la mention de la . La découverte du temple d'Osiris hiq djeto à Karnak [2] nous a permis de penser que cette Shapenapit n'avait rien de commun avec la fille du premier prophète d'Amon Osorkon et de la dame [3]. Dans ce temple, Shapenapit nous apparaît, couronnée de deux *pschents*, ayant les deux cartouches royaux fille du roi Osorkon-Si-Isit et de la , variante grande épouse royale Karadjit. Ceci nous permet, croyons-nous, de compléter sûrement la ligne 2 de la nouvelle statue : .

Le bris de la partie inférieure de la statue nouvelle nous a fait perdre le groupe ou simplement , mais, comme notre lecture du nom de au temple d'Osiris est certaine nous pouvons présenter cette restitution comme la seule possible.

J'ai tenté de montrer dans un autre travail [4], que l'Osorkon-Si-Isit du temple d'Osiris hiq djeto de Karnak n'était pas Osorkon II mais le véritable Osorkon III. Cet Osorkon-Si-Isit serait le fils de Takelot II et de Karomama; d'abord premier prophète d'Amon, il se déclare roi parmi les roitelets qui abondent alors, s'associe son fils Takelot III, en l'an 23 de son règne et peut-être aussi son autre fils Roudamon. Takelot était fils (comme la Shapenapit de Turin peut-être) de et Roudamon n'avait sans doute pas une mère plus illustre si ce n'est la même; l'héritière

---

(1) Lieblein, *Die Ægyptischen Denkmæler in St. Petersburg*, p. 6, pl. I, 4.

(2) Legrain, *Le temple et les chapelles d'Osiris à Karnak, Temple d'Osiris hiq djeto, Recueil de travaux*, t. XXII.

(3) Lieblein, *Dictionnaire*, n° 1020. Turin, stèle 27; *Étude sur la Chronologie égyptienne*, p. 24. *Études chronologiques*, p. 285. Maspero, *Momies royales de Deir el-Bahari*, p. 471. *Rapport sur une mission en Italie*, p. 47.

(4) Legrain, *Nouveaux renseignements sur les dernières découvertes faites dans la cachette de Karnak*, dans le *Recueil de travaux*, t. XXVIII. Les hasards de publication feront paraître cette note dans les *Annales* quelques semaines avant l'article du *Recueil*.

réelle, la véritable princesse qui réunit en elle les droits royaux, c'est la Shapenapit du temple d'Osiris hiq djeto, de la statue de Saint-Pétersbourg et de celle que nous publions aujourd'hui. Voyez les bas-reliefs du temple où les dieux la couronnent et les déesses l'allaitent. Elle n'est pas encore *roi* de la Haute et Basse-Égypte [hieroglyphs] comme Hatshopsouïtou, mais elle est déjà, toute petite qu'elle nous apparaisse, [hieroglyphs] et [hieroglyphs], maitre des deux pays et maitre des diadèmes, et ces titres précèdent ses deux cartouches. Deux fois reine, tant par son père que par sa mère, c'est couronnée de deux pschents [1] qu'elle suce le lait du sein des déesses. Elle nous est montrée toute jeune encore, alors que son père a vieilli et que Takelot III, son demi-frère, règne déjà; mais passent les ans et ce sera Shapenapit à laquelle reviendra de droit la couronne d'Égypte telle Hatshopsouïtou jadis. Le point important, curieux à éclaircir, serait de savoir quelle était l'origine de cette [hieroglyphs] grande épouse royale Karadjit. Nous l'ignorons encore. Était-elle d'origine bubastite ou tanite, fille de Padoubastis Ier Miamoun ou d'un autre roi? Le titre qu'elle porte indique son origine illustre. Osorkon III ne paraît l'avoir épousée que sur le tard, ayant déjà au moins un grand garçon, Takelot, et une fille, une autre Shapenapit qui semble être morte alors que son père n'était encore que premier prophète d'Amon. Cette Shapenapit n'est que dame, maitresse de maison, [hieroglyphs]. Sa mère ne possède même pas ce titre [2]; tout comme la mère de Thoutmôsis III, Isit, qui ne fut jamais que [hieroglyphs] [3] mère du roi, sans pouvoir prétendre à rien d'autre, même au titre d'épouse royale légitime [hieroglyphs] ou principale.

L'inscription 4 du quai de Karnak [4] que je crois devoir attribuer au Takelot (Takelot III) [5] du temple d'Osiris hiq djeto est encore plus sèche à l'égard de Tentsa :

[hieroglyphs] « [Le Nil] l'an 6 du

---

(1) Legrain, *Le temple et les chapelles d'Osiris*, loc. cit.

(2) Stèle de Turin, citée plus haut.

(3) Maspero, *Les momies royales de Deir el-Bahari*, p. 548; Legrain, *Catalogue du Musée du Caire*, statue n° 42072.

(4) Legrain, *Les crues du Nil depuis Sheshonq Ier jusqu'à Psametik*, dans la *Zeitschrift für Ægyptische Sprache*, XXXIV.

(5) La mère de Takelot Ier est [hieroglyphs] et celle de Takelot II [hieroglyphs] (?). Il en faut donc un troisième dont la mère est [hieroglyphs].

roi de la Haute et Basse-Égypte Takelot si Isit miamon. Sa mère [est] Tentsa (1). »

Ceci suffirait, comme pour la mère de Thoutmôsis III, à faire reconnaître une esclave ou une concubine dans la mère de Takelot III et, je crois, de la Shapenapit de Turin. Tel n'est pas le cas pour Karadjit. Elle est de lignée royale tout aussi bien qu'Osorkon qui l'épouse, et l'enfant qui naîtra d'eux, Shapenapit, sera, je le répète, deux fois reine, et par son père, et par sa mère. C'est ce que comprit l'Éthiopien Kashta. Dans la partie du temple antérieure à l'invasion éthiopienne, Shapenapit nous est présentée avec les titres royaux de et en même temps que ceux de , . Elle perd les premiers dans la partie du temple où elle apparaît conjointement avec Ameniritis la fille réelle ou adoptive que lui a donnée Kashta. On les lui rendra plus tard à elle et à ses héritières, quand le titre sera devenu vain et sans conséquence. Vouée désormais au culte d'Amon, sans pouvoir jamais produire un héritier mâle apte à régner et à relever la race ou les races dont elle est l'héritière, Shapenapit n'est plus que l'épouse d'Amon, une sorte de recluse, peut-être convaincue, mais stérile. Et le sang qu'elle porte dans ses veines est si noble qu'on n'ose la faire disparaître, qu'on a recours à une fiction et qu'on lui suscite un enfant, car il n'est pas sûr qu'Ameniritis fut sa fille. Elle devait l'être de Pabatma (2). Et quand Ameniritis a vieilli, Piankhi lui fait adopter Shapenapit II. Et Shapenapit II, à son tour, adopte d'abord la fille de Tahraqa, Ameniritis II, puis ensuite en l'an IX de Psamétique la fille du nouveau roi et de Mehit-n-ousekh, Nitocris, qui reçoit pour la troisième fois le nom de Shapenapit en prenant le rôle de la première (3). La dernière adoption connue est, enfin, celle d'Ankhnasnofritibrî (4). Toutes ont

(1) Même aventure pour un autre Takelot Ocurti II, p. 103, n° 182. Regio Museo di Torino, n° 1468.

(2) Améllineau, *Nouvelles fouilles d'Abydos*, p. 52; Daressy, *Notes et remarques*, CLXXIV, *Rec. de trav.*, t. XXII, p. 142.

(3) Pour la bibliographie, voir Erman, *Zu den Legrain'schen Inschriften*, dans la *Zeitschrift für Ægyptische Sprache*, t. XXXV.

(4) Maspero, *Deux monuments de la princesse Ankhnasnofiribrî*, dans les *Annales du Service des Antiquités*, t. V, p. 84.

double cartouche et leurs cartouches d'intronisation forment la curieuse série suivante :

Ameniritis Ire .... [cartouche] ....fille de Kashta[1].

Shapenapit II....... [cartouche] ....fille de Piankhi[2].

Ameniritis II .... (?) ...,...........fille de Tahraqa.

Nitocris-Shapenapit III [cartouche] .....fille de Psamétique Ier[3].

Onkhnasnofritibrî.... [cartouche] .....fille de Psamétique II[4].

Nous ne connaissons pas celui d'Ameniritis II. Peut-être ne fut-elle pas intronisée, Shapenapit II, n'étant pas morte encore et adoptant plus tard Nitocris en son lieu et place. Onkhnasnofritibrî ne prend le second cartouche qu'après la mort de Shapenapit III.

Peut-être ajouterons-nous quelque jour à cette liste celui de [cartouche][5].

Il y eut, en somme, substitution constante dans l'héritage de Shapenapit. Kashta, Piankhi, Tahraqa, Psamétique Ier, Psamétique II le convoitèrent tour à tour et ainsi créèrent cette singulière dynastie fictive des héritières brehaignes des droits de Shapenapit, fille d'Osorkon III et de Karadjit.

Il nous reste encore, pour clore cette longue note, à examiner les cartouches d'Ameniritis et de Shapenapit de la quatrième ligne de notre statue d'Osiris. Je crois qu'il s'agit ou des filles de Kashta et de Piankhi ou de celles de Tahraqa et de Psamétique Ier. Le premier cartouche paternel est martelé, mais ceci arriva aussi bien aux cartouches de Kashta qu'à ceux de Tahraqa. J'inclinerais volontiers pour reconnaître là Ameniritis Ire, fille de Kashta et Shapenapit II fille de Piankhi après elle. Mais la statue est sottement brisée, et ce qu'il nous faudrait trouver maintenant serait ce qu'il en manque de plus important : le bas de l'inscription avec le nom de Piankhi ou de Psamétique et celui de Karadjit.

---

(1) Statue d'Ameniritis au Musée du Caire : Brugsch et Bouriant, *Livre des rois*, n° 657.

(2) Daressy, *Notes et remarques*, CXXXV, *Recueil de travaux*, t. XVII.

(3) Brugsch et Bouriant, *Livre des rois*, n° 704.

(4) Maspero, *Deux monuments*... loc. cit.

(5) Legrain, *Annales du Service des Antiquités*, t. V, p. 131 et t. VI, p. 138.

XXXV

SUR UN CERTAIN HORUS DIT «LE CHAT».

La statue n° 567 de Karnak appartient à , Ankhounnofré II fils de Nibnoutirou, fils de Ankhounnofré Ier, fils de Hor. Ce Hor fut, en son temps, prophète d'Amon dans les Apitou, chef des prophètes de Montou maître-de-Thèbes, scribe archiviste du Saïd, et nomarque, .

La liste des *mernouït djat* n'a pas encore été dressée entièrement, ni publiée, que je sache. Celle que j'ai faite est loin d'être complète et comme fonctionnaire de cet ordre, s'appelant Hor, je ne trouve dans mes notes que celui de l'ostracon n° 25230 du Caire[1], mais cet Hor me paraît plus ancien que le nôtre qui dut vivre à Thèbes sous les derniers Bubastites, car la statue d'Ankhounnofré II (n° 567) dénote par son style l'époque saïte, plutôt le temps d'Amasis que celui de Psamétique Ier. La perruque est lisse, basse sur le front, sans oreillettes, rejetée sur les épaules, et la courte barbiche du menton est trapézoïdale.

J'aurais ajouté Hor, père d'Ankhounnofré Ier à ma liste, vaille que vaille, si je n'avais été amené à comparer la liste de la statue n° 567 avec celle de la statue n° 441 qui appartient à , père d'Ankhounnofré II et fils d'Ankhounnofré Ier. La perruque de ce personnage est rayée et couvre la partie supérieure des oreilles, comme la mode en était à Thèbes sous Psamétique Ier. La barbiche trapézoïdale est plus allongée que celle de son fils que nous montre la statue n° 567. Dans l'Égypte réputée immobile, la mode changeait sans cesse.

La liste généalogique, cependant, paraissait faire échouer tout rapprochement au dernier moment. En effet, elle se résume ainsi : , Ankhounnofré II, fils de Nibnoutirou fils de Ankhounnofré Ier fils de Pama.

En général les sobriquets, les surnoms, sont toujours d'ordre inférieur au nom premier, et le nom de «le Chat» me paraît être le sobriquet d'un homme nommé Horus. Pour vérifier ce fait, comparons les titres de nos

---

[1] Daressy, *Ostraca*.

quatre personnages tels qu'ils nous sont fournis par les statues n°s 567 et 441, et jugeons si les équivalences des titres seront suffisantes pour nous permettre d'identifier les quatre personnages de la statue n° 567 à ceux de la statue n° 441.

	TITRES DE LA STATUE 567.	TITRES DE LA STATUE 441.	NOMS des PERSONNAGES de la statue 567.	NOMS des PERSONNAG[ES] de la statue [441].
A	[illegible]	„	[illegible]	[illegible]
B	[illegible]	[illegible]		
C	[illegible]	[illegible]	[illegible]	[illegible]
D	–	[illegible]		
E		[illegible]		
F	–	[illegible]		
G	[illegible]	[illegible]	[illegible]	[illegible]
H	–	[illegible]		
I	[illegible]	[illegible]	[illegible]	[illegible]
J	[illegible]	[illegible]		
K	[illegible]	[illegible]		
L	[illegible]	[illegible]		
M	–	[illegible]		
N		[illegible]		
O		[illegible]		

Je pense, quant à moi, qu'il est difficile, après comparaison, de faire deux personnages distincts de et de . Nous n'avons affaire qu'à un seul et même personnage, c'est-à-dire à Hor surnommé Pa-ma ou « le Chat ».

La liste de la statue n° 567 est moins longue que celle de la statue n° 441, mais partout où les deux textes prennent contact il y a équivalence presque absolue des titres, et, par suite, identité de Hor et de Pama.

Nous connaissons déjà un Pama qui me paraît bien être le même que le nôtre : A. C'est le , troisième prophète d'Amon, nomarque, Pama, du Louvre, que Devéria signala voici longtemps et nous pourrions, je crois, souder les généalogies 567 et 441 à la sienne.

B. Nous le retrouvons encore dans les *Monuments divers* de Mariette, pl. LXXVI et LXXVII.

C. La collection Sabattier n° 89, nous fournit un monument où nous croyons retrouver le même personnage. C'est la stèle en bois peint du .

D. Voici encore la statue n° 244 de Karnak, en brèche verte, haute de 0 m. 33 cent., qui appartient à l' .

E. Les autres Pama cités par M. Lieblein n'ont aucun rapport avec celui-ci. Ce sont les nos 558, 1024, 1028, 1032, 1260.

Le groupement des monuments lui appartenant nous donnerait comme tableau probable :

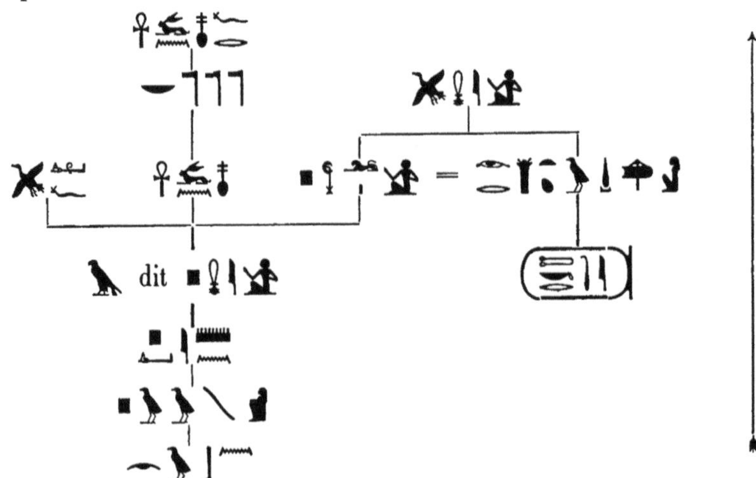

La seule objection qu'on pourrait faire serait que le Pama de A, B et D est troisième prophète d'Amon, tandis que les autres monuments ne lui donnent que le simple titre de prophète.

XXXVI

UNE TABLE D'OFFRANDES DE NITOCRIS.

Une table d'offrandes en granit rose vient d'être découverte ces jours-ci, dans les décombres, tout près du temple d'Osiris hiq djeto.

Elle mesure 0 m. 70 cent. × 0 m. 42 cent. et est épaisse de 0 m. 17 cent. Le bec, carré, creusé au centre d'une mince rigole a 0 m. 15 cent. × 0 m. 15 cent.

Les objets figurés sur le sont quatre pains ronds, un pain long, une cuisse d'animal, une oie grasse et un oiseau. Un vase est au centre et un grand de chaque côté.

Le cadre présente quatre lignes de texte disposées de la façon suivante

1 2 3 4 . Le texte 1 est semblable au texte 2, le texte 3 parait être semblable au texte 4.

Textes 1 et 2 : (1). (Je rétablis les signes dans le bien qu'ils n'y soient pas visibles.)

Le texte 3 est en mauvais état : .

a. « L'étoile (ou l'instruite) du dieu, la femme du dieu, « *Nitocris*, vivante, sa mère est la grande épouse royale *Mehitenousekh*. « Osiris « Haitkhab » lui donne la vie éternellement ».

b. Proscynème à Osiris « Haitkhab » donnant la vie éternellement et à toujours.

(Je garde ici la lecture au polyphone et rejette plus loin la traduction du mot « Haitkhab ».)

---

(1) Le signe habituel contient un à côté du .

Ces textes me semblent intéressants. M. Daressy a déjà publié un bas-relief de Medinet Habou dans lequel Nitocris figure comme fille de Psamétique Ier et de Mehitenousekh [hiéroglyphes] «sa mère (la mère de Nitocris) est Mehitenousekh» affirmait le texte (1). La table d'offrandes du temple d'Osiris hiq djeto vient nous fournir une nouvelle preuve de ce fait.

Le titre d'Osiris [hiéroglyphes] me rappelle celui de la stèle du Caire n° 22057 [hiéroglyphes] (2) que M. H. Gauthier traduit «prophète d'Osiris, le premier des dieux de *ts-mnt*» (3) mais, tout compte fait, il s'agit dans notre texte d'une expression géographique, d'un terme désignant le pays de l'Osiris qui donne la vie à Nitocris et non d'une qualification divine, et je cherche en vain le [hiéroglyphe] que je voudrais bien trouver après [hiéroglyphe] comme je le trouve, par exemple, dans [hiéroglyphes], et mieux dans [hiéroglyphes]. J'en arrive à me demander s'il n'y aurait pas une faute de transcription car [hiéroglyphe] et [hiéroglyphe] se transcrivent tous deux par [hiéroglyphes]. Si cela est, [hiéroglyphes] Ha+it+khab serait l'équivalent de [hiéroglyphes], Ha+it+khab.

«Derrière le temple de Neit, dit M. D. Mallet (4), s'étendait le lac dont parle Hérodote (II, 170) et sur lequel on célébrait des mystères qu'il compare aux Thesmophories grecques. Il est désigné par le nom de Nid du maître de Saïs [hiéroglyphes] ou plus simplement [hiéroglyphes]. Il faisait partie du *Ha-t Kheb*.

«Ce *Ha-t Kheb*, [hiéroglyphes], idéogramme [hiéroglyphe] et phonétique [hiéroglyphes], était, comme on vient de le voir, un temple consacré à Osiris, et, selon Brugsch, le Sérapéum du Ve nome de la Basse-Égypte. On y conservait un membre du corps d'Osiris, caractérisé par le signe [hiéroglyphe], non identifié (5).

«Après Neit, Osiris était, en effet, le grand dieu de Saïs. Il y était appelé [hiéroglyphes], Osiris Hemag, nom que nous avons déjà rencontré au chapitre CXLII

---

(1) Daressy, *Notes et remarques*, CLXII, dans le *Recueil de travaux*, XX.

(2) Ahmed bey Kamal, *Catalogue du Musée du Caire, Stèles ptolémaïques et romaines*, n° 22057.

(3) H. Gauthier, *Notes géographiques sur le nome Panopolite*, dans le Bulletin de *l'Institut français d'archéologie orientale*, t. IV, p. 64.

(4) D. Mallet, *Le culte de Neït à Saïs*, p. 35.

(5) M. J. de Rougé, *Géographie de la Basse-Égypte*, p. 26, dit que c'était l'oreille [hiéroglyphes] d'Osiris.

du *Todtenbuch*, Osiris dans Saïs supérieure et Osiris dans Saïs inférieure. , Osiris dans le *Ha Xeb.* , Osiris résidant dans Saïs; « Osiris, maitre de *Ded* à Saïs. »

M. Mallet nous décrit excellemment [1] ce qu'étaient les temples annexes de celui de Neit à Saïs. Changez le lieu et le nom du dieu et vous aurez la description de Karnak avec le temple d'Amon et, tout autour, ceux de ses dieux parèdres qu'il hospitalise [2].

« Le sanctuaire particulier de Neit occupait la partie principale, mais les « dieux parèdres de de S. M. Neit dans le nome Saïtique, les « , avaient également leurs demeures particulières, distinctes « de celle de la déesse, bien que comprises dans la même enceinte....... le « temple de Neit, c'est un ciel dans toute sa disposition, avec le grand déve- « loppement des temples de tous les dieux et déesses qu'il renferme....... La « première et la plus considérable est le *Ha Xeb.* , « siège du souverain, maître du ciel (Osiris) [1], » etc.

A Karnak, Amon reçoit Ptah et Hathor, Osiris-neb-Ankh, Osiris hiq djeto; et, autrefois, Khonsou, Apet, Osiris neb heh, Atonou avaient, eux aussi, leurs temples dans la grande enceinte d'Amon. Ces dieux formaient la cour du grand dieu thébain. Amon, à son tour, se rendait féal des autres grands dieux en allant, par exemple, à Memphis, manifester sa présence dans un temple succursale où, à son tour, il devenait vassal de Ptah.

Mais ces temples, ou mieux chapelles, n'étaient, je le répète, que des succursales. Ptah thébain n'a que des statues dans son temple, mais point de barque où se cache sa forme secrète : celle-ci ne se trouvait qu'à Memphis.

En résumé, chaque enclos sacré d'Égypte devait comprendre le temple du dieu local et tout autour, selon les relations « diplomatiques » du moment des chapelles plus ou moins grandes où, sous de certaines conditions, les dieux des environs recevaient l'hospitalité. Leur clergé était placé sous la

---

[1] D. Mallet, *Le culte de Neït à Saïs*, p. 33.

[2] Voir, par exemple, la stèle du temple de Ptah thébain. Maspero, *La consécration du nouveau temple de Ptah Thébain*, dans les *Comptes rendus de l'Académie des inscriptions et belles-lettres*, 1900, p. 118; Legrain, *Le temple de Ptah ris-anbouf dans Thèbes*, *Annales du Service des Antiquités*, t. III, p. 40 et 107.

dépendance du premier prophète du dieu local[1], ce qui explique le titre thébain : [hiéroglyphes] «premier prophète d'Amon, chef des prophètes de tous les dieux de Thèbes, chef des prophètes de tous les dieux du Nord et du Midi». De fait, tous les dieux d'Égypte avaient auprès d'Amon une succursale de leur temple local où ils venaient former la Paout d'Amon-Ra, ce que les Thébains appelaient [hiéroglyphes], Amon-Ra au milieu de l'assemblée des dieux.

Ce cortège de dieux tenait compagnie au dieu local, formait sa cour, sans cependant lui disputer la préséance. A Karnak, Ptah de Thèbes est petit compagnon, ainsi qu'Hathor, auprès d'Amon[2]. Je crois qu'Amon et Maout devaient jouer le même rôle auprès de Ptah-ris-anbouf de Memphis. Ainsi tout Égyptien arrivant dans une ville quelconque d'Égypte (je parle des grands centres comme Saïs, Héliopolis, Memphis, Hermopolis, Abydos, Coptos, Thèbes, etc.), retrouvait un sanctuaire où il pouvait aller prier son dieu local. A Saïs, comme à Thèbes, c'est la même disposition : elle devait être à peu près partout semblable afin de former «un ciel dans toute sa disposition» où, dans les endroits propices, devaient se rencontrer les temples des dieux composant la *Paout* du dieu local.

Ce que nous entrevoyons aujourd'hui encore avec quelque incertitude, Nitocris dut le voir en réalité, lorsque, au second mois de Shaït, c'est-à-dire Paophi de l'an IX de son père Psamétique Ier elle arriva à Thèbes et aborda au quai du temple d'Amon.

Une stèle que j'ai trouvée tombée face contre terre dans la grand'cour[3] nous a conté l'accueil enthousiaste qui lui fut fait et les présents qu'elle reçut alors, mais elle ne nous donne pas, cependant, les renseignements que nous pourrions attendre sur sa réception dans le temple et son accession définitive au titre de [hiéroglyphes], [hiéroglyphes]. Ankhnasnofrit-ibrî prend alors le double cartouche[4] : la stèle de Karnak, procès-verbal de la réception de Nitocris à

(1) Inscription n° 3 des *Fragments des annales des prêtres d'Amon*, *Recueil*, XXII, etc.

(2) Voir le bas-relief du temple de Ptah, salle à colonnes, mur sud, *Annales*, t. III, p. 41, 99. Voir aussi la stèle, *Annales*, t. III, p. 42, 113.

(3) Legrain, *Deux stèles trouvées à Karnak*, *Z. A. S.*, XXX, p. 16-19; Erman, *Zu den Legrain'schen Inschriften*, ibid., p. 24, 29.

(4) Maspero, *Deux monuments de la princesse Ankhnasnofiribrî*, dans les *Annales du Service des Antiquités*, t. V, p. 84.

Thèbes ne nous montre point le cartouche [hiéroglyphes] que Nitocris prendra plus tard *après* la mort de Shapenapit II. Elle était bien désignée par Psamétique pour être adoptée par Shapenapit et pour devenir ensuite [hiéroglyphes], mais elle n'était pas encore investie et c'est comme Nitocris fille de Mehitenousekh qu'elle arrive à Karnak et, successivement, en parcourt les différents sanctuaires [1]. Plus tard elle s'appellera Shapenap III Nibnofiroumaout, fille de Shapenapit II. Elle garde encore son «nom de jeune fille», son nom laïque avant d'être consacrée à Amon dans le temple duquel elle vit, comme plus tard vivra Ankhnasnofrit-ibrî, en exerçant une fonction religieuse quelconque, celle de premier prophète d'Amon, par exemple, à moins qu'Ameniritis II ne possède déjà ce titre.

Un des temples où Nitocris ne pouvait manquer d'aller était bien celui d'Osiris hiq djeto où vivait encore le souvenir de la Shapenapit Ire la «fondatrice de l'ordre» pour ainsi dire, où elle allait entrer bientôt à son tour.

Comme à Saïs, Nitocris, auprès du grand temple, retrouvait le lac sacré, puis le temple d'Osiris, et la table d'offrandes qu'elle consacra dans ce monument rappelle le nom de sa mère et celui de l'Osiris de son pays, celui de Haït-Khah; la localité saïte désignée par la princesse était sans doute peu connue des Thébains qui, en somme, transcrivirent exactement le mot Haïtkhab qu'ils avaient entendu par ce [hiéroglyphes] fautif, auquel nous devons substituer [hiéroglyphes]. En résumé, cette table d'offrandes dut être dédiée à Osiris hiq djeto par Nitocris, en l'an IX du règne de Psamétique Ier peu de temps après son arrivée à Karnak et avant son élévation définitive au rang d'épouse du dieu et son adoption par Shapenapit II.

On s'est demandé, M. Erman le premier [2], en lisant le texte de la grande stèle de Karnak si Nitocris en venant à Thèbes était partie de Memphis ou de Saïs. La nouvelle table d'offrandes me porte à croire que c'est à Saïs que la fille de Psamétique et de Mehitenousekh s'embarqua. Le vent et les matelots de l'amiral Sam tooui-tafnekt firent bien les choses, car, dix-sept jours après avoir quitté le gynécée royal, Nitocris abordait au quai de Karnak.

Karnak, 24 mars 1906. G. Legrain.

---

[1] Bénédite, *Sur un étui de tablette trouvé à Thèbes*, p. 13, se pose déjà la même question. — [2] Erman, *op. cit.*

LA CHAPELLE D'ASFOUN

PAR

M. GASTON MASPERO.

En attendant que M. Weigall publie son rapport détaillé sur la découverte du monument d'Asfoun et sur les fouilles qu'il y a exécutées, je crois utile de donner ici les quelques observations que j'ai faites sur place le 5 janvier 1906. Le monument n'est à proprement parler qu'une chapelle du genre de celles que les princesses pallacides d'Amon construisirent à Thèbes pendant la XXVIe dynastie. Le grand temple de la localité était un peu au sud, et peut-être s'en cache-t-il des restes considérables sous la partie la plus haute du tell, celle que surmonte la mosquée principale du village. La chapelle mise à jour n'avait rien de commun avec lui. Ce qu'on en voit est la face extérieure du mur de derrière, et la hauteur totale des assises conservées est un peu moindre d'un mètre. Il semble que le mur fut utilisé à l'époque byzantine comme paroi d'un couloir pratiqué dans une maison particulière, car les deux extrémités en ont été abattues sur une longueur de 0 m. 40 cent. ou 0 m. 50 cent. au plus de chaque côté et les pierres employées, après martelage, à la construction d'un seuil de porte établi perpendiculairement à la portion non détruite. La maison fut rasée avec le haut du mur antique, probablement au moment où l'on bâtit la mosquée voisine, et les arasements furent enterrés sous le sol de la petite place à l'angle de laquelle cette mosquée s'élève.

Supprimant les menus détails qu'on trouvera dans le rapport de M. Weigall, la décoration se compose comme il suit :

1° Deux tableaux, séparés par une ligne verticale qui marque le grand axe de la chapelle. Ils montrent chacun un dieu assis et, derrière lui, une déesse debout qui reçoivent l'hommage d'un personnage. Les têtes ont disparu ainsi que les légendes qui contenaient les noms.

2° L'inscription verticale, dont le haut manque, contenait l'indication d'une restauration : (←) [illegible].

3° L'inscription horizontale qui court sous les tableaux le long du sol, se divise en deux légendes affrontées, qui débutent par un ☥ commun sur le milieu de la paroi. Elles présentent l'une et l'autre le protocole royal [hiéroglyphes], et elles disent brièvement que le souverain ainsi nommé a construit ce temple en bonne pierre solide, comme monument de lui-même.

Les cartouches ont été déjà l'objet d'une tentative d'identification : Griffith les a considérés comme appartenant à un quatrième Psammétique [(1)], et de fait, il y eut, vers le milieu du ve siècle, pendant la domination persane, un Psammétique auquel on pourrait songer [(2)]. Toutefois, ainsi que je l'ai déjà dit ailleurs [(3)], la légende de ce roi nouveau est rédigée dans des termes qui me la rendent suspecte. On y voit Psammétique au cartouche-prénom, Manakhprê au cartouche-nom. Que [hiéroglyphes] Manakhpirrîya, Manakhprê, ait pu être employé comme nom propre aussi bien que comme prénom, l'exemple du grand-prêtre d'Amon fils de Panozmou nous le prouve, mais il n'en est pas de même de [hiéroglyphes], Psamatikou. Ce mot, qui est d'origine libyenne probablement, est toujours un nom propre, et il ne peut se rencontrer légitimement que dans le second cartouche. Il y a donc lieu de révoquer en doute l'existence d'un roi dont le protocole est formé d'une manière aussi peu conforme aux usages égyptiens. Aussi bien, le style des sculptures et des hiéroglyphes est-il celui de l'époque ptolémaïque : le relief est lourd, épais, le ventre et le nombril des figures y sont accentués de façon caractéristique, et l'aspect de l'ensemble rappelle très exactement les bas-reliefs du temple de Phtah thébain à Karnak, où des sculpteurs ptolémaïques ont essayé de pasticher la facture des artistes de la XVIIIe dynastie. Il me semble certain que la chapelle actuelle a été reconstruite sous l'un des Ptolémées comme le temple dont je viens de parler, et que l'on a voulu, toujours comme dans ce temple et afin d'avancer les mêmes intérêts, donner à la bâtisse nouvelle une apparence d'antiquité assez respectable pour justifier

---

(1) Griffith, *Archæological Report*, 1904-1905, p. 22.

(2) Diodore, XIV, 35; cf., pour les hypothèses émises à propos de ce Psammétique, Lauth, *Psametich IV bei Manetho*, dans la *Zeitschrift*, 1869, p. 53-55 et Wiedemann, *Ægyptische Geschichte*, p. 696-697.

(3) *Un Pharaon nouveau?* dans la *Revue d'Égypte et d'Orient*, 1906, p. 47-52.

leurs droits à la possession d'un apanage. C'est aux auteurs de cette restauration que nous devons l'inscription qui mentionne Psammétique-si-Neit Manakhprê, et la création de ce roi lui-même. Il y avait sans doute quelque part dans la chapelle antérieure une ou plusieurs inscriptions attribuant des fondations ou des restaurations à un des Psammétique de la XXVIe dynastie, ainsi qu'à l'un des souverains qui portaient le nom ou le prénom de Manakhprê, soit Thoutmôsis III, soit le grand-prêtre de la XXIe dynastie, soit le souverain local de la XXVe, et les deux cartouches devaient être placés dans une relation telle qu'il était possible de les attribuer à un même personnage. Les rédacteurs de l'inscription découverte par Weigall les réunirent dans un protocole unique, et ils fabriquèrent ainsi un Pharaon nouveau. S'ils avaient poussé l'ingéniosité jusqu'à renverser les deux termes et à mettre en premier lieu Manakhprê, en second lieu Psammétique, ils nous auraient enlevé tout moyen de reconnaître leur erreur, et ils nous auraient obligé à enregistrer un Psammétique IV ou V de placement difficile.

Le sphinx découvert par Legrain à Karnak [1] nous montre qu'ils en prenaient à leur aise avec les documents anciens, et qu'ils ne redoutaient pas d'enrichir les listes royales. Le prénom qu'y porte le Thoutmôsis mentionné est une orthographe artificielle formée sur la prononciation courante du prénom de Thoutmôsis III, Manakhpirrîya à la XVIIIe dynastie, Manakhprê ou Manakhphrê à l'époque saïto-grecque. Le prénom ainsi modifié devint populaire, et l'auteur du second roman démotique de Khamoîs l'appliqua à un Siamanou, probablement en souvenir des personnages de la famille des grands-prêtres, Manakhprê, Hrihorou-siamanou et Siamanou-Simontou, qu'on rencontre sur les monuments de la XXIe dynastie. Thoutmôsis V Manakphrê, Manakhphrê Siamanou, Psammétique IV ou V Manakhphrê, autant de personnages sans consistance et sans réalité : ils sont sortis de l'erreur sacerdotale ou de l'imagination populaire et ils n'ont aucun droit authentique à figurer sur les listes royales de l'Égypte.

G. Maspero.

---

[1] Legrain, *Notes d'inspection*, § XXXI, dans les *Annales du Service*, t. VII, p. 35.

DEUX FIGURATIONS DE GIRAFE

PAR

M. GEORGES DARESSY.

La girafe est un des animaux que les Égyptiens paraissent avoir connus dès la plus haute antiquité; on la voit fidèlement reproduite sur les palettes archaïques en schiste, notamment sur celle du Louvre [1]. Dans l'écriture hiéroglyphique on rencontre le signe avec la valeur , employée surtout à écrire le mot signifiant « disposer, organiser ». C'est à croire que les Anciens s'occupaient de l'adaptation des formes et avaient pris cet animal comme emblème à cause de la facilité que lui donnaient son long cou et son haut avant-train pour atteindre les palmes et grands arbres du désert.

Aux basses époques on voit parfois le signe employé pour le veau , comme par exemple dans le temple de Ptah-ris-anhou-f à Thèbes, du temps de Tibère [2]. Un autre signe composé d'un homme monté sur deux girafes ou les conduisant, souvent abrégé en a les lectures , : avec le déterminatif il signifie « lier »; suivi de c'est un nom de l'albâtre; est un nom d'Aphroditopolis ou Cusæ, capitale du XIVe nome. Il n'en est pas moins vrai que la représentation de la girafe sur les monuments se fait de plus en plus rare à mesure que les temps se rapprochent : sur les palettes archaïques elle figure parmi d'autres animaux qu'on peut considérer comme indigènes; sous la XVIIIe dynastie elle est devenue une espèce rare, que les nègres amènent du Soudan avec leurs tributs les plus précieux. On ne l'a pas rencontrée parmi les statuettes en terre cuite d'époque grecque,

---

(1) Voir Georges Bénédite, *Une nouvelle palette en schiste*, dans les *Monuments et Mémoires publiés par l'Académie des inscriptions et belles-lettres*, t. X, fasc. ii.

(2) Voir Legrain, dans les *Annales du Service des Antiquités*, t. III, p. 62, porte D, montant sud : e . Toutefois il y a d'autres inscriptions où l'animal ainsi couché est visiblement un âne, avec deux longues oreilles et une crinière sur le cou. J'en peux citer un exemple dans le tombeau de Menephtah Si Ptah, sur la paroi nord du premier couloir, dans le mot .

qui nous ont pourtant rendu une belle série zoologique. De toutes façons la représentation de la girafe parmi les sculptures est rare et c'est par une curieuse coïncidence que le Musée du Caire a reçu à quelques mois d'intervalle deux petits groupes en terre émaillée verdâtre, trouvés dans les ruines de Mit Rahineh, d'un type semblable et où figure cet animal. Ces objets sont ou de la fin de l'époque saïte ou du commencement de la période ptolémaïque. Sur un socle rond de o m. 026 mill. de diamètre est agenouillé un homme vêtu d'une *chenti* rayée, ayant une écharpe ou bande striée passant sur l'épaule droite : elle n'est bien visible que dans le dos. Le genou gauche est à terre, le droit est relevé [1]. Les têtes sont malheureusement brisées et l'on ne peut reconnaître si l'on a affaire à un Égyptien ou à un étranger. La main droite est ramenée sur la poitrine comme en signe

Fig. 1.

d'humilité, il semblerait que le personnage vient faire hommage de la girafe qui est couchée à côté de lui et dont il entoure le cou avec le bras gauche (fig. 1). C'est seulement dans la pose du quadrupède que les deux objets montrent quelque différence : dans l'un (fig. 2) la girafe a les quatre pattes repliées sous le corps : le cou est dressé le long de l'avant-bras du conducteur, le museau baissé vient toucher le genou droit; le sommet de la tête n'est pas bien conservé, l'émail est tombé et l'on ne distingue plus ni cornes ni

[1] Voir la girafe figurée au tombeau de Rekh-ma-râ dans la publication de Virey, pl. VI, et dans Rosellini, *Monumenti civili*, pl. XXII, fig. 2.

oreilles. Dans le second spécimen, trois pattes sont repliées sous le corps, mais la quatrième est appuyée sur le sol comme si l'animal voulait se relever; c'est la pose [hieroglyph]. Le cou était plus long, atteignant le niveau de l'épaule de l'homme, et la tête a été entièrement détruite.

Sans être fin le travail est soigné. Le type de la girafe est bien étudié : le corps court, le long cou conique, la tête allongée, l'inégalité des pattes

Fig. 2.

d'avant et d'arrière, les sabots sont bien marqués; on doit penser que le modeleur a vu une girafe vivante pour en avoir si bien retracé les caractères principaux. Je ne connais aucun emblème religieux dont fasse partie cet animal, aucun mythe où il joue un rôle. Il est donc à supposer que ces figurines n'ont pas d'usage religieux; elles ont peut-être été faites à la suite de l'arrivée à Memphis d'une girafe amenée du Soudan. La forme générale étant celle d'un pion, on peut croire que la mode a duré quelque temps de remplacer la tête de mouflon qui surmonte parfois les pièces de jeu par la figuration de l'animal qui faisait alors sensation dans la capitale, étant devenu presque aussi inconnu en Égypte qu'il l'est de nos jours.

G. Daressy.

BERICHT

ÜBER DIE MALERISCHE TECHNIK

DER HAWATA FRESKEN

IM MUSEUM VON KAIRO

VON

FR. W. VON BISSING UND MAX REACH.

Südlich von dem bekannten Palaste Amenophis IV bei el Amarna lag ein zweiter ähnlicher, den Alexander Barsanti in den neunziger Jahren aufgedeckt hat. Ihm entstammen eine Anzahl bemalter Fussbödenstücke, die zumeist im Museum in Kairo verwahrt werden. Einige Bilder sind als Geschenk der Ægyptischen Regierung dem Berliner Museum überwiesen worden. Der Wunsch, die kunstlerich hervorragenden, in ihrer impressionistischen Malweise fast modern anmutenden Schildereien dauernd zu erhalten und dem Studium zugänglich zu machen, führte dazu, dass Herr Kunstmaler Max Reach die hauptsächlichsten Bilder in Tempera copierte und gemeinsam mit mir auf Tecknik und kunstlerische Wirkung untersuchte. Der besondere Reiz dieser Bilder beruht dahin, dass sie, wie die von Petrie und Robb de Pyser Tytus aufgedeckten bemalten Bilder an Wänden und Decken von Tell Amarna und aus dem Palast Amenophis III, für Lebende, nicht für Tote bestimmt waren, dass sich in ihnen die ganze Frische bester Ægyptischer Kunst, die fast einzig artige Begabung für dekorative Kunst offenbart. Die Keckheit und Sicherheit dieser Stubenmaler ist erstaunlich; sie findet ihr Analogon nur in den besten pompeianischen Fresken und in den Grottesken der Renaissance. Dass sie in Ægypten nicht verloren gegangen ist, auch als die saitische Restauration scheinbar das frische Leben der Ægyptischen Kunst erstickt hatte, lehren weniger die spärlichen Reste hellenistischer Wandmalereien in Ægypten, als die Fayumportraits, deren Künstlerische Qualitäten Fleisch von diesem Fleisch sind.

Aber auch ausserhalb Ægyptens schweift unser Blick: ein Vergleich mit den Kretisch-mykenischen Fresken drängt sich auf. So sehr auch in vieler Hinsicht bei beiden Monumenten-Gruppen namentlich in der Technik und im Gegenstand verwandte Züge hervortreten, so stehen sie doch innerlich selbstständing einander gegenüber. Nirgends kann davon die Rede sein, dass das eine Volk das andere kopiert hat. Anregungen haben sie sich gegenseitig reichlich gegeben. So stehen diese Fresken recht mitten im Getriebe der Weltgeschichte der Kunst und ihre technische Analyse musste schon deshalb belehrend erscheinen.

Der Malgrund ist eher Mörtelgrund als Stuckunterlage, körnig, stellenweise sogar grobkörnig, im allgemeinen von mehr gelblicher als weisser Farbe, und selbst an den besterhaltenen, hellsten Stellen und an Bruchstellen ist immer das grobe Korn wahrzunehmen. Andererseits ist aus der allgemeinen Wirkung der Farben, mit denen er bemalt wurde, unzweifelhaft, dass er vollständig abgetrockenet war, ehe man zu malen anfing; die Malereien sind also im eigentlichen Sinne des Wortes nicht «al fresco» sondern «al secco» gemalt; das ergiebt sich ausserdem noch aus der Wirkung der Stellen an denen die Farbe verwischt oder verwaschen ist, ein Beweis, dass der Farbstoff mit dem Malgrunde sich nicht zu einer chemischen Einheit verbunden hat, wie dies beim «Fresco» der Fall ist.

Die Dicke des Malgrundes im eigentlichen Sinne beträgt ca 5 m/m : sie liess sich an einer Stelle feststellen, wo unter der letzten Oberfläche eine ältere hervorkam, die sich dann auch weiterhin verfolgen liess. Ähnlich, wie in Tell el Amarna, hat auch hier nach Abnützung der unteren Malschicht eine Erneuerung stattgefunden, deren Zeichnung übrigens hier wie dort von dem älteren Vorwurf abwich.

Die angewendeten Farben sind im allgemeinen ziemlich dünnflüssig, und von mehr lasierender als deckender Wirkung, mit thierischem Leim oder vielleicht mit Gummi als Bindemittel; eine zweite Farbe wurde über die erste nicht eher gesetzt, als bis diese ganz eingetrocknet war. Meist sieht man in solchen Fällen (Innenzeichnung in farbigen Feldern) die obere Farbe an den Deckflächen viel dunkler wirken, als an den übrigen. Wäre «nass in nass» gemalt worden, so hätte sich eine gewisse charakteristische Mischung ergeben, wenn die obere und untere Farbe verschieden waren; bei gleicher Farbe hätte sich die Übermalung nicht aüsserlich bemerkbar machen können, wie dies thatsächtlich der Fall ist. Jedenfalls trockneten, wie es in Ægypten natürlich ist, die Farben auf dem Grunde sehr rasch ein; es gicbt verschiedene Stellen, besonders in Papyrosbüschen, in denen nachträglich zur besseren Raumfüllung noch eine Blüthe oder ein Stengel hinein gemalt wurde, und da sieht man an den Deckungs und Kreuzungsstellen wie durch Übereinandermalen derselben Farbe über eine bereits getrocknete gleiche Farbe ein dunklerer Tonwert entstand. Nur an eine Stelle, wo mit einen dünnen ganz blassen Grün gemalt worden ist, sieht man deutlich, dass an den Kreuzungstellen der Halme die Farbe noch nicht trocken war; als dann der Pinsel in einer neuen Richtung gleich darüberfuhr, nahm er die noch ungetrocknete Farbe in der neuen Richtung mit, an der Kreuzungsstelle bloss einen grünlichen ton zurücklassend. Daraus kann man schliessen, dass durch Verdünnung der Farbe der Trockenprocess verlangsamt wurde.

Eine andere eigenthümliche Erscheinung ist die, dass verschiedenlich am Pinselansatz der Farbton viel dunkler und dicker ist, als am Ende desselben Pinselstriches, wo die Farbe ganz blass im Weiss des Grundes verläuft; da sich diese Erscheinung bei den hellgrünen Tonen stets wiederholt, können wir daraus schliessen dass diese durch Verdünnung des dunkelgrünen Farbtones (d. h. Zusatz von Bindemittel) entstanden sind; zur Erklärung der Erscheinung aber haben wir noch folgende Möglichkeit : dass sich die schwerere Farberde mehr auf dem Grunde des Farbtopfes, und darüber bloss eine Art Farbwasser befand. Mit anderen Worten : Der Maler hat, anstatt vor jedem Pinselstriche beim Aufnehmen der Farbe diese im Topfe umzurühren, die ohnehin schlecht durchgemischte Farbe sich ruhig nach unten absetzen lassen; den Pinsel tauchte er bloss so weit ein, als er nötig hatte, um zu einem Pinselstriche genug Farbe in den Pinsel zu bekommen; tauchte er ihn etwas tiefer ein, so bekam er auf die Pinselspitze die dicke Farbe, nur auf dem Bilde eine Art Klecks an der Stelle, wo der Pinsel zuerst ansetzte; während im weiteren Verlaufe des Pinselstriches nur das Farbwasser nachfloss. Übrigens ist gerade dieses Klecksen auf einer Darstellung in eminent künstlerischer Weise und mit Bewusstsein zu einer starken Impression verwendet : da ist eine Grasart mit eigenthümlichem rotem Samen dargestellt; von dem Hauptstengel rollen sich, wie bei Hyacinthen, lange lanzettförmige Blätter ab und hier giebt der Klecks mit seinem allmählig im Weïsse verlaufenden Strick, in deutlicher Impression die ganze Structur dieser Pflanze wieder : wie die Blätter am Stengel dick und dunkelgrün, gegen die Spitze immer dünner und blasser werden.

Die angewendeten Farben sind Erd- und Metallfarben. Das Blau ist unserem Cobalt am ähnlichsten; aber weniger grün, und mit mehr deckender Wirkung. Das Rot ist ein Eisenoxyd, dasselbe das wir heute «caput mortuum» nennen; stark deckend, mit etwas violettem Charakter; eine der haltbarsten Farben, die es überhaupt gibt; immerhin ist es an manchen Stellen gelblich, und diese Nuance noch durch das Siccatif verstärkt, mit dem man die Bilder zu Conservicrungszwecken überzog. Das Gelb ist gewöhnliche Ockererde, ebenso haltbar wie das «caput mortuum»; das Schwarz halte ich für «Lampenschwarz» (Russ); für Knochenschwarz oder «Beinschwarz» ist es zu blässlich und zu wenig durchsichtig. Das grün ist vielleicht eine Mischfarbe aus dem Blau und dem Ocker, und infolge der Durchsichtigkeit des Blau gelblich und warm.

Der Maler hatte also eine «Palette» mit den Farben blau, rot, gelb, grün und schwarz; aber seine Palette waren «Farbtöpfe», deren ihm für jede Farbe je einer, für grün zwei zur Verfügung standen, ein Topf für hellgrün, einer für dunkelgrün. Weiss benutzt er nicht; nirgends ist weiss aufgesetzt, er spart es vielmehr aus. Aus der relativen Verschiedenheit der Farben auf den einzelnen Stücken kann man übrigens schliessen, dass mindestens drei verschiedene Maler an dem Fussboden gearbeitet haben; wenn anders man nicht annehmen will, dass ein Maler seine Farbe dreimal aufgebraucht und wieder neue angemacht habe. Wahrscheinlicher scheinen mir die drei Maler, schon aus der verschiedenartigew Behandlung der pflanzlichen Motive besonders der Lotosblüte.

Über die Pinsel lässt sich folgendes ermitteln : jeder Maler hatte wenigstens zwei verschiedene Pinsel für jede der Farben schwarz, rot, blau und grün, für gelb bloss einen. Der eine Pinsel war dünn, mit ihm konnte man höchstens 7 m/m breite Striche mit starkem Drucke, bei leichter Handhebung 2 m/m dünne Striche ziehen; mit ihm machten die Maler Conturen und Innenzeichnung der Vögel und vierfüssigen Thiere, die schwarzlinierten Striche, die kleinen blauen «Iris» (?), den Kelch der Lotosblumen, etc. Ein breiterer Pinsel, der sich bis 15 m/m auseinander drücken liess, bei normalem Druck eine Breite von 10 m/m hatte, diente wohl für alles übrige. Ob für ganz grosse Flächen ein noch grösserer Pinsel verwendet wurde, dafür habe ich keine technischen Merkmale gefunden. Aus den Pinselstrichen ergiebt sich deutlich, dass die Pinsel ziemlich steifborstig waren; man sieht oft die in einem breiten Strich enthaltenen Streifen, welche die einzelnen Borsten gezogen haben; ausserdem auch noch dass die Pinsel nicht spitz, sondern am Ende gerade abgeschnitten waren : bei einer Getreideart hat der Maler die Blüten mit der breiten runden Spitze hingetupft.

Endlich hatte der Maler auch ein Lineal für die Striche, welche die einzelnen Felder abgrenzten, für die Grundstriche und die breiten geraden Borduren. Nur ging er ungeschickt damit um : paralelle Linien sind in ihrem weiteren Verlaufe divergierend, oft ganz deutlich krumm, sobald sich der Pinsel zu weit von der Hand entfernte, die das Lineal an einem Ende festhielt; auch die rechtwinklig sich schneidenden Linien stehen meist nicht senkrecht anf einander; der Maler machte die Senkrechte nach dem Augenmass, ohne Winkellineal.

Die Sicherheit der Zeichnung ist erstaunlich. Bei Pflanzen habe ich bloss zweimal gefunden, dass zuerst ein schwarzer Contour gezeichnet war, der dann mit Farbe ausgefüllt wurde; andere Pflanzen und zwar die meisten sind direkt mit der entsprechenden Farbe hingemalt «alla prima», ohne Vorzeichnung, ohne Contour; eine Correctur oder ein Fehler ist nirgends zu finden, überall verräth sich eine fabelhafte Sicherheit. Bei den Gebüschen, die sämmtlich ohne Contour direkt hingemalt sind, war das Verfahren jedenfalls folgendes : Zuerst malte der Künstler die Blütenköpfe mit den Stengeln, dann die gelbe oder schwarze Wurzel, zuletzt die Innenzeichnung, Kelchblätter, Staubgefässe, etc. War, wie dass ja bei nicht zuerst sorgfältig vorgezeichneten Arbeiten leicht geschieht, irgendwo ein Zwischenraum zu gross ausgefallen, wurde eine Knospe oder eine Blüte eingemalt. Bei solchen Gelegenheiten ergaben sich oft die dunkleren Stellen, welche durch Überdeckung mit derselben Farbe entstanden. Nachher trug er bei den neu eingemalten Knospen, Blüten etc., die Innenzeichnung nach, und auf diese Weise ist es dem Künstler auch passirt, dass er an einer Stelle vergass, den Stengel einer Knospe nachzutragen. Angefangen wurde aller Wahrscheinlichkeit nach mit dem mittelsten Blütenkopfe und dem dazu gehörigen

Stengel; dann nach rechts bis hinunter, dann nach links oder umgekehrt. Dann kam die Wurzel, unter der man die in ungleicher Linie endigenden Stengel noch durchschimmern sieht, zuletzt die Innenzeichnung, dann die Nachträge. Dann folgte dass nächste Blütenbüschel neben an; war jedoch der Zwischenraum zwischen den beiden zu gross ausgefallen, so setzte der Maler wie wir sahen, ein neues Füllmotiv, zuweilen auf besonderem Grundstrich, dazwischen. Glatte Blätter wurden mit zwei breiten Pinselstrichen erzielt, einer nach rechts herum, oft ganz fein in einen dünnen Strich bis an den Hauptstengel heranreichend, einer nach links herum, ganz breit und scharf geradlinig abgesetzt, ohne bis an den Hauptstengel zu reichen. Waren die Blätter ausgezackt, dann machte es der Maler ebenso, nur setzte er nachher mit seinem dünnen Pinsel die Zacken an den Rand der Blätter an; manchesmal hat er es auch vergessen, so dass wir dann an derselben Pflanze zweierlei verschiedenartige Blätter finden. Oft sind auch an derselben Pflanze, ja an demselben Stengel die Blätter paarweise und im Zickzack gestellt, der Hauptstengel ist in seiner Dicke nie von den Nebenstengeln unterschieden und alle erst ganz kurz vor der Wurzel unten verdickt, manchesmal aber auch je nach Laune des Pinsels auch in der Mitte, oder ganz oben an der Blüte, wenn ihm der Pinsel ausrutschte, oder er gerade frische Farbe in den Pinsel genommen hatte. Man kann also unter solchen Umständen keineswegs von einer Sorgfalt in der Ausführung sprechen. Doch können solche Einzelheiten die Gesammtwirkung nicht stören, deren unser Maler unzweifelhaft sicher war.

Bei den Thieren, die er darstellte, war er allerdings aufmerksamer als bei den Pflanzen; hier ist ihm weder der Pinsel ausgerutscht, noch hat er irgend ein Charakteristicum vergessen; von Mühe können wir freilich keine Merkmale finden, alle Thiere sind ebenso flott gemalt und gezeichnet wie die Pflanzen; da hier aber die Wirkung nicht im Ensemble lag, wie bei Büschen und Blättern, sondern in der deutlichen Individualität, so musste viel vorsichtiger gearbeitet werden. Und in der That finden wir hier bloss dünne, langsam gezogene Striche, mit so grosser Vorsicht hingesetzt, dass nur in seltenen Fällen ein Nasenloch im Schnabel (das als weiss ausgespart war) oder eine Innenzeichnung eines Hufes verdeckt wurde. Vieles hing ja auch von den widerspentigen Pinseln ab: oft gelang ein ganz feiner Strich, dicht daneben misslang er; an einem Entenfusse finden wir etwas wie eine

Andeutung der Zehen und Schwimmhaüte, an dem andern einen formlosen Klecks, einmal ist das Auge rund, das andere Mal ein formloser Fleck, dass drittemal ein richtiggezeichnetes Ægyptisches Auge, flach nach innen, spitz nach aussen.

Hinsichtlich der Aufeinanderfolge von Contour und Farbe bindet sich der Maler bei den Thieren an keine Regel; sie stellen sich als colorierte Contouren, und auch als farbige Formen ohne Contour dar; allen Contouren gemeinsam ist aber, dass sie in einem einzigen Strich mit unglaublicher Sicherheit das ganze Thier umschreiben, eine Technik deren bloss ein allergrösster Meister, oder ein Manierist mit auswendig gelernter Kunst sich bedient. Im Übrigen sind ja viele Einzelheiten wieder nachlässig gemacht, die Zahl der Hand — und Armschwingen an den Flügeln ist immer verschieden, oft noch durch kleine Strichelchen verlängert; trotz alledem machen aber die Thiere den Eindruck der Sorgfalt, und sicher hat sie von den ausführenden Künstlern der Beste gemalt. Ich bemerke endlich noch dass Überschneidungen des Contours bei den Vierfüsslern regelmässig am Bauchansatz der Vorder-und Hinterbeine und am Bauche selbst an der Stelle vorkommen, an der der Penis herabhängt. Bei den Vögeln ist einmal deutlich der Schenkel innerhalb des Bauchcontours angefangen, ein anderesmal undeutlich; bei allen übrigen Vögeln sitzen die Beine übereinander an dem Aussencontour des Bauches.

F. W. von Bissing.

TROISIÈME RAPPORT

SUR LA DÉFENSE DE PHILÆ

PAR

M. GASTON MASPERO.

I

Aucun changement considérable n'est survenu dans l'état de Philæ au cours de l'année 1905. Les deux inspecteurs en chef du Saïd, M. Quibell qui avait succédé à M. Carter et M. Weigall qui, en février, succéda à M. Quibell, ont reçu les mêmes instructions générales qui avaient été données à M. Carter l'année précédente. Toutefois, j'avais remarqué pendant mon inspection de janvier 1905 que certains hiéroglyphes et certaines figures semblaient présenter une apparence moins nette que celle dont j'avais gardé le souvenir, et je m'étais demandé si le frottement très léger de l'eau contre la surface du grès ne menaçait pas de les user à la longue. Je recommandai donc à M. Weigall de vouloir bien porter son attention sur ce point, et de rechercher si j'avais été ou non victime d'une illusion. Je reproduis *in extenso* le rapport qu'il m'adressa le 15 juin; on y verra quel était l'aspect des lieux après le retrait total de l'inondation.

II

Report on the condition of Philae in June 1905, by Mr. Arthur Weigall.

In the months of June and July the water surrounding the island of Philae is at its lowest. During June, therefore, I made a thorough inspection of the temples there, with a view to ascertaining whether the water had caused any damage either to the temple itself or to the bas-reliefs. The main points observed in the examination are as follows :

1° The buildings remain undamaged, and show no signs whatsoever of possible collapse;

2° The bas-reliefs which have been submerged are not in a perfect condition. Owing to the action of the water on the surface of the stones, a slight disintegration seems to be taking place, and the hieroglyphs and smaller details of the designs are blurred;

3° Very little salt is to be seen this year, — a mere fraction of the quantity which made its appearance at first. In parts of the temple, the higher levels of the water are marked by dark stains upon the stone, which unfortunately seem to be permanent;

4° The cement used in the recent restoration is in good condition, except where it has been used in small quantities, such as in the small cracks and joints. From these it has here and there fallen away.

In detail the condition of the different parts of the temple is as follows :

Temple of Isis. — This temple being on a higher level, the water has only reached to a height of about 0 m. 50 cent. above the floor. Some salt is to be seen, though not in any large quantity. The disintegration of the stone, mentioned above, is very slight here; and the building may be said to be practically undamaged. The water has not even removed the colour from the hieroglyphs. The lower corner of the left jamb of the door leading from Room D to E (Baedeker's lettering) is formed of a block of bad sandstone containing yellow ochre. This is crumbling and requires to be cemented. On the outside of the west wall of the sanctuary, very large quantities of salt appeared last year : this year there is almost none at all.

Forecourt between the Pylons. — A stairway leads from the Temple of Isis down to the forecourt. Most of the cement in the crevices between the stones of this stairway has fallen out, and should be replaced. All the reliefs which have been submerged have the appearance of being worn away. Salt adheres to the stones in places, but only in small quantities;

and sometimes a whole wall will have none. The high water line is marked by ragged brown stains.

The Birth House. — No salt is to be found here. The blurring of the reliefs is very noticeable.

The Outer Court. — The reliefs upon the lower level of the front of the I[st] Pylon are much blurred, and some of the hieroglyphs are almost unreadable. The restoration of the pillars forming the last colonnade remains in perfect condition. There is practically no salt on any of the walls.

Hadrian's Gateway. — The water has apparently washed away part of the ground under the paving-stones of this doorway, and an irregular sinking is noticeable. The cracks should be cemented. On the inner and outer side of the south wall of the porch the cement is not holding well, and should be renovated.

The Kiosk. — There is practically no salt here, and the reliefs are not damaged. The stains upon the walls are somewhat bad. The cement all holds good.

Temple of Hathor. — The high level of the water is marked by stains and by incrustations of salt. The cement is in good condition. The blurring of the reliefs is more marked here than in any other part of the temple.

Out-Buildings. — The outstanding ruins at the extreme north and south of the island, which have not been restored, appear to have suffered very little.

Viewed as a whole the place does not at first show much sign of its submersion. The Nile has gone down to within a short distance of its original limits, and almost all the buildings stand free of the water and are perfectly dry. Between the east side of the main temple and the Kiosk, a dry plain or lawn stretches upon which grass and green herbage is growing. One may land at Hadrian's gateway, walk over the whole of the main temple and its outer court, across to the Kiosk and to the temple of Hathor, and thence back behind the temple of Isis without finding mud or damp earth under foot. On closer inspection, however, one sees that the submersion has left a permanent mark on the buildings. The band of dark stains is obvious on every wall. Above it the sandstone blocks are yellow in colour; below it they are now a grey white. Looking still closer it is noticed that the sharp lines of the reliefs and of the hieroglyphs above the high water mark change into blurred outlines below that level.

This wearing away of the smooth surface of the stone is the only damage which the water can be said to have done. There is a kind of green slime which is sometimes left upon the walls by the water, and this, turning to a dead white, forms an almost imperceptible film over the surface. It may be that the blurred appearance is in part due to the presence of this dried slime, or is increased thereby. The bas-reliefs which have suffered are not, however, of great interest. Photographs of some of the more important, and hand copies of the inscriptions could be made without difficulty at the time of the low water in June and July.

As has been said, a small quantity of cement requires to be added here and there, but this can be done next year. For the present, it is only necessary to remove from the walls such salt as can be easily brushed off, and to clean away the crust of salty earth which lies over parts of the floor. No other cleaning is required, for the flood has already purged the temple as thoroughly as could be desired.

III

On voit que, somme toute, M. Weigall a eu la même impression que moi et que le danger d'usure par le frottement de l'eau ne lui parait pas imaginaire. Évidemment une première observation ne suffit pas pour déclarer qu'il y a péril immédiat en la demeure : il ne faut pourtant pas nous dissimuler que, si l'effacement que nous avons cru constater se poursuit et s'accuse, nous sommes sans armes contre lui. Nous pouvons lutter contre le salpêtre ou contre les infiltrations avec chance de succès : nous ne pouvons pas empêcher l'eau de glisser le long des pierres et de les user peu à peu. Ce ne serait plus alors qu'une question de temps, et nous en serions réduits à nous demander le nombre d'années qu'il faudra au fleuve pour transformer les portions de murs sculptés qu'il immerge chaque hiver en autant de surfaces lisses.

L'inspecteur indigène d'Edfou, Mahmoud Effendi Mohammed, fut chargé, ainsi que c'est l'habitude chaque année, de procéder à l'enlèvement des sels et des boues. C'est une opération qui se renouvelle à plusieurs reprises pendant l'été et pendant l'automne, et voici le rapport qu'il m'adressa au mois de novembre, après qu'il l'eut terminée pour la dernière fois.

Edfou, le 10 novembre 1905.

Monsieur le Directeur général,

«En réponse à la lettre n° 2889 du Service, j'ai l'honneur de vous informer que deux sortes de sels se sont produites à Philæ cette année : d'abord un sel blanc qui se manifeste en une couche très mince et qui est du salpêtre pur, ensuite un sel verdâtre qui est du salpêtre mêlé à des dépôts fluviatiles. J'ai veillé à ce que ces deux sortes de sels fussent enlevées sans que les inscriptions et les sculptures éprouvassent le moindre dommage. Le sel blanc, qui se dessèche fort vite, a été supprimé par un très léger frottis de chiffons. Pour détacher le sel de la seconde espèce, qui est beaucoup plus tenace, j'ai dû procéder à deux ou trois lavages successifs d'eau du Nil; après chaque lavage, je frottai délicatement les parties salées avec de la bourre de dattiers très fine. D'une manière générale, je suis heureux de constater que la quantité de sel produite est beaucoup moindre que celle des années précédentes. J'espère que la diminution s'accentuera l'année prochaine et qu'elle sera presque nulle dans deux ans : à ce moment en effet toute la quantité de *sébakh* qui avait pénétré la pierre aura été délavée par les eaux du Nil.»

Les nettoyages successifs du temple coûtèrent à eux tous une somme de L. E. 4.600 mill., dans laquelle est compris le prix de transport à Philæ d'une stèle en granit provenant de l'île de Hesséh. L'exiguité du chiffre confirme les dires de l'inspecteur d'Edfou. M. Weigall qui eut l'occasion de visiter les lieux plusieurs fois pendant l'été et l'automne n'a pu que confirmer le témoignage de Mahmoud Effendi.

Note on the condition of Philae in October 1905, by Mr. Arthur Weigall.

As a post-script to my report on the condition of the temple of Philae in June, I should add that, on visiting the temple in August, September, and October, I was able to confirm the statements made in that report. The district-inspector informs me that the salt this year is considerably less in quantity than that which appeared last year, and he believes that in two years time there will be none.

The salt has been removed by means of cloths and brushes; but, as has been stated, nothing further was required to be done this year.

IV

La mise à l'eau de l'île eut lieu un peu plus tôt cet hiver que les hivers précédents : lorsque je visitai le temple, le 26 décembre, il s'en fallait de 0 m. 50 cent. au plus que la crue battît son maximum. L'aspect était sensiblement le même que celui que j'avais observé pendant les années précédentes : une bande noire et luisante de 0 m. 30 cent. à 0 m. 40 cent. de hauteur au-dessus du niveau actuel de l'eau, puis, par-dessus cette bande, des efflorescences blanchâtres de salpêtre encore assez fortes au point de rencontre de la pierre antique et du ciment moderne, mais peu abondantes partout ailleurs. Le pronostic de l'inspecteur d'Edfou semblait être exact sur ce point, et il était vraisemblable que la quantité de salpêtre éliminée cette année serait minime. J'ai cru remarquer les mêmes traces d'usure que j'avais aperçues l'année dernière, mais sans que le flou eût augmenté de manière très sensible au point d'observation choisi précédemment près du perron du grand temple. Tout aurait été aussi satisfaisant que possible, n'eût été les dégâts commis par les barques berbérines qui transportent les voyageurs. Ces barques, trop larges pour la plupart, pénètrent à frottement dans la cour du grand temple et dans l'intérieur du kiosque de Trajan; le choc des rames ou des bordages endommage grandement les feuillures des portes. Dès mon retour à Assouân, j'ai demandé à S. E. le moudir de vouloir bien donner aux soldats qui font la police de l'île l'ordre d'interdire impitoyablement l'entrée aux grosses barques : il a rédigé aussitôt des instructions en ce sens et, depuis lors, les petites chaloupes ont été seules autorisées à franchir les portes. Afin d'éviter les dommages que même ces barques légères peuvent occasionner, j'ai recommandé à M. Weigall d'étudier un système de cordes flottantes qui amortiraient le heurt des rames ou des bordages contre les pierres.

Somme toute, un seul danger subsiste, celui de l'usure, et peut-être l'usure est-elle produite autant par l'enlèvement du salpêtre que par le frottement de l'eau. Si, comme il y a lieu de l'espérer, la production du salpêtre cesse d'ici deux ou trois ans, et que, par suite, nous n'ayons plus de nettoyages à opérer, il nous deviendra facile de calculer l'action mécanique de l'eau, et peut-être la trouverons-nous plus lente que nous ne sommes portés à le croire actuellement.

Le Caire, 4 mars 1906.

G. Maspero.

TOPOGRAPHICAL NOTES

ON WESTERN THEBES COLLECTED IN 1830,

BY

JOSEPH BONOMI.

Among the Hay Manuscripts preserved in the British Museum are several folios of notes [1] by Joseph Bonomi on Theban place-names. These were collected by him with a view to incorporating them in a Survey of Thebes which Catherwood had prepared for Mr. Robert Hay, but the publication of these notes, as well as of Catherwood's Map of Thebes, was abandoned owing to Hay's work on the ancient capital of Egypt being forestalled by Sir Gardner Wilkinson's *Topography of Thebes.* Bonomi's notes, however, contain so much valuable information other than that which is to be found in Wilkinson's book that I have copied them from the original Manuscript and print them here, together with a few explanatory remarks of my own which are in every case inserted between square brackets. — Percy E. Newberry.

1. *Hugfat Risha,* هقفت ريشه. — The most southern and western hill that forms the angle of the square; it has some brick foundations on it.

2. *Dêr esh-Shelwît,* دير الشلويط. — The small temple south of the hills. Named Shelwît on account of the man who lived there beating and commanding the rest of his neighbours.

3. *Gubr el-Abdallah Saida,* قبر العبد الله. — Two remains of brick walls conspicuous in the desert plain south and west of Dêr esh-Shelwît.

4. *Gabanét el-Hamadi,* جبانت الحمادي. — Some large stones shapeless and broken, south of Medinet Habu. In some brick mummy pits east of this place were dug up badly prepared mummies without cases but with ornaments of pearls at the time of Belzoni. I saw the man who first opened these tombs who came from Hamadi. This man says he was not the first who dug up this place for one Amara had, already taken pearls and emeralds from it. This Hamadi man made charcoal of colossal wooden statues that he found

(1) *Add. Ms. 29816, ff 2-5.*

in abundance in and near the Dêr et-Tabatib; he says of sandal wood so large that he used to carry them on donkeys. *Tabatib* is the plural of *Tabtaba* from the quantity of flat stones and wood found there covered with hieroglyphs.

5. *Bab el-Maaleg,* باب المعلق. — The highest tomb high up in the mountains, large and spacious; called *el-Maaleg* because it is so high up, being as it were in the air.

6. *Er-Rebek,* الربيق. — The ruined village at the small temple near the tree. This word may perhaps be the ancient name of the place. [Kasr er-Rebek is the name of the Temple of Kurneh, see Lane in *British Museum, Add. Ms. 34081.* — P. N.]

7. *El-Gemaize abu-Dooud,* الجميز جبل ابو دوود. — The sycomore tree on the bank of the river which 33 years ago was some distance from its bank.

8. Gorgar, a man who found the tomb of Habu : he went once a year [to it and] took out sufficient of pearls to sell for the year's provisions. He died about five or six years ago, without telling from wheresoever he got his riches. There are tombs at Amamda and at all places north of Kurneh to Dendereh that have been opened many years ago.

9. I saw a beautiful colossal hand that was dug up in the vicinity of the Dêr [et-Tabatib] with other fragments, all of which had been destroyed by fire. The hand which was burnt at the wrist must have belonged to a statue 7 or 8 feet high : the nails were of some other substance which was attached by a nail, perhaps of silver or mother-of-pearl; the hand held a staff. It is of excellent sculpture and in the collection of Ibrahîm Pasha.

10. *Gebel esh-Sheikh Abd-el-Kurneh,* جبل الشيخ عبد القرنة. — The mountain in which is Mr. Hay's house. [Hay lived in the tomb of Hatshepsut's vezîr Aahmes, the tomb which Wilkinson had formerly inhabited : it is now known as the *Kasr Wilkinson.* — P. N.]

11. *Helwet el-Hoha,* حلوت للخوخة. — A hill in which is a tomb in which people assemble to sleep in the shade. [This hill is situated between the Assassîf and the cultivation : the tomb is a very large one and was cut for Amenophis' III officer Surure. — P. N.]

12. *Shug Ismaîl,* شق اسماعيل. — The road [path-way?] to the Biban el Mulùk and the mountain over which it passes. [This is the path-way leading from the Rest-house near Dêr el Bahari up and over the hill to the Valley of the tombs of the Kings. — P. N.]

13. *Bab el-Gaafa,* باب الجعفه. — W. Dupuy's house. [The tomb of Ŷï-ma-dua in the Gebel Sheikh Abd el Kurneh. — P. N.]

14. *El Korn,* القرن. — The highest point of the Mountain of Kurneh. [Measured by Catherwood and found to be 1326 ft. in height above the level of the plain. — P. N.]

15. *Kom el-Fesaad,* كوم الفساد. — An elevation in the plain where nothing [except halfa] will grow. All the places were the halfa grows are called Fesaad. [This is on the edge of the cultivation to the right of the road running up to Dêr el Bahari. — P. N.]

16. *Kasr el-Dekakî,* قصر الدكاق. — The Ramesseum. [Dekakî was the name of an Arab who lived in it and fortified himself within its walls. See James Burton in *Brit. Mus. Add. Ms. 25639, f. 18* and Lane in *Brit. Mus. Add. Ms. 34081, f. 274.* — P.N.]

17. *Helan abu-Daraa,* حطان ابو ضرعه. — The brick propylae to the north of the Ramesseum. [Propylae of the Temple Thotmes III. — P. N.]

18. *El-Assassîf.* — The valley in which are so many brick buildings. [« A name perhaps derived from اسيف, *asîf* « barren, unproductive », applied to land ». Note by E. W. Lane in *Brit. Mus. Add. Ms. 34081, f. 253.* — P. N.]

19. *Bir esh-Shabuanî,* بير الشبواني. — A well close to the Ramesseum dug up by a family of this name. [Situated midway between the propylon of the Ramesseum and of the Temple of Thotmes III. — P. N.]

20. *Dêr Sekaio,* دير سكيو. — A large brick building at the entrance to the Assassîf once inhabited by M. Caillaud. [The name is an Arabic Corruption of Dêr Sieur Caillaud. See James Burton in *Brit. Mus. Add. Ms. 25639, f. 111.* — P.N.]

21. *Bab el-Gamûsa,* باب الجاموسة. — A tomb near the edge of the cultivation; in it is said to reside a spirit that takes the form of a buffalo.

22. *El Birâbe,* البرابا. — The brick arches about the Ramesseum. The name is also applied to :

23. *Bab el-Goria,* باب الجوريا. — A tomb in the Assassîf where Yanni dug out mummies, statues, boxes, papyri, bows, arrows, and all sorts of things found in tombs.

24. *Bab Miniaa.* — A tomb so-called from the persons who inhabited it long ago. It has a brick arch over it and is situated in the Helwet el-Hoha.

25. *Bab Biar.* — Close to the Bab Miniaa. The first tomb [in that region?] opened : it contains some highly finished sculpture and bears the name of Medinet Habu. [*The Draa el Biar* is the name given to the hill running S. E. from the great crude brick buildings of the Assassîf, Burton in the *Brit. Mus. Add. Ms. 25639, f. 44;* cf. 25639, f. 12. — P. N.]

26. *Bab Luli.* — Close to and in the same rock as the two former. So-called from pearls having been found among the rubbish.

27. *Bab el-Assafia.* — The famous large tomb of the Assassîf. [*Assassîf el Kebîr,* Burton in *Brit. Mus. Add. Ms. 25639, ff. 13 and 41 v.* — P. N.]

28. *Bab Ûm el-Minafîd.* — In the Assassîf; it communicated with two others tombs. Nafîs [Nafîd] was the name of a bad man.

29. *Bab el-Effene.* — The tomb behind the large brick propylon. From its being stinking and full of bats.

30. *Assassîf ed-Dekake.* — Where Dekake is said to have hid his treasure. It has a brick wall before it with an arch and is in the Assassîf.

31. *Kaharitet Abd el-Kurneh.* — A flat sandy place near the Assassîf, where the women go to became with child. The patient rolls round assisted by a friend who pushes her with her hand.

32. *Ed-Dêr er-Rumi.* — The temple at the end of the Assassîf. [*Dêr el Bahari.* — P. N.]

33. *El Howi.* — The valley behind the mountain in which we live.

34. *Assafît es-Sunduk.* — Near the great propylon in the Assassîf where Yanni found a sarcophagus of granite.

35. *Bowabet ed-Dêr.* — The remains of a gateway to the entrance to the road that led up to the temple at the end of the Assassîf.

36. *Draa et-Tuffle.* — The rock through which the road to the temple of the Assassîf is cut. The rock here is of a soft flaky and yellow kind of stone and possesses the quality of fuller's earth.

37. *Bîr Abd en-Nebi.* — A wall north of the well of the Shabuanî.

38. *Bab Hamed abu-Atia,* باب حمد ابو عطيه. — The tomb near the new mosque.

39. *Bab Eggin,* باب الجن. — The tomb behind the tower.

40. *Dêr et Tabatib,* دير الطباطيب. — [Also called *Gabanét el-Hamadi;* see n° 4].

41. *Dêr el Luli,* دير اللولى. — The temple enclosed by a brick wall.

42. *Dêr-Kurnet Murai,* دير قرنة مرعي. — The convent on the hill with the temple with brick wall.

43. *El-Hetan et-Towal,* الحتان الطويل. — Two wings of a brick propylon south of the Ramesseum.

44. *Biban el-Hagi-Hamid,* بيبان الحج حامد. — The Tombs of the Queens.

45. *Bab el-Hagi-Hamid.* — The abode of a man from Bairat who lived in the building called *Dêr er-Rumi,* at the entrance of the valley of the tombs of the Queens.

46. *Tagat Zeid,* طاقت زايد. — A tomb over those of the Queens where geese build their nests.

47. *Es-Salamat,* الصلمات. — [The colossal statues of Amenophis III. — P. N.] Shami is the Vocal Statue : Tami his companion.

48. *Kom el-Hetan.* — The fragments behind the statues.

49. *El-Gutter,* القطر. — The four hills close to and in a line together near Medinet Habu.

50. *Birket el-Wahai,* بركة الواخي. — South of Medinet Habu where some people of the Oasis live.

51. *Kom el-Bairat,* كوم البعيرات. — [Lane, *Add. Britt. M.*, n° 34081, f. 291. — P. N.]

52. *Kom er-Ramleh,* كوم الرملى. — The most southern hill that forms one side of the square.

53. *Bab el-Maaba,* باب المعب. — The tomb in the Gournet Muraai where is an Ethiopian queen in a chariot, shaded by an umbrella. [The Tomb of Huy. — P. N.]

54. *Howi ed-Dêr.* — The valley of the temple with brick wall.

55. *Bêt Pizzinini.* — The house of Piccinini.

56. *Shig el-Meshaikh.* — A set of tombs to the south of Piccininis' that have a good deal of brick construction about them. Over them on the hill is the pyramid called :

57. *El Mundara,* المنظره.

58. *El Birâbe,* البرابى. — The low walls in front of Piccininis' house extending to the cultivation.

59. *Shig el-Grabat,* شق الغبات. — A set of tombs north of Piccininis house so-called from the head of the tribe. On the rocks are other pyramids over them.

60. *Sunt es-Saket.* — From the possessor being a man of few words. In the same places is :

61. *Bir es-Saket.* — A well among the trees a little north of Piccininis' house but in the edge of the cultivation.

62. *El-Bowaba.* — A pyramid with large arch, the entrance to an

excavation out of which were taken many antiquities. The whole rock takes the [same] name (El Bowaba). Under it is the Bêt abu-Saccara.

63. *El Howi Bardissi.* — The separation between El Bowaba and the front rock north of it.

64. *El Mundara shig el-Atiat.*—The small hill on which is a pyramid near the convent called *Ed-Dêr Bahita* — the convent on the hill north of Piccininis' house. The remains of crude brick walls are considerable.

65. *Bîr Ali Abu-Musa.* — A well of the Atait.

66. *Shig el-Atait.* — The hill on which the convent of Bahita stands. The houses of the Atait are the tombs under it.

67. *Bab Massikh.* — A tomb so-called from the ancient inhabitant who was a brave Arab : this tomb has a propylon of unhewn stones built before it. It is under and a little north of the convent.

68. *Beit el-Kaimakan,* Shig el-Atait. —The house of the Kaimakan built in the plain near the cultivation opposite the Atait.

69. *Draa abu'l-Nagga,* ذراع ابو النجا. — The mountain that runs northward from the convent.

70. *Bab Ali Sulimân.*—A large tomb where one of this name was killed in the Draa abu'l-Nagga.

71. *Bab ez-Zof.* — The tomb in the Draa abu'l-Nagga from which Lord Belmore dug a sarcophagus : from its entrance being narrow and low.

72. *Bab esh-Shug,* Draa abu'l-Nagga. — It has an arch and a pyramid before it; so-called from the rock in which it is, having a crack that served as a hiding place to the fellahin in the time of the Mamlûkes.

73. *Bab el Buma.* — In the rocky part of the Draa abu'l-Nagga. So-called from owls that build their nests there. It has a brick wall before it.

74. *Bab el-Gutat.* — Under the Bab Ali Sulimân : so-called from the quantity of cat mummies found there in the time of Belzoni.

75. *Bab el-Kashab.* — In the Draa abu'l-Nagga, under the northern

point of it : so-called from the great number of wooden sarcophagi taken out by the people in the time of the Mamlûkes.

76. *Bab abu-Negga.* — The tomb in which the man lived from whom the whole mountain takes its name.

77. *Shig et-Tarif* or *Howi esh-Sheikh Hamid.* —The low rocks that form the north side of the entrance to the Valley of the Biban el Mulûk : they are full of excavations.

78. *Bab el-Hosein.* — One of the last mentioned set of tombs where jackals live.

79. *Helwat ed-Dubân.* — An eminence at the entrance of the Biban el Mulûk.

80. *Howi el-Akaba.* —The entrance of the mountain road that leads to Hou; on a conspicuous high point of this road are the remains of a convent where mummies of primitive Christians are found. There are reasons to believe this was an ancient *akaba*.

81. *Biban el-Akaba.* — The tombs situated at the entrance of the above mentioned road.

82. *Bab es-Sat.* — A tomb to the north of the road to Biban el Mulûk near the cultivation, in which there was a row of doors.

83. *Es-suf el-Anini.* — The perpendicular cut rock south of the Rameseum on which stands the Hetan et-Towal.

84. *Bir el-Hadim.* — A well cut there behind the statues on the edge of the cultivation which was dug up a black female statue.

85. *Shug Allaiadin.* — Brick ruins north and close to the walls of Medinet Habu.

86. *Saget el-Medineh.* —A square tank north of the Ptolemaic propylon.

87. *Es-Sigaria.* — The cultivable land between the Gutter and the Salamat, so-called because it was a thick wood of acacia full of hawks.

88. *Bêt-Faraoun.* — The building with windows at Medinet Habu.

89. *Bêt Habu Sîd el-Medineh.* — A ruined high brick house south of the Bêt-Faraoun.

90. *Tilmat el-Medineh.* — The land between the ruins and the Gutter.

91. *Bêt el Agûz.* — The small [house] at the south-eastern corner of Medinet Habu.

92. *El-Manga El-Baiada.* — The square space enclosed with hills south of Medinet Habu. *El-Manga* because it is the first place to be inundated and the soil becomes like clay.

93. *Saget el-Wahi.* — Brick ruins of a mosque and water-wheel south of Medinet Habu, among and behind the hills on the edge of the Birket el-Wahi : because these buildings were made by a family that came from the Oasis.

94. *Sheikh Said.* — Mud ruins of tombs about half-way of the great square and close to the back or western range : about the plain are some large blocks of stone. Sheikh Said was killed on this spot during wars with the Christians.

95. *Gumâl el-Barek,* or *the sitting camels.* — Blocks of stone at the south and west angles of the square.

SÉBENNYTOS ET SON TEMPLE

PAR

AHMED BEY KAMAL.

Cette ville a conservé sa dénomination antique. Elle s'appelait anciennement [hiéroglyphes], [hiéroglyphes], [hiéroglyphes], Thab-Noutir, la ville du veau divin, d'où son nom en cunéiforme *Zabnouti*, devenu en grec Σεβέννυτος, en copte ϫⲉⲙⲛⲟⲩϯ, en arabe سمنود[1]. Avec la XXIe dynastie tanite, lorsque Thèbes cessa de tenir le rang de capitale, Sébennytos et d'autres villes du Delta se disputèrent le premier rang. A la mort de Hakori, en 383 avant J.-C., ses héritiers se succédèrent rapidement sur le trône, le pays entier fut alors troublé et la même turbulence des grands feudataires qui avait empêché les Saïtes de conserver le pouvoir fut également funeste aux Mendésiens qui occupaient la région située à l'est de Samannoud. Le prince de Sébennytos, Nectanebès Ier, fut élevé au trône par ses soldats[2], et, avec son avènement, sa ville natale devient le fief de la famille royale. Strabon, qui la nomma Sebennys, dit qu'elle était la métropole du Delta inférieur et qu'elle professait pour Athéné un culte particulier[3]. Les monuments de leurs côtés affirment qu'elle était la capitale du XIIe nome [hiéroglyphes] de la Basse-Égypte, qui, d'après la liste d'Oxford, s'appelait ⲥⲉⲃⲉⲛⲛⲉⲧⲟⲩ = ϯⲃⲁⲕϫⲉⲙⲛⲟϯ[4], nome qui adorait la déesse Nephthys et dont le prêtre était intitulé [hiéroglyphes], *Ahuîti*, le guerrier, et la prêtresse ⋆ [hiéroglyphes], *Toua*, l'adorante[5]. Hérodote fit aussi

---

(1) Brugsch, *Dictionnaire géographique*, p. 385. M. Naville fait observer (*Recueil de travaux*, vol. X, p. 57) que Samannoud a pris une forme sémitique qui lui donne un sens entièrement différent de celui qu'il avait en égyptien. Il signifie, dit-il, le ciel du Noud parce que Noud était un grand roi qui fit construire à son palais un ciel en cristal.

(2) Maspero, *Hist. anc. des peuples de l'Orient*, 4e éd., p. 42 et 644.

(3) Strabon, *Géogr.*, trad. de Tardieu, t. III, p. 424.

(4) J. de Rougé, *Géogr. anc. de la Basse-Égypte*, p. 75-76.

(5) *Ibid.*, p. 80.

mention de l'importance de Sébennytos, l'ayant comptée parmi les douze grandes villes qui fournissaient à l'Égypte en cas de guerre 25,000 soldats de réserve; car les habitants de ces villes ne professaient autre chose que l'art militaire et le fils héritait toujours la profession du père dans cet art [1].

La ville adorait le dieu [hiéroglyphes] = ONOYPIC, surnommé [hiéroglyphes], *Neb mabe* «le maître de la lance»; elle possédait pour le culte de ce dieu un temple ([hiéroglyphes]) où était aussi honorée la déesse Hathor sous le nom de [hiéroglyphes], Horît, [hiéroglyphes], amie d'Anhour, de [hiéroglyphes], Didit fille de Râ, de [hiéroglyphes], Tafnout en forme de lionne. C'est la mère du dieu Anbour, fils de [hiéroglyphes], Shou [2]. Au temps du roi éthiopien Piânkhi, Thab-Noutir (Sébennytos), Pi-Hebit (Bahbeit) et Sambour Diospolis de la Basse-Égypte (aujourd'hui Damiette) formaient une principauté qui avait à la tête le chef ([hiéroglyphes]) Akanesh [3]. Sous le règne du roi Nectanebès Ier, elle avait reçu de ce prince des soins particuliers : un sanctuaire y a été élevé en l'honneur du dieu [hiéroglyphes], dont l'emplacement se reconnaît de nos jours très facilement. Il était au nord de la ligne des chemins de fer, entre la ville moderne de Samannoud et les ruines de l'ancienne ville qui restent encore très élevées. Là, on voit dans une dépression des terres et épars çà et là une quarantaine de fragments en granit rose [4] malheureusement sans inscription. Deux seuls fragments sont couverts pourtant d'une belle écriture hiéroglyphique que nous reproduisons ci-après :

I. Granit gris. Larg. 1 m. 20 cent., long. 0 m. 80 cent., épaisseur 0 m. 60 cent.

---

(1) Hérodote, lib. II, § 166; *Dict. géog.*, p. 385 et 386.

(2) J. de Rougé, *Géogr. de la Basse-Égypte*, p. 79.

(3) E. de Rougé, *Inscription de Piankhi*, p. 68.

(4) M. Naville mentionne (*Recueil de travaux*, vol. X, p. 57) que parmi les blocs du temple se trouvent les restes d'une liste de nomes du temps de Nechthorheb. Le monument le plus intéressant est une statue assise dont la tête et les pieds sont brisés. Les inscriptions portent qu'elle avait été faite pour un grand-prêtre d'Anhour sous le règne de Psammétique Ier. Ce grand-prêtre se nomme [hiéroglyphes], Akanouch, et ce nom est une variante graphique de celui du roi [hiéroglyphes] qui occupait Sebennytos sous Piankhi.

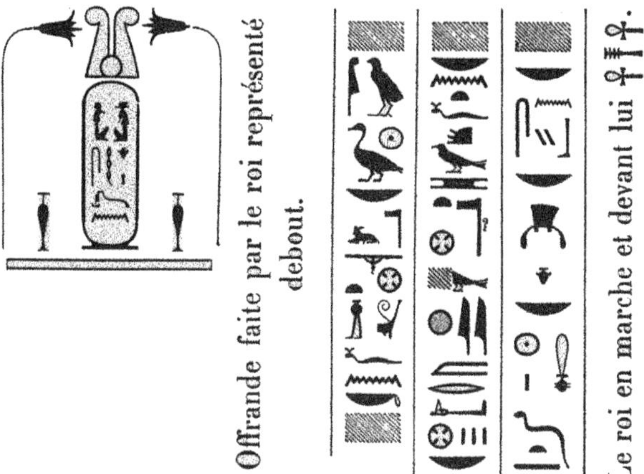

II. Granit gris, larg. 1 m. 25 cent., long. 0 m. 80 cent., au nom de Nectanebo Ier.

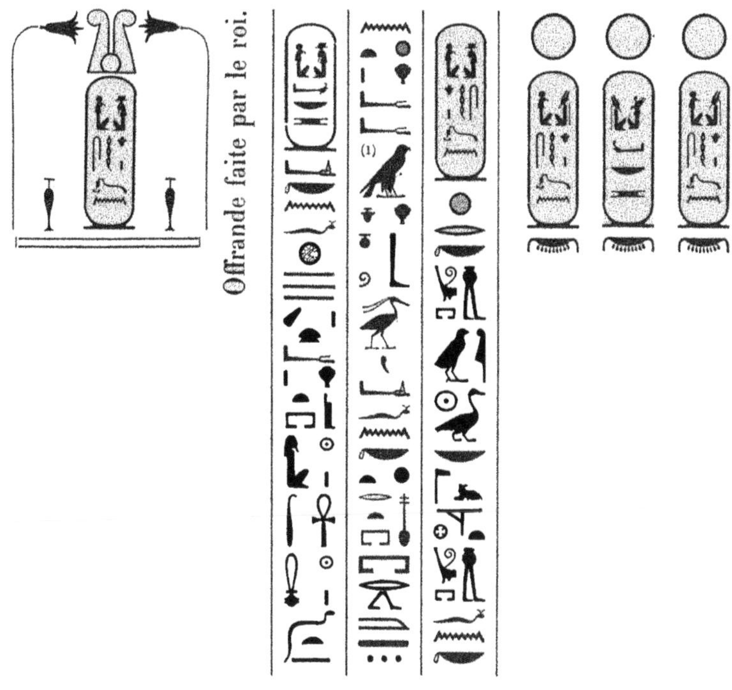

---

(1) Sur l'original, a le fouet dans le dos.

Il paraît de ces inscriptions que le nouveau sanctuaire s'appelait [hiéroglyphes], en grec *Phersô*. Sous le règne de Nectanebo II, des travaux de restauration vinrent s'ajouter à l'ancien temple d'Anhour; ils étaient presque achevés en l'an XVI, mais il en restait à graver les inscriptions hiéroglyphiques du sanctuaire Phersô laissé inachevé par Nectanebès Ier.

D'après le conte grec, il paraîtrait que le fonctionnaire chargé de ces travaux avait mis beaucoup de lenteur à l'exécution; à la suite de cette négligence, le dieu Onouris, l'Arès des Grecs, parut en songe au Pharaon, il s'adressait à Isis dans la plainte qu'il porta contre Samons à qui l'on avait confié les travaux du temple. «Le Gouverneur, dit le dieu, a négligé mon temple et les travaux du sanctuaire sont restés par cela même à moitié inachevés.» Le roi s'éveilla et ordonna qu'on envoyât en hâte à Sébennytos à l'intérieur de la contrée, mander le grand-prêtre et le prophète d'Onouris. Quand ils furent arrivés au palais, le roi leur demanda : «Quels sont les travaux qui restent à faire dans le sanctuaire appelé Phersô — ([hiéroglyphes])». Ils lui répondirent : «Tout est terminé, sauf la gravure des textes hiéroglyphiques sur les murs de pierre». Sur l'ordre du roi, l'architecte, Pétisis, de la ville d'Aphrodite se chargea alors d'exécuter ces travaux en cent jours.

Alexandre II nous a légué un bon souvenir des bienfaits dont il avait comblé le temple de Sébennytos. D'après les deux fragments que j'ai recueillis dans le village moderne (Samannoud), le roi avait établi pour le temple des *wakfs* qu'il inscrivit sur un monument en granit élevé par lui en l'honneur du dieu local. Ces deux fragments sont les suivants :

I. Granit rose. Haut. o m. 85 cent., larg. o m. 64 cent. — Fragment représentant un autel surmonté d'un vase [hiéroglyphe] et de trois fleurs de lotus; l'une épanouie et les deux autres en bouton; vient à la suite un débris d'une légende [hiéroglyphes] écrite en ligne verticale au-dessus d'une jambe qui seule reste du personnage représenté. Dans le registre inférieur il ne subsiste que [hiéroglyphes].

II. Granit noir. Haut. 1 m. 45 cent., larg. 1 m. 15 c. — Fragment représentant à droite le dieu Anhour barbu, coiffé [hiéroglyphe], vêtu d'un long pagne quadrillé et terminé par une bordure, tenant dans sa droite [hiéroglyphe], dans sa gauche un sceptre et recevant

[hiéroglyphes]

du roi une table chargée d'offrandes telles que pains ronds, grenades, oies, etc. Entre eux il y a un autel portant des fleurs de lotus ainsi que le débris d'une légende se rapportant à la donation faite par le roi [hiéroglyphes] (?).

Sous le règne de Ptolémée II, un grand pylône ([hiéroglyphes]) en granit et un vestibule ([hiéroglyphes]) ont été ajoutés par ce roi au temple. On en trouve quelques débris dans la ville moderne. Ce sont des fragments de granit rose disséminés à travers les ruelles, que j'ai copiés pendant mon passage au mois de mai 1905.

I. Granit rose. Haut. 0 m. 82 cent., larg. 0 m. 70 cent., épaisseur 0 m. 72 cent. — Fragment qui formait angle dans le temple et qui porte des inscriptions sur les deux faces visibles.

Ligne horizontale d'étoiles, suivie de quatre colonnes verticales ainsi conçues :

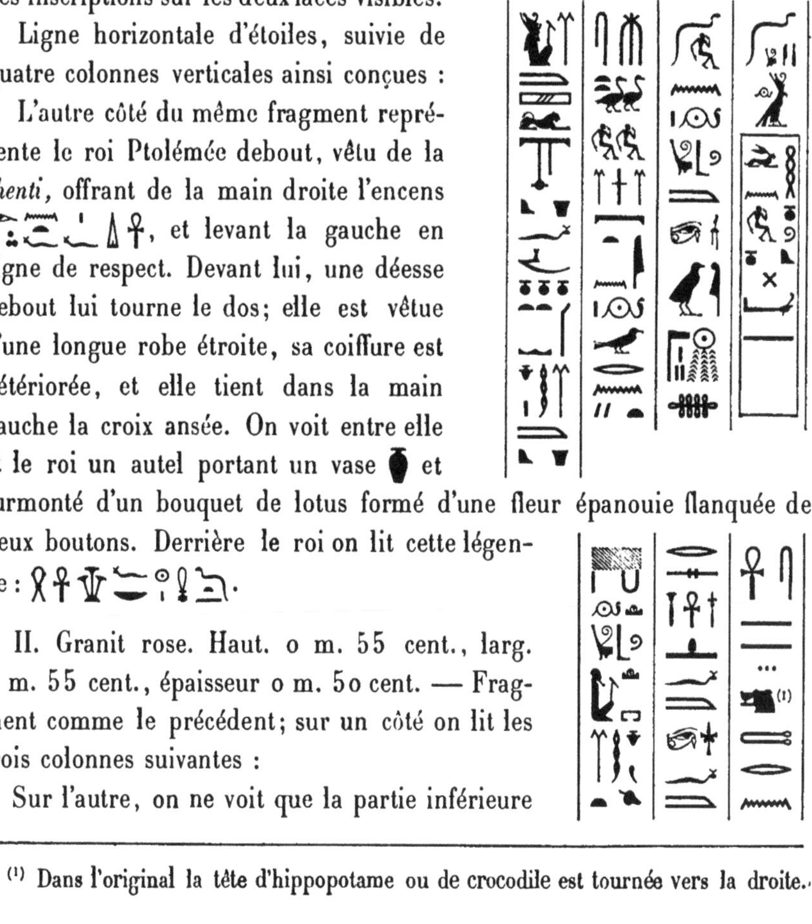

L'autre côté du même fragment représente le roi Ptolémée debout, vêtu de la *shenti*, offrant de la main droite l'encens [hiéroglyphes], et levant la gauche en signe de respect. Devant lui, une déesse debout lui tourne le dos; elle est vêtue d'une longue robe étroite, sa coiffure est détériorée, et elle tient dans la main gauche la croix ansée. On voit entre elle et le roi un autel portant un vase [hiéroglyphe] et surmonté d'un bouquet de lotus formé d'une fleur épanouie flanquée de deux boutons. Derrière le roi on lit cette légende : [hiéroglyphes].

II. Granit rose. Haut. 0 m. 55 cent., larg. 0 m. 55 cent., épaisseur 0 m. 50 cent. — Fragment comme le précédent; sur un côté on lit les trois colonnes suivantes :

Sur l'autre, on ne voit que la partie inférieure

(1) Dans l'original la tête d'hippopotame ou de crocodile est tournée vers la droite.

de la figure du roi qui était debout, vêtu de la *shenti* d'où la queue de panthère retombe. Aucune inscription.

III. Granit rose, haut. o m. 90 cent., au nom de Ptolémée II. — Ce fragment est semblable aux deux précédents. Sur une face on lit les inscriptions suivantes :

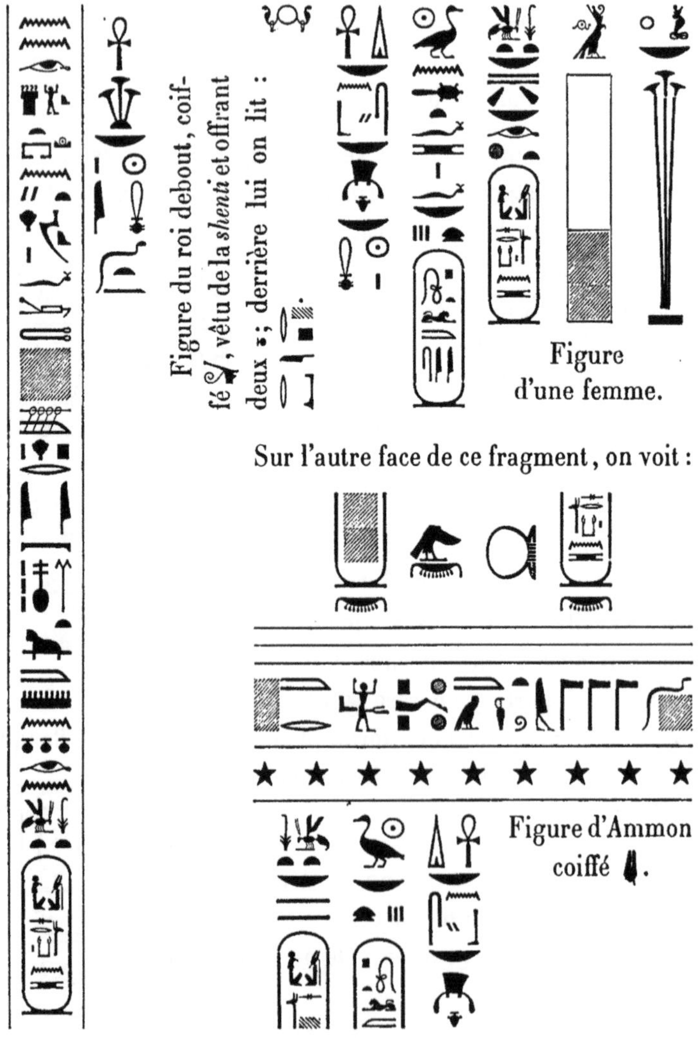

IV. Granit rose. Haut. o m. 63 cent., larg. o m. 60 cent. — Fragment représentant une divinité dont il ne subsiste que la main gauche qui tient un sceptre. Devant elle, les bras d'un roi paraissent offrir des vases à la divinité [hiéroglyphes]. Entre eux, il y avait une légende indiquant ce que la déesse promet de donner du roi [hiéroglyphes], et un autel effacé qui portait comme dans les autres fragments analogues un bouquet de lotus.

Parmi les fragments copiés à Samannoud, il est intéressant de signaler ici un fragment d'angle en granit rose, haut. o m. 75 cent., larg. o m. 55 c.

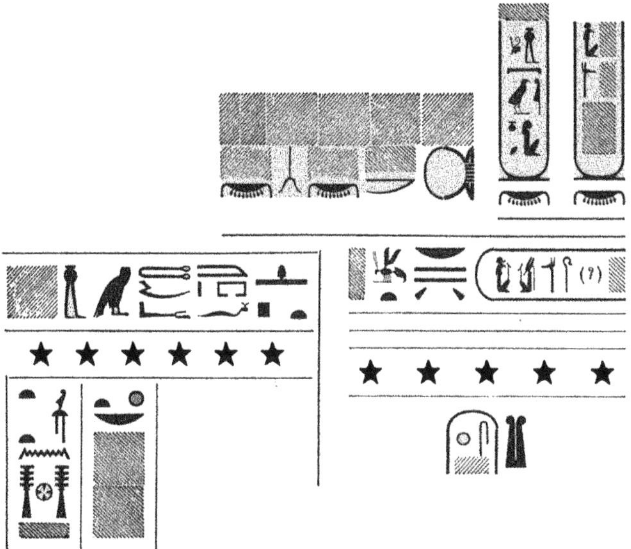

Il nous fait savoir par le débris de son inscription qu'il s'agit d'une autre construction exécutée au temple de Sébennytos par le roi ci-haut mentionné.

Makrîzî nous rapporte que ce temple se comptait parmi les merveilles de l'Égypte. Abou-Omar-el-Kandi dit l'avoir vu lorsqu'il servait de dépôt pour la conservation des fruits de l'acacia Nilotica. Il avait remarqué, dit-il, que lorsque les chameaux qui portaient ce fruit s'approchaient de ce temple, tous les insectes attachés à ce fruit se laissaient tomber par terre avant que les chameaux ne fussent entrés dans le temple. Il ajoute qu'on trouvait dans cet édifice une sorte de bouclier (stèle cintrée) couverte d'inscriptions qui, d'après Abi'l-kaeim-Mamoun-el-Âdel, ont été copiées par Ibn-Zolaq sur un papier en forme de bouclier. Cette copie avait la propriété de mettre en fuite toute personne qu'elle rencontrerait. Il y avait encore des statues et des images représentant les rois d'Égypte et dont quelques-unes portaient des *shashiat* (pagnes) et tenaient des lances ([hieroglyph]). Sur ces statues étaient écrits les noms des rois qui avaient régné en Égypte[1].

Le joli temple d'Anhour, œuvre de plusieurs Pharaons, a dû subir le même sort que les autres monuments; il tomba en ruine en l'année 3o5 de l'hégire. Actuellement la ville moderne conserve encore son rang et occupe la partie méridionale de l'emplacement de la cité ancienne. Les ruines de cette dernière restent encore en partie vers le côté nord et elles sont assez élevées pour qu'on puisse affirmer qu'elle était immense et très importante.

A. Kamal.

---

(1) الخطط الجديدة لمصر القاهرة جزء ١٢ صحيفة ٣٦.

UNE

CONDUITE D'EAU À KOM EL-NAKHLA

PAR

AHMED NAGUIB.

Monsieur le Directeur général,

Comme suite à la lettre par laquelle Youssouf Effendi Nessim, inspecteur de Tantah, vous informait que les preneurs de *sébakh* avaient découvert la bouche d'un puits à Kom el-nakhla el Bahariab (Béhéra), je me suis rendu à l'endroit indiqué par lui et j'ai constaté que ce prétendu puits n'est qu'un jour ménagé sur une conduite d'eau souterraine. Le soupirail est établi sur plan carré. Il mesure 4 m. 30 cent. de profondeur, sur 0 m. 60 cent. de côté. Il est selon toute apparence de l'époque romaine. Chacune des parois est composée de ce que j'appellerai six assises de briques cuites, alternativement couchées et dressées sur champ. L'assise la plus basse est formée d'une seule rangée de briques debout, et l'assise qui la surmonte comprend six lits superposés de briques couchées. La troisième et la cinquième assise sont semblables à la première, et la quatrième comprend six lits de briques comme la seconde; la sixième assise qui affleure au sol n'a plus que cinq lits de briques, le sixième étant probablement détruit par l'usure. Des ouvertures disposées le long des parois permettaient aux ouvriers de descendre jusqu'au fond. Notre ghafir les a utilisées, sur mon ordre, pour explorer les parties basses. Il a reconnu que la conduite est obstruée de boue et qu'elle ne laisse plus passer l'eau que sur une hauteur de 0 m. 30 cent. : dans ces conditions, il lui a été impossible d'y pénétrer et d'en examiner le parcours.

A une centaine de mètres environ de cette ouverture, les chercheurs de *sébakh* ont mis au jour une gargouille en calcaire de 0 m. 64 cent.

environ de longueur, terminée par une tête de lion, gueule béante[1]. Elle est également de travail romain et elle servait à arroser un verger ou à remplir un réservoir antique. Il ne m'a pas été possible de retrouver l'édifice duquel le verger ou le réservoir dépendaient.

Agréez, Monsieur le Directeur général, l'assurance de mon profond respect.

AHMED NAGUIB,
Inspecteur du Service des Antiquités.

---

[1] *Livre d'entrée*, n° 38425.

RAPPORT

SUR LES TRAVAUX EXÉCUTÉS À EDFOU

EN 1902-1905

(RÉPARATIONS ET CONSOLIDATIONS)

PAR

M. ALÉXANDRE BARSANTI.

Monsieur le Directeur général,

En exécution de votre ordre de service, je me rendis à Edfou, en revenant de Philæ le 11 décembre 1902, afin d'examiner l'état du mur ouest de l'enceinte dont vous m'aviez indiqué l'état précaire. Il mesure comme le reste de l'enceinte 10 m. 50 cent. de hauteur en moyenne; il est large de 2 m. 25 cent. à la base, de 2 mètres au sommet. Je constatai que, dans toute sa partie centrale, il s'inclinait fortement vers l'est et qu'il surplombait le dallage du couloir de 0 m. 70 cent. Le fléchissement produit par la poussée des terres sur la surface extérieure pendant les vingt-quatre années qui séparèrent le déblaiement des portions intérieures de celui du péribole (1861-1875), s'étendait sur une longueur de 78 mètres. Commençant par le nord, il était de 0 m. 10 cent. à 5 m. 60 cent. de l'angle du mur, de 0 m. 38 cent. à 27 m. 44 cent. et il atteignait son maximum soit 0 m. 70 cent. à la distance de 35 mètres, après quoi il allait diminuant d'importance, n'étant plus que de 0 m. 59 cent. à la distance de 44 m. 34 cent. (fig. 1), de 0 m. 52 cent. à la distance de 67 m. 37 cent., de 0 m. 37 cent. à la distance de 79 m. 80 cent. La poussée avait brisé les blocs inférieurs, détruisant les bas-reliefs (pl. I). Un calcul rapide me montra que nous aurions environ 2900 blocs à déposer et à remonter. Après avoir relevé hâtivement ces données je repartis pour le Caire où je vous soumis le devis suivant :

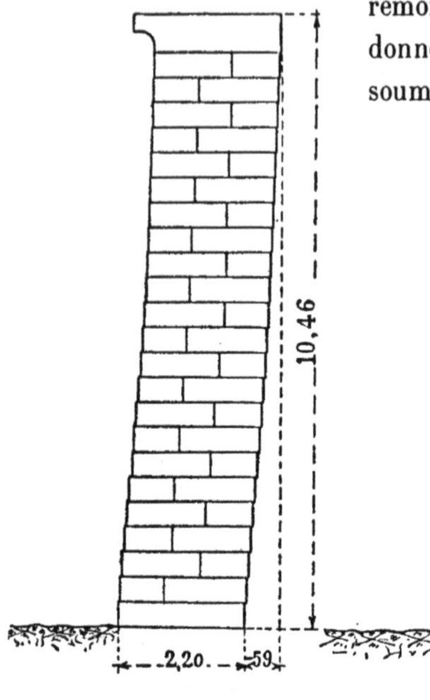

Fig. 1.

Maçons et ouvriers	582 L.E.
Bois	180
Cordes	25
Ciment	40
Chaux	140
Homra	70
Chakfs	25
Palans différentiels	50
Dépenses diverses	100
Transport du matériel	40
TOTAL...	1252 L.E.

Ce n'était là qu'une dépense minimum et afférente seulement à la réfection du mur : les autres travaux dont vous m'aviez signalé l'urgence devaient faire l'objet de devis spéciaux, exécutables sur d'autres fonds.

Je profitai du séjour que je fis à Sakkarah en vue d'achever les fouilles en cours autour de la pyramide d'Ounas, pour deviser un projet d'échafaudage qui nous permît de travailler rapidement et sans grands frais au démontage et au remontage des murs. L'examen des planches (pl. III-VI) qui accompagnent ce rapport permettra de concevoir la nature de cet échafaudage mieux que ne ferait une description : je renvoie donc à nos planches où certaines portions en sont figurées. L'achat des matériaux et leur expédition par barque remplirent les trois mois de janvier, février et mars 1903. Le 25 avril au soir, je partis pour Edfou avec une équipe composée de M. Carlo Oropesa, du reis Khalil Mohamad, de l'écrivain Riskallah Aioub, et du sous-reis Aly el-Chachai, tous attachés au Service à titre permanent.

J'avais, de plus, engagé à la journée un chef maçon, un charpentier et vingt portefaix vigoureux qui prirent le train avec moi. Le 27 avril, lendemain de mon arrivée, j'assignai à M. Oropesa la tâche de numéroter tous les blocs qui devaient être enlevés et de relever leurs dimensions pour me permettre de dresser un plan exact des deux côtés de la muraille à l'échelle de 0, 05 par mètre. Pendant qu'il achevait ce travail, le reis Khalil déchargeait les barques et le sous-reis Aly el-Chachai déblayait le terrain qui s'étend à l'ouest du mur, et où je me proposais d'emmagasiner les blocs provenant de la démolition. De mon côté, j'étayai solidement les cinq premières colonnes septentrionales du portique ouest de la grande cour. Elles se sont écartées en effet de la verticale à la distance d'environ 0 m. 20 cent. au sommet, et l'on pouvait craindre que le démontage de la portion attenante du mur ouest ne les ébranlât davantage, peut-être qu'il ne les fît tomber : l'étayage était destiné à empêcher des accidents graves et il les empêcha en effet. Enfin, à mesure que les poutres arrivaient du fleuve, le charpentier, aidé par trois menuisiers engagés ici à Edfou, préparait les pièces de charpente destinées à l'échafaudage, et le maçon consolidait le soubassement du mur ouest dans la partie qui ne devait pas être démontée.

L'ensemble de ces opérations préliminaires nous occupa environ cinq semaines, du 27 avril au 1er juin. Le numérotage des assises fut réglé comme il suit. Je marquai chaque assise, en commençant par le bas, d'une lettre de l'alphabet, et, comme le mur comporte vingt-deux assises, le couronnement du mur porta la lettre *V*. Dans chaque assise, je commençai le numérotage par le sud, puis, pour éviter la confusion entre les blocs provenant des deux parements, j'attribuai une couleur différente pour la lettre et pour les numéros de chacun d'eux, jaune au parement est, rouge au parement ouest. Cette partie de la besogne n'exigeait que de l'attention et de la méthode; le montage de l'échafaudage présenta des dangers sérieux. L'équilibre des portions supérieures était en effet si instable, qu'elles tremblaient de la base au sommet sous le moindre choc. Les ouvriers craignaient que le mur ne s'écroulât sur eux d'un moment à l'autre et ils abandonnèrent plus d'une fois le chantier sous l'influence d'une panique soudaine. Les circonstances m'obligèrent à modifier mon plan légèrement en cours d'exécution. L'échafaudage devait occuper toute la partie du mur à démonter, sur une longueur de 78 mètres, et il devait atteindre 14 mètres de hauteur sur une largeur de 4 mètres et demi. Il devait reposer sur dix montants verticaux contre-butés chacun d'une grosse poutre inclinée à 60 degrés. Afin d'assurer la stabilité, j'accrus le nombre des montants à l'intérieur et je les réunis par des croisillons plus légers, puis j'assurai le mur lui-même par une série de poutres verticales appliquées le long de la surface parallèlement aux montants et réunies à ceux-ci par des entretoises en bois. Enfin je renforçai tous les joints de l'échafaudage par de grosses équerres en fer et par des étriers également en fer que je boulonnai solidement.

Le 1er juin, ces préliminaires étaient achevés ainsi que le déblaiement du terrain destiné à servir de magasin aux blocs. J'avais, pour une dépense d'un peu plus de L.E. 100, établi une aire carrée mesurant 80 mètres de côté, soit 6400 mètres carrés de superficie, et la voie Decauville destinée à y conduire les blocs était en place. J'inspectai de bon matin les palans différentiels, les poulies, les cordes, la petite voie Decauville, tout le matériel qui devait servir à la manœuvre, puis je donnai l'ordre d'attaquer le mur. La première pierre déplacée, marquée V1, se trouvait à l'extrémité sud, dans la corniche terminale. Elle occupait toute la largeur de la muraille, soit 2 mètres environ, et elle pesait environ 3 tonnes. Elle fut déplacée au levier avec précaution, enveloppée de chaînes et soulevée verticalement par le palan différentiel, puis amenée par les palans à corde hors l'aplomb du mur jusqu'à ce qu'elle se trouvât verticalement au-dessus du wagonnet. On la descendit doucement sur un lit de bois que j'avais fait établir sur tous les wagonnets afin d'éviter le contact direct entre le bloc et le fer. Le wagonnet fut ensuite poussé par deux hommes jusqu'au-dessous d'une grue volante posée à l'extrémité du chantier; là, un nouveau palan saisit le bloc et le déchargea à l'endroit qu'il devait occuper jusqu'à la reconstruction. Tous les blocs furent enlevés l'un après l'autre par le même procédé et vinrent prendre place dans le chantier en rangs réguliers : pour éviter toute confusion entre les éléments de chaque parement, les blocs marqués en rouge (parement ouest) furent tournés vers l'ouest et les blocs marqués en jaune (parement est) furent tournés vers l'est. Nous eûmes plusieurs alertes, surtout pendant les premiers jours. Avec quelque précaution qu'on agît, on ne pouvait éviter des secousses légères au moment où chaque bloc quittait sa place, et à chaque secousse, le mur entier tremblait : je redoutai souvent de le voir s'écrouler, et à plusieurs reprises les ouvriers abandonnèrent la tâche par crainte d'accident. Il faut croire pourtant que les précautions prises étaient suffisantes, car nos ouvriers en furent quittes pour la peur et rien ne leur arriva. Malgré la chaleur étouffante de juin, et malgré les tourbillons de poussière nitreuse que le vent soulevait dans notre chantier, le démontage s'acheva en vingt-neuf jours de temps sans que ni un homme en eût souffert, ni un bloc de la muraille, ni un des palans ou des échafaudages employés. Il nous fut possible alors de savoir le nombre exact des blocs déposés : il était de 3386 dont 2736 avec inscriptions et 650 sans inscriptions. Ils représentaient une surface de 1794 mètres carrés et un poids total d'environ 3600 tonnes (pl. II).

Le dernier bloc avait été emmagasiné le 29 juin au soir : le 30 au matin, je donnai ordre de creuser une large tranchée de 2 mètres de large à l'extérieur du mur le long des fondations, afin d'en vérifier l'état. A ma grande surprise, je constatai qu'elles n'avaient nullement fléchi du côté est, c'est-à-dire du côté où le mur penchait. Tous les blocs en étaient parfaitement conservés. Ils étaient placés en longueur dans les lits au sens de leur plus grand axe, et ils mesuraient 0 m. 52 cent. d'épaisseur sur

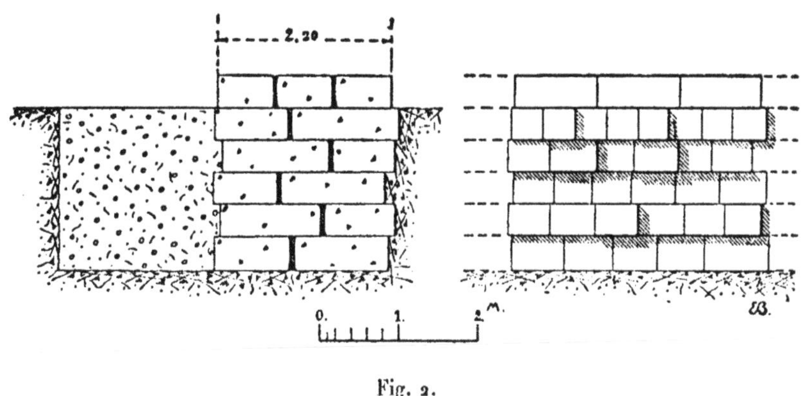

Fig. 2.

0 m. 60 cent. de largeur. Ce point bien établi, je voulus vérifier si, le long de la face intérieure, les pierres n'avaient pas souffert. Je soulevai plusieurs dalles dans le couloir qui longe le sanctuaire, et je trouvai que les fondations du mur extérieur ne lui sont pas propres, mais qu'elles font partie du radier sur lequel le temple entier pose et qu'elles se continuent

sous le sanctuaire même. Ici encore rien n'avait bougé; néanmoins, pour plus de sûreté, je fis mener la tranchée tout le long de la face extérieure du radier, et j'y construisis contre la pierre même un revêtement en béton long de 90 mètres, large de 2 mètres et profond de 2 mètres et demi, et composé de chaux, de *chakfs* et de *homra*, le tout disposé en lits soigneusement battus et liés. Comme le mur avait été bâti presque à l'aplomb de la face du radier, l'addition de cette sorte de chape en béton eut pour résultat d'élargir la base sur laquelle il reposait et de lui donner plus d'assiette (fig. 2). Cette partie du travail avait duré douze jours, du 30 juin au 11 juillet, et avait occupé plus de 150 ouvriers, mais le travail sans interruption par les fortes chaleurs de juin et juillet avait rendu malade presque tout mon monde, et moi-même je me sentais fatigué. Le 13 juillet, je suspendis les opérations et je rentrai au Caire avec tout le personnel pour prendre un repos bien gagné, laissant le chantier et les échafaudages à la garde de l'inspecteur d'Edfou, Mahmoud effendi Mohammed.

Les opérations reprirent le 4 novembre 1903. Je constatai que les blocs emmagasinés et les fondations nouvelles n'avaient éprouvé nul dommage ni des hommes, ni de l'inondation, et j'entamai sans retard le remontage du mur. Selon la pratique que vous avez introduite dans le Service de ne jamais reconstruire d'un seul coup un édifice ou une portion d'édifice qu'on a été obligé de démolir, mais de les rebâtir jusqu'au tiers ou à la moitié de la hauteur primitive, puis de laisser reposer les fractions rétablies jusqu'après le retour de l'inondation suivante de manière à éprouver la solidité du travail, il était convenu que je m'arrêterais à la douzième ou à la treizième assise au-dessus du sol. L'équipe comprenait le même personnel que le printemps précédent, moins M. Oropesa dont la présence n'était plus nécessaire, le numérotage étant achevé. Le remontage des trois premières assises fut des plus ardus. Les blocs qui les composaient avaient éclaté pour la plupart, sous la pression des assises supérieures, et s'étaient brisés en quantité de petits fragments. Il fallut en remplacer un certain nombre par des blocs neufs, et en revêtir plusieurs autres d'une chape de ciment dans laquelle on incrusta les fragments conservés des sculptures et des inscriptions originales. Vous aviez heureusement eu la prévoyance de faire prendre par M. Lacau, dans les premiers jours de 1903, une série de photographies qui nous permirent de retrouver à quelques millimètres près la place de tous ces fragments. A partir de la quatrième assise, les blocs étaient presque tous en bon état et le travail put marcher rapidement. Le transport des blocs à pied d'œuvre, leur saisie, leur mise en place, s'opérèrent — en sens inverse — par les mêmes procédés que le démontage, à cela qu'au lieu d'employer les palans différentiels pour le remontage des blocs on employa les treuils à bras. Environ 1500 blocs furent remis de la sorte à leur place primitive. La treizième assise rétablie, le 20 janvier 1904, je ne laissai dans cette portion de nos chantiers qu'un petit nombre de nos maçons et de leurs aides pour achever l'encastrement des menus fragments, et j'employai le reste du personnel aux autres travaux que vous m'aviez indiqués.

Les travaux du temple d'Edfou furent repris le 6 novembre 1904, et la pose des neuf assises qui restaient à remonter s'accomplit en un mois et demi sans aucun accident. A peine fut-elle terminée, j'abordai un travail beaucoup plus pénible, la pose des poutres en fer sous les architraves brisées des salles hypostyles. La restauration provisoire entreprise par M. Carter avait empêché des écroulements semblables à celui de 1901, mais il était urgent de la remplacer par une restauration définitive. Celle-ci n'a pas été sans danger, vu le poids et le mauvais état des pierres sous lesquelles les ouvriers travaillaient. Elle s'est achevée sans accident en mars 1905, et je l'ai complétée en passant, selon vos instructions, des poutrelles en fer par-dessous les linteaux des portes brisées. Comme corollaire à ces grosses opérations, j'ai repris à neuf et recimenté le dallage du centre de la grande salle hypostyle, ainsi que la plupart des bases des colonnes. Dans la seconde salle hypostyle, et toujours d'après vos instructions, j'ai établi un plafond sur l'emplacement des deux architraves qui sont tombées jadis. Enfin, j'ai exécuté partout les réparations les plus urgentes dans l'intérieur du temple comme à l'extérieur. Actuellement, il ne reste plus à terminer que quelques rejointoiements et quelques couvertures que j'espère opérer au cours de la prochaine campagne.

La galerie qui établit la communication entre les deux pylônes au-dessus de la porte d'entrée était en très mauvais état. Les gros blocs qui la soutiennent étant fendus par endroits, certains fragments ne demeuraient plus en place que par la pression latérale et menaçaient de s'échapper au moindre mouvement de l'édifice. Je les ai fait consolider au moyen de barres de fer et de ciment : une chute n'est plus à craindre pour le moment.

Vous m'aviez recommandé de mettre debout, à droite de la porte d'entrée, l'épervier brisé en granit noir qui gisait depuis de longues années auprès du pylône à l'extérieur : je l'ai dressé sur un socle. Tandis qu'on achevait cette opération, les chercheurs de *sébakh* découvrirent, à l'est du mammisi, un autre épervier mieux conservé également en granit noir. Je le fis transporter immédiatement au grand temple et je l'érigeai en pendant à l'autre sur le côté gauche de la porte d'entrée.

Avant de quitter Edfou, j'ai fait enlever deux des grosses poutres qui étayaient les cinq colonnes nord-ouest de la grande cour. J'ai jugé prudent de maintenir en place celles qui soutenaient les trois autres colonnes, afin d'attendre que la construction du mur ouest eût achevé de sécher et que les portions de maçonnerie refaites de ce mur fussent liées plus solidement au portique. Celui-ci d'ailleurs continue à me préoccuper sérieusement. Vous avez décidé cette année, après examen, de l'abattre pour le reconstruire. Le mouvement des colonnes semble avoir été arrêté par l'étayage, mais celui du mur continue, et la flèche est actuellement de o m. 30 cent. De plus, toute la partie extérieure de ce mur a été brûlée anciennement et elle s'écaille ou se pèle au moindre contact. Il y a donc lieu d'abord de copier les inscriptions de cette partie avant qu'elles ne soient perdues, ensuite de démonter et de remonter le portique, comme nous avons fait le mur ouest. J'estime que la dépense s'élèvera à près de L. E. 3000 plus ou moins.

II

Tandis que je poussais la reconstruction du mur ouest de l'enceinte extérieure, je profitai des moments de loisir que me laissait la surveillance pour exécuter les divers travaux secondaires que vous aviez bien voulu m'indiquer dans votre ordre de service, consolidation du mammisi, remise du naos de Nectanébo à sa place primitive, expropriation des maisons qui encombrent l'accès de la façade et sous lesquelles vous aviez quelque espoir de retrouver les restes des portions avancées du mammisi et de la porte monumentale qui s'ouvrait au sud dans le grand mur de briques.

1° *Consolidation du mammisi.* — La couverture du mammisi était en partie détruite, et l'une des dalles qui en subsistent, brisée en deux vers l'époque byzantine, se serait écroulée si les Coptes qui s'étaient établis dans la chambre ne l'avaient pas soutenue en son milieu par une colonne d'étai. Cette colonne avait été construite avec des tambours provenant des colonnes démolies du portique et disposés sens dessus dessous, de manière que les figures de dieux et de rois eussent la tête en bas, sans doute en signe de mépris pour l'ancienne religion. Je donnai à notre charpentier le dessin d'un échafaudage en bois qui devait saisir la colonne dans toute sa longueur et l'empêcher de s'écrouler sur les ouvriers tandis qu'on la démolirait. L'installation en fut contrariée par l'étroitesse des lieux, mais, après plusieurs essais infructueux, je réussis à l'établir, puis j'y ajustai une plate-forme assez forte pour supporter deux crics au moyen desquels je soulevai lentement les deux portions de la dalle brisée. Ces deux portions une fois réunies, je remplaçai les crics par des assemblages de poutres qui maintinrent le niveau exact, j'indiquai la place d'une première poutre en fer le long de la tranche libre de l'architrave, et je dessinai moi-même au milieu de la face inférieure l'emplacement d'une rainure longue de 6 mètres, large et profonde de 0 m. 20 cent., destinée à recevoir une seconde poutre. Les deux rainures creusées, le reis Khalil mit les poutres en place, puis le maitre maçon les fixa avec du ciment et acheva de remplir les vides avec du plâtre teinté d'une couleur jaune-noirâtre pour imiter la couleur de la pierre. Cinq jours plus tard, quand tout fut sec, je fis enlever très doucement les assemblages que j'avais logés entre l'architrave et les poutres de l'échafaudage, puis je démontai l'échafaudage lui-même. Depuis lors, l'architrave n'a point bougé, et la consolidation de la toiture peut être considérée comme assurée.

2° *Remise en place du naos de Nectanébo et couverture du Sanctuaire.* — Le 10 décembre 1903, je commençai les préparatifs pour déplacer le naos de Nectanébo II et pour le reporter, du coin nord-ouest où il se trouvait depuis très longtemps, à sa place normale sur le grand axe du sanctuaire. Je passai quatre grosses poutres sur la crête des murs est et ouest, les accouplant deux à deux afin de donner plus de solidité à l'appareil. Je ne les plaçai pas directement au-dessus de la pièce à enlever, mais à vingt centimètres plus au sud, pour qu'au moment où les palans différentiels l'auraient soulevée, elle se déplaçât forcément et qu'elle se portât perpendiculairement en avant. De plus, avant d'engager la manœuvre, je pris la précaution d'examiner l'état du terrain sur lequel le naos allait désormais poser, et je constatai que, sous les dalles, il y avait une grande faille, mal remplie de terre molle et tassée insuffisamment, dans laquelle le naos risquait de s'enfoncer jusqu'à la profondeur de 3 mètres. Évidemment les fouilleurs antiques, croyant trouver quelque trésor caché sous le naos même, le déplacèrent puis cherchèrent sous le dallage, à la place qu'il occupait. Deux maçons comblèrent immédiatement la cavité avec des lits de pierre régulièrement établis pour servir de base au monolithe. Tandis que la construction séchait, j'achevai les préparatifs du transport. Le naos était fendu depuis longtemps à la partie supérieure de l'angle sud-est, et l'on pouvait craindre qu'un heurt ou simplement une fausse manœuvre n'en fît tomber un gros fragment. Je frappai sur chacun des angles un palan différentiel de dix tonnes de charge, puis, avec des crics, je soulevai la masse d'environ vingt centimètres pour passer sous elle les rouleaux destinés à faciliter la marche en avant. Douze hommes furent chargés de manœuvrer les quatre palans, tandis que quatre autres se tenaient prêts à les renforcer au besoin, et que le charpentier placé en observation sur la terrasse auprès des poutres en surveillait la résistance. Une première pesée déplaça le naos des vingt centimètres prévus, à la surprise des ouvriers pour qui la manœuvre était nouvelle. Je reportai aussitôt les poutres plus en avant de vingt centimètres encore, et, comme la première fois, le naos avança de la même quantité. Je répétai l'opération deux fois encore, sans accident, jusqu'à ce que le naos fût parvenu au centre du sanctuaire à quatre-vingts centimètres en avant de la paroi nord. Une fois arrivé à ce point, je le maintins quelque temps soulevé à la hauteur d'une vingtaine de centimètres au-dessus du sol, tandis qu'on construisait une sorte de base en ciment très solide : sitôt qu'elle fut sèche, on le descendit à sa place définitive. Si, par hasard, quelque tassement se produit — ce que je ne crois pas — rien ne sera plus facile que d'enlever la masse avec des crics et de la déplacer de la quantité nécessaire pour en renforcer les fondations.

Aussitôt après, et suivant votre ordre, j'entrepris de couvrir le sanctuaire. Je passai, sous les deux seules dalles brisées qui restaient de la couverture antique, deux poutres en fer encastrées dans la pierre même, puis, dans l'espace vide, je plaçai, selon le sens de la largeur, quatorze autres poutres sur lesquelles, au niveau du plafond ancien, j'établis un plancher qui se trouva en ligne avec la face inférieure des architraves. Sur ce plancher, je répandis du charbon pilé et tassé de manière à former un terre-plein qui avait la hauteur des poutres et sur lequel je disposai un second plancher. Je fis goudronner avec soin la surface extérieure de ce second plancher, j'y étendis des nattes grossières, et par-dessus le tout, j'établis une couche de béton de 0 m. 25 cent. d'épaisseur, fait de chaux, de *homra* et de *chakfs*.

III

Les travaux que vous m'aviez ordonné d'exécuter à Kom-Ombo et à El-Kab n'avaient pas, tant s'en faut, la même importance que ceux d'Edfou. Ils ont pourtant exigé beaucoup de soin et d'attention.

1° *Kom-Ombo.* — A Kom-Ombo, il s'agissait de remonter le mur est de l'enceinte du temple qui avait cédé sous la pression des sables quelques mois auparavant[(1)]. Le 4 janvier 1904, j'expédiai d'Edfou une barque chargée du matériel nécessaire pour construire l'échafaudage. L'échafaudage était conçu sur le même plan que celui d'Edfou mais il devait être de dimensions plus restreintes. Le mur à démonter mesurait en effet 28 mètres seulement de longueur sur une hauteur de 7 mètres et sur une largeur de 2 m. 75 c. Les portions encore en place du mur penchaient d'une manière dangereuse et le sommet surplombait le pied de 0 m. 90 cent. Le maçon eut vite fait de monter les échafaudages, et tandis qu'il achevait son travail, je me rendis sur les lieux le 8 janvier, afin de faire le relevé et le numérotage des blocs. La dépose commença le 15 janvier, et bien que là encore, comme à Edfou, l'enlèvement des blocs qui constituaient la crête du mur déterminât un ébranlement inquiétant, aucun accident ne se produisit. Huit jours plus tard le mur était au ras de terre et je pus examiner les fondations. Je

(1) Voir sur cet accident le rapport de M. Carter, inspecteur en chef du Service, dans les *Annales*, t. IV, p. 172-175.

reconnus qu'ici encore elles étaient en parfait état et qu'elles n'avaient cédé sur aucun point : l'accident provenait uniquement de la pression exercée sur le mur par l'énorme butte de terre, de sable et de débris, qui pesait contre lui et qu'on avait par malheur négligé d'enlever au moment du déblaiement, il y a une dizaine d'années. Je laissai donc les fondations telles quelles et je procédai au remontage sans plus hésiter. Les trois assises du bas avaient été complètement brisées lors de l'accident; par bonheur, elles ne portaient aucune figure ni aucune inscription, si bien que je pus les remplacer sans inconvénient par des blocs intacts provenant du noyau intérieur du mur lui-même. Les assises supérieures avaient été fortement endommagées dans leur chute, et les bas-reliefs qui les recouvraient mutilés en partie, ce qui est d'autant plus à regretter qu'ils nous montrent les figures si rares des empereurs Macrin et Diaduménien. L'inspecteur d'Edfou, Mahmoud effendi Mohammed, avait pourtant recueilli tous les débris et les avait emmagasinés dans l'une des cellules qui bordent le fond du double sanctuaire, l'une de celles qui sont au côté nord. Ce n'est pas sans peine que j'ai retrouvé l'emplacement de chacun d'eux, mais j'ai réussi à le retrouver et le dommage est beaucoup moins considérable qu'on n'aurait pu le craindre au premier abord. Le 11 février, selon vos instructions, j'arrêtai le remontage à la neuvième assise remettant la fin du travail à l'hiver prochain.

Entre temps, selon vos ordres, je dégageai le mur est en le débarrassant d'une grande partie du mur en briques construit par M. de Morgan et qui menaçait de s'écrouler sur l'angle sud-est du temple; je fis aussi enlever une masse énorme de sable autour des murailles nord et sud. De même, je soulageai quelque peu le mur d'enceinte, mais ce n'est là qu'un soulagement momentané. Tant que la haute colline de sable et de *sébakh* qui se dresse à l'est et au sud subsistera, elle constituera une menace perpétuelle pour l'édifice. Ainsi que vous l'avez reconnu dans vos dernières inspections, pour obtenir une sécurité réelle il faudra raser et jeter au Nil le plus gros de la butte.

Le 13 février, les travaux étant terminés pour cet hiver, je renvoyai les ouvriers à Edfou et j'y rentrai moi-même, laissant les échafaudages sous la garde du ghafir. L'œuvre fut reprise l'automne suivant, et les quelques assises qui restaient à remonter furent remises en place, pendant les mois d'octobre et de novembre : dans les premiers jours de décembre 1904, les dernières traces de l'écroulement avaient disparu.

2° *El-Kab.* — Il s'agissait, selon vos instructions, de consolider plusieurs des tombeaux d'El-Kab, et surtout celui de Ranni, dont la paroi s'était écroulée en 1887. Dans le même temps qu'on démontait et remontait le mur de Kom-Ombo, à la date du 21 janvier 1904, j'envoyai notre maître maçon exécuter ces petits travaux. M. Somers Clarke, qui fouillait dans la ville, voulut bien accepter de les surveiller, et je ne puis mieux faire que de transcrire ici la lettre par laquelle il m'en annonçait l'achèvement.

El-Kab, February 5th 1904.

Dear M. Barsanti,

The venerable mason will finish his work here to-day. The doorway in the tomb of Pahari has been closed and the vault over the iron gate has been plastered. In the tomb of Setau, the left wall has been repaired and is completed. In the tomb of Ranni, the large stones are all in their proper positions. The mason has shown admirable ingenuity in fitting to their places the small pieces of sculpture. There are but two or three little bits about which there can be doubt, and these are built in by themselves, not immediately adjacent to the walls of the tomb. I think you will be satisfied with the work when you visit it.

I am yours faithfully,

Somers Clarke.

Quelques trous furent bouchés également dans le tombeau d'Ahmés. Tout était terminé à la date du 7 février et il semble que, pour le moment, tout soit en ordre dans les tombes d'El-Kab.

Agréez, je vous prie, Monsieur le Directeur général, l'expression de mon respectueux dévouement.

A. Barsanti.

Zaouyet el-Aryân, le 10 mai 1905.

LETTRE DE M. BARSANTI

SUR LA DÉCOUVERTE

DES RESTES D'UN PETIT COUVENT COPTE

PRÈS DE ZAOUYET EL-ARYÂN.

Monsieur le Directeur général,

J'ai l'honneur de vous envoyer la petite inscription copte suivante :

ⲘⲚⲚⲈϤϢⲎⲢⲈ ⲠⲀⲠⲀⲂⲒⲔⲦⲰⲢⲎ

qui a été trouvée dans un sondage exécuté à deux kilomètres au sud de la pyramide de Zaouyet el-Aryân, dans les conditions suivantes.

Un de nos ouvriers me raconta qu'un jour, allant chercher du sel à la montagne, il trouva en cet endroit les restes d'une construction en briques crues, revêtue de crépi blanc.

Hier matin, 23 avril, j'envoyai le rais Ibrahim à l'endroit indiqué, avec un ouvrier et quatre enfants, afin d'opérer un sondage : ce matin je me suis rendu sur les lieux afin de juger s'il valait la peine de continuer, et j'ai constaté que nous avions les ruines d'un petit couvent copte situé à un kilomètre et demi environ des terres cultivées. Il n'en reste que des arasements hauts d'à peine un mètre : un petit escalier en pierre, de quelques marches, nous a menés dans de petites cellules en contre-bas où nous avons recueilli renversée la petite inscription dont vous avez copie ci-dessus.

Veuillez agréer, etc.

A. Barsanti.

DÉCOUVERTE
D'UNE TOMBE CHRÉTIENNE
PRÈS DE SAMALLOUT

PAR

SOBHI EFFENDI ARIF

INSPECTEUR DU SERVICE DES ANTIQUITÉS.

Monsieur le Directeur général,

Profitant de votre passage en inspection au district Minieh-Assiout, j'ai l'honneur de vous remettre, avec le présent rapport, quelques antiquités trouvées à divers endroits pendant l'enlèvement du sébakh, au cours de l'exercice 1904. Seules, deux d'entre elles méritent une attention spéciale.

1° La première est un petit monument funéraire en calcaire, qui a été trouvé à Kom-el-Rahib, en face de Samallout[1]. Il représente un porche d'église, haut de 1 m. 60 cent., large de 0 m. 51 cent., à la tête et de 0 m. 44 cent. aux pieds, soutenu de deux colonnettes ornées d'une guirlande de palmettes. Un personnage, haut de 1 m. 37 cent., vêtu de la cagoule et tenant le bâton à la main, se détache en haut-relief sur le fond de la niche. Le corps n'est pas exactement proportionné : l'expression du visage est vague, les traits sont trop allongés, le modelé manque de vigueur et l'allure générale est raide (voir la planche). L'œuvre est cependant très supérieure à ce que nous connaissons en général de l'art chrétien en Égypte, et elle ressemble d'une façon curieuse à certains monuments de l'âge roman en France. Elle date vraisemblablement de la fin du ve siècle de notre ère et elle marque bien la transition entre l'art purement alexandrin et l'art copte.

La découverte en est due au hasard. Un paysan qui dressait ses bœufs à la charrue, mit à jour au fond d'un sillon quelques briques cuites, et joyeux de la découverte, il se mit à recueillir ces briques qui étaient en fort bon

---

[1] *Livre d'entrée*, n° 37677.

état. Notre ghafir survenant l'arrêta et lui dressa procès-verbal pour fouilles illicites. Je me rendis sur les lieux le jour suivant, et je me trouvai en présence d'un petit mastaba en briques cuites de 3 mètres de longueur sur 2 mètres de largeur et dont trois lits avaient été enlevés. Je continuai le travail dans l'espoir de faire quelque découverte, et je constatai bientôt qu'au milieu du massif en briques, à la profondeur de 1 m. 70 cent., il y avait une grande cuve en pierre. Je la dégageai, et à mon étonnement, je vis qu'elle renfermait le personnage que je viens de décrire, couché la face en haut, la tête à l'ouest, les pieds à l'est.

Après avoir noté la disposition du monument, je le fis enlever. Dans une cavité sous la pierre, étaient les ossements du défunt. Il avait été couché sur le dos à même le sable, dans la position ordinaire, et l'on distinguait vaguement autour de lui des débris qui pouvaient avoir appartenu à une étoffe pourrie. La grande humidité du sol, causée par les eaux de l'inondation qui arrivent à 4 mètres environ du mastaba, a détruit tous les objets qui avaient été déposés avec le cadavre; les os eux-mêmes ont souffert et ils tombent en poussière au moindre attouchement. Je me contentai donc d'emporter la statue et je pris les mesures nécessaires pour surveiller le site de très près.

2° Une barre de fermeture en bois de sycomore, longue de 0 m. 96 c., large de 0 m. 15 cent., a été trouvée à Baouit dans une fosse au milieu des décombres de l'édifice auquel elle appartenait. J'ai vainement cherché à reconnaître la forme et les dispositions de ce dernier, mais je n'y ai pas réussi. Je me contente de donner ici le texte copte qui orne cette pièce ainsi que ses dimensions :

✠ ⲡⲉⲛⲓⲱⲧ
ⲁⲡⲁⲁⲡⲟⲗ
ⲗⲱⲡⲟⲉⲓⲥⲉ
ⲁⲡⲁⲧⲁⲛⲓ
ⲛⲗⲡⲓⲱⲧⲙ-
(*sic*)
ⲡϯⲟⲡⲟⲥ
ϩⲁⲙⲏⲛ ✠

Le texte est gravé dans un petit cadre haut de 0 m. 13 cent., large de 0 m. 11 cent. qui est flanqué lui-même de deux couronnes en lierre, de 0 m. 10 c. de diamètre. Un buste humain était sculpté dans l'intérieur de chaque colonne.

Daignez agréer, Monsieur le Directeur général, l'assurance de mon profond respect.

Minieh, le 4 mars 1905.

SOBHI J. ARIF.

C'est malheureusement le dernier mémoire de Sobbi effendi Arif qu'il nous séra donné de publier : il est mort prématurément en septembre 1905, et je ne saurais trop dire combien cette perte nous a été cruelle. Un de ses compatriotes et collègues, M. Anis Aclimandos, a bien voulu nous communiquer sur lui la courte notice que voici, dans laquelle sont exposés sommairement les services qu'il nous a rendus.

SOBHI EFFENDI ARIF.

Jeune Copte admis au Secrétariat du Musée en octobre 1892, à titre provisoire, fut classé en 1897. A partir de 1899, il remplit divers postes d'inspecteur dans la Haute-Égypte; il mourut le 28 septembre 1905.

Sobhi effendi Arif fut un homme intelligent, actif, plein de zèle et d'ardeur. Il rendit au Musée des services appréciables pendant son séjour au Secrétariat. Mais ses voyages à travers l'Égypte, accompagnant MM. de Morgan et Loret comme secrétaire, lui faisaient connaître tous les sites antiques de la Moyenne et de la Haute-Égypte et le préparaient au poste d'inspecteur; aussi s'en tira-t-il avec avantage lorsqu'en 1899, il fut appelé à diriger l'inspectorat de Dandera. La grande étendue de ce dernier et le petit nombre de gafirs dont le Service pouvait disposer avaient rendu jusque-là toute surveillance inefficace. Il sut y suppléer par un petit surcroît de gardiens et par l'établissement de rondes; des instructions écrites indiquaient aux gafirs leur devoir, leur responsabilité; des instructions verbales leur étaient données à la fin de chaque mois; ils devaient chaque semaine présenter des rapports sur les incidents qui pouvaient se produire dans les localités confiées à leur garde; des punitions sévères leur étaient infligées comme des récompenses leur étaient données lorsqu'ils le méritaient; les cas de vols d'antiquités et de contravention aux règlements du Service par les particuliers, étaient dénoncés aux Autorités et poursuivis avec énergie; des bons rapports avec les agents des autres Services du Gouvernement facilitaient la marche des affaires et sauvegardaient les intérêts du Musée.

Transféré au Fayoum en 1901, et à Minieh en 1903, il y apporta la même organisation et il y fit preuve du même zèle. Il trouva même moyen — en réalisant des économies sur les frais de surveillance du *sébakh* — de placer des gafirs dans des sites antiques importants que les ressources propres du Musée n'avaient pas permis de faire garder jusque-là.

Enlevé à la fleur de l'âge (35 ans) par une maladie courte mais fatale, Sobhi effendi Arif laisse dans le Service un vide et des regrets universels.

Anis Aclimandos.

UN POIGNARD

DU TEMPS DES ROIS PASTEURS

PAR

M. GEORGES DARESSY.

En 1898, les fouilles ordonnées par M. Loret mirent à jour au nord de la pyramide de Teti, à Saqqarah, un quartier de la nécropole de l'Ancien empire au-dessus duquel s'étaient établies, aux époques plus récentes, des tombes plus ou moins importantes, entre autres celle de Mes. Une de ces sépultures, dont la description est ainsi faite par M. Loret dans son compte rendu à l'Institut égyptien [1], avait été ménagée dans le domaine funéraire de la reine Aponit :

«Enfin, le 24 juin 1898, fut trouvé, dans la salle la plus reculée (angle nord-ouest) du temple funéraire de la reine *Apou-it,* un cercueil quadrangulaire en bois peint, posé sur le dallage. Entre la tête du cercueil et le mur, se trouvaient empilés un certain nombre de vases et de coupes en terre cuite rouge, mêlés à des petits ossements d'animaux et à des fragments de nattes et de bois semblant avoir appartenu à un tabouret. Le couvercle du cercueil avait été cassé sous le poids du sable. A l'intérieur, on trouva, du côté de la tête, un chevet de bois et deux vases en terre; près de la jambe droite, une pièce de bois taillée en pointe, et près de la jambe gauche, un poignard que je suppose être en électrum.

«Sur un des côtés de la lame se trouve la légende d'un roi pasteur, inconnu jusqu'ici, portant le nom *Apepi* et le prénom *Râ-neb-nem* (disque solaire, corbeille, patte antérieure d'animal). De l'autre côté de la lame, une scène de chasse, puis la légende : «Le suivant de son maître, *Nhiman...* ». Ce mot *Nhiman* est la transcription égyptienne du nom sémitique du grenadier (hébreu *Rimmoun,* arabe *Roummân*). Le cercueil est au nom d'un nommé *'Abd...* Ce nom est évidemment l'équivalent du nom arabe *'Abd,*

[1] *Bulletin de l'Institut égyptien*, séance du 5 mai 1899, p. 97.

ʿAbdou, et du nom hébreu *ʿEbed* qui signifient «serviteur». Nous avons donc là deux noms de personnages appartenant à la race des Hyksos, et ces noms sont sémitiques. Il eût été intéressant, pour les recherches ethnologiques, de trouver le crâne du personnage. Malheureusement, le sable, qui avait écrasé le couvercle et disjoint en partie la caisse, avait brisé et dispersé les ossements, et je n'ai pu retrouver la tête.»

Deux pièces de cette trouvaille méritent d'attirer l'attention, le cercueil et le poignard; c'est à ce dernier que je consacre cette étude[1].

La longueur totale est de 0 m. 352 mill. dont 0 m. 238 mill. pour la lame et 0 m. 114 mill. pour le manche. La lame, large au talon de 0 m. 039 mill., est à double tranchant, renflée sur la partie médiane (0 m. 006 mill. au maximum d'épaisseur); les arêtes sont très légèrement convexes, l'extrémité est semi-circulaire avec 0 m. 02 cent. de diamètre. Elle est en bon état et ne présente que deux petites brèches qu'on peut attribuer aussi bien à l'oxydation qu'à l'usage. La lame fait corps avec le manche, toute l'arme a été fondue en une fois.

La poignée présente latéralement deux concavités qui réduisent sa largeur à 0 m. 017 mill. vers le milieu, alors que le pommeau, semi-circulaire a 0 m. 047 mill. de diamètre et que la base, vers la naissance de la lame s'élargit jusqu'à 0 m. 037 mill. L'épaisseur vers les bords est de 0 m. 12 cent. à 0 m. 13 cent. et augmente un peu à l'intérieur. La poignée en bronze n'est qu'une armature dont tout le vide intérieur est rempli par une plaquette de bois noirâtre, apparemment de l'acacia. Cette plaquette sculptée, en mauvais état, est recouverte sur les deux faces de l'arme d'une feuille d'or clair ou électrum, portant en relief l'estampage des dessins gravés sur la plaquette de bois, obtenu par pression, puis retouché au burin. C'est le même procédé que celui qui fut employé pour l'éventail de Ka-mes.

Sur une des faces (voir notre planche, fig. 2), la moitié supérieure présente un sujet de chasse. Un homme court vers la droite, vêtu d'une *chenti* rayée avec languette à l'avant; des points gravés indiquent deux bandes croisées

---

[1] Voir Max Müller, *Neues Material zur Geschichte der Hyksos*, dans *Orientalistische Litteratur-Zeitung*, 1902, p. 172, et Sayce, *Notes from Egypt*, dans les *Proceedings of the Royal Society of Biblical Archæology*, 1902, p. 86.

sur la poitrine et un collier; chaque bras est orné de deux anneaux, l'un près du poignet, l'autre vers le haut de l'humérus. La tête est levée; un semis de points semble indiquer une chevelure épaisse ou une perruque plutôt qu'un casque. L'exécution peu soignée du visage ou peut-être l'interposition malencontreuse d'un petit éclat de bois entre la plaquette et la feuille d'électrum fait que le nez parait être une visière. A la ceinture, sur le flanc gauche, est attaché un carquois qui se tient presque horizontal; les deux bras sont levés, si bien que le personnage est à peu près dans la position, mais la main droite brandit un bâton, tandis que la gauche serre par le milieu une arme courbée semblable au boomerang, striée transversalement, dont la dimension est beaucoup trop petite pour qu'on puisse y voir un arc.

Il est regrettable que le type ne soit pas plus net, car cette figure acquiert une importance considérable en tant que représentant un des conquérants de l'Égypte à la fin du Moyen empire; elle va d'accord avec la scène gravée sur la hache d'apparat d'Aahmès, qui faisait partie du trésor de la reine Aahhotep[1]. Sur cette arme on voit en effet le roi empoignant par le bras et la chevelure un personnage de même aspect que celui qui est figuré sur le poignard (voir notre planche, fig. 3). La chevelure parsemée de points forme calotte épaisse mais dégageant le cou; pas de barbe; deux bandes croisées sur la poitrine; au cou un collier carcan simulé par quatre stries; anneaux aux bras et aux pieds; la *chenti* semble coupée carrément dans le bas, et non arrondie comme on la voit d'habitude; elle est parsemée de lignes interrompues alternant avec des points. Sans aucun doute c'est un personnage de même race qui est figuré dans les deux cas, ici un chasseur, là un vaincu, et puisque selon toutes probabilités c'est un Pasteur qui est gravé sur le poignard, c'est aussi un Pasteur qui est terrassé par Aahmès. Je ne connais pas d'autres monuments portant figuration d'étrangers du même type. Les Libyens qui ont parfois aussi des bandes croisées sur la poitrine sont caractérisés par une longue mèche de cheveux et une barbiche pointue; les peuples asiatiques du Sud sont pourvus d'une barbe et d'une chevelure plus ou moins volumineuse; je ne trouve donc aucun caractère

(1) Elle est reproduite planche I de la publication de M. de Bissing : *Ein Thebanischer Grabfund aus dem Anfang des Neuen Reichs.*

ethnographique ou détail de costume permettant de fixer à quelle race appartenaient ces envahisseurs de l'Égypte [1].

Au-dessus du chasseur un lion bondit vers la droite; l'oreille large et courte, la crinière ne laissent aucun doute sur l'espèce de l'animal figuré. Les deux pattes d'avant sont levées, celles d'arrière touchant terre; la queue est pendante. Plus haut, dans le cintre du pommeau, une gazelle fait un saut plongeant vers la gauche, les deux pattes antérieures baissées tandis que les autres sont rejetées en arrière. Les cornes à double courbure, d'abord convexes puis revenant en avant vers l'extrémité, les oreilles assez longues, indiquent bien un dorcas; le corps est parsemé de points. Dans l'angle gauche un arbre est figuré assez rudimentairement par une sorte de tige surmontée de trois feuilles.

La moitié inférieure de la plaquette porte cette inscription en relief : «Le serviteur de son seigneur, Nohimen». Le déterminatif indique que ce vocable est emprunté à la flore et c'est avec raison que M. Loret y a reconnu une variante orthographique de [hiéroglyphes], [hiéroglyphes], [hiéroglyphes], [hiéroglyphes], etc., nom sémitique et égyptien du grenadier רמון, رمّان.

[1] Il est à noter toutefois que les deux bandes croisées sur la poitrine semblent être un attribut guerrier à l'époque du Moyen empire. Dans les tombes de Béni Hassan on voit un certain nombre de soldats, armés tantôt de l'arc, tantôt de la hache, qui ont cet ornement (CHAMPOLLION, *Monuments*, pl. CCCLXIV, CCCLXXIX, CCCLXXX, CCCLXXXII, CCCXVI; ROSELLINI, *Monumenti Civili*, pl. CXVI à CXIX; GRIFFITH, *Beni Hasan*, t. I, pl. XIV; t. II, pl. V, XII, etc.); dans les figurations de sièges, les combattants des deux camps ont cet insigne. Tous ceux qui le portent sont ou des guerriers ou des chasseurs; j'ai remarqué une seule fois un ouvrier batteur de lin (*Beni Hasan*, t. II, pl. XIII) qui en est revêtu, ce qui peut laisser supposer une erreur de reproduction. Or, si l'on fait attention que beaucoup de soldats représentés dans ces bas-reliefs n'ont pas le type égyptien, on est tenté de croire que dès la XIIe dynastie l'armée pharaonique se recrutait en grande partie parmi les étrangers, et que plus tard une révolution militaire porta au pouvoir quelques-uns des chefs de cette légion étrangère (comme par exemple le [cartouche] de Tanis) dont la légende fit les rois Pasteurs. On ne doit pas oublier non plus la figure bizarre des derniers souverains de la XIIe dynastie qui dénote tout au moins l'alliance de sang étranger avec la vieille souche égyptienne.

Le revers de la poignée n'a pas de sujet figuré, mais seulement une inscription verticale : « Le dieu bon, maitre des deux terres, Râ-neb-?, fils du soleil Apap, donnant la vie ». Il est probable que ce poignard a été donné à Nohimen par un des rois Pasteurs du nom d'Apap, Apapi, Apophis; mais le prénom, inconnu jusqu'à ce jour, contient un signe que je ne puis me flatter de lire avec plus de certitude que mes devanciers. C'est certainement une patte de veau, qui a ordinairement la valeur [hiéroglyphes] ou [hiéroglyphes] [hiéroglyphe], mais le type courant [hiéroglyphe] s'éloigne de celui qu'a ici le signe, coudé comme une jambe humaine [hiéroglyphe], et dans le cas où cette dernière forme serait juste, on pourrait hésiter entre les valeurs [hiéroglyphes], [hiéroglyphes], [hiéroglyphes], etc. Enfin la lecture [hiéroglyphes] proposée par M. Sayce n'est pas impossible, bien qu'elle suppose que le signe [hiéroglyphe] ait été relevé verticalement. Quelle que soit la valeur qu'on attribue au signe, elle ne nous fournit aucun cartouche connu par ailleurs, soit par les monuments, le papyrus de Turin ou les scarabées, et si le nom d'Apophis n'avait été là pour fixer l'époque, nous aurions été fort embarrassés d'assigner un âge au monument.

La pièce est intéressante au point de vue du style : le tableau est plus animé que ne le sont généralement les scènes figurées sur les monuments égyptiens; cependant je ne pense pas qu'il faille se presser de voir dans cette dérogation aux habitudes des sculpteurs la trace d'une influence étrangère. Nous sommes trop habitués au style sec des bas-reliefs religieux ou funéraires; mais en dehors de ces attitudes hiératiques, les Égyptiens savaient, quand ils le voulaient, donner du mouvement à leurs personnages et animaux. Les palettes archaïques en schiste nous montrent déjà quelque recherche d'animation, quelques scènes sculptées dans les mastabas échappent aux attitudes convenues. Toutes les fois qu'il y a des sujets de chasse, des paysages à représenter, les artistes ont varié les poses. Sous la XVIIIe dynastie cette tendance à animer les scènes se développe jusqu'à atteindre son apogée sous Khou-n-aten, après lequel l'art hiératique reprend le dessus; mais je ne crois pas à une imitation d'un art étranger et les boites de la XVIIIe dynastie prétendues de style mycénien me paraissent l'œuvre d'artistes égyptiens travaillant suivant les traditions laissées par leurs ancêtres, ceux qui avaient orné les plaques de Nar-mer ou le poignard de Nohemen. Qu'il y ait analogie avec les œuvres asiatiques ou préhelléniques, cela se conçoit : tous les arts primitifs se ressemblent dans leurs imitations de la nature; il y a développement parallèle et non plagiat.

L'exécution est loin d'être parfaite, des traits irréguliers et des points relèvent seuls les figures et inscriptions; mais il faut tenir compte de ce fait que nous ne voyons qu'une enveloppe, la feuille d'or ne faisant que mouler le bois sculpté sans pouvoir en rendre les finesses, et qu'on ne peut graver sur une feuille de métal soùple aussi bien que sur le plein. Étant donné l'origine du poignard, sans doute offert par le roi à son serviteur, ce qui laisserait présumer qu'il sort de chez un bon faiseur, on reconnaît une décadence de l'art par rapport à l'orfèvrerie du temps de la XIIe dynastie, telle que nous l'ont révélée les trouvailles de Dahchour. Toutefois la présence du personnage dans la composition suffit à montrer que les Pasteurs n'étaient pas iconoclastes. La prétendue invasion des Hyksos se résume peut-être en la main mise sur le pouvoir d'une famille étrangère, d'origine sémitique, mais établie depuis longtemps déjà dans le pays puisqu'elle avait adopté la langue et l'écriture égyptiennes, ne gardant que les noms propres asiatiques et différant des dynasties précédentes surtout par son opposition au culte d'Ammon comme dieu suprême, ainsi que le fait voir le roman historique du papyrus Sallier n° 1. Ce qui paraît certain, c'est que sous cette influence, l'art n'a plus reçu de haut aucun encouragement et s'est trainé péniblement jusqu'au moment où les dynasties thébaines ayant chassé les étrangers on a renoué les traditions anciennes; à ce point de vue le poignard est une pièce unique, nous donnant un précieux renseignement sur l'état de l'art dans cette période obscure de la XVe-XVIIe dynastie.

G. Daressy.

A REPORT

ON

THE EXCAVATION OF THE FUNERAL TEMPLE OF THOUTMOSIS III AT GURNEH

BY

ARTHUR E. P. WEIGALL
INSPECTEUR EN CHEF DU SERVICE DES ANTIQUITÉS.

In the early part of 1905, H. H. Djemil Pasha Toussoun very generously offered to place at the disposal of the Service des Antiquités the sum of £ 400 which was to be spent in archaeological work at Thebes. Mr. Quibell, to whom the offer was made, communicated with the Director General, and, having received the necessary authorization, selected a site to the north of the Ramesseum which appeared to be that of an XVIIIth dynasty temple. Work was commenced there on April 15th, and a few days later, on his departure to Saḳḳâra, the direction of the work was handed over to me. About 150 men and boys were employed upon it, and the main part of the temple area was cleared in five weeks, the excavation being brought to a close on May 20th, at a total cost of L. E. 208.037 m.

The site had been known to Egyptologists for some time. The ruined brick pylons standing at the edge of the cultivated land, and behind them an obvious courtyard enclosed by a brick wall, plainly indicated the existence of a temple; and a few trial pits sunk several years ago, which had exposed a block or two of limestone with the cartouches of Thoutmosis III inscribed upon them, showed the date of the place. Lepsius had already unearthed a few bricks from the site imprinted with the name of the temple, which reads « Raʿ-men-kheper endowed with life ». Bricks with a similar inscription had been found at Medinet Habu, and others are said to have been found immediately to the south of the Ramesseum. This has led to a confusion of ideas as to the real site of the temple, but the present excavation has finally settled the question. The name [hieroglyphs] was found on many of the fragments of stelae, statuettes, etc., as well as upon the bricks unearthed in the work; and thus the presence of similiarly inscribed bricks at Medinet Habu and elsewhere must be due to the fact that a surplus stock from the real temple was used for other buildings of Thoutmosis III.

Several references to this temple occur on previously discovered monuments. A personage of the name of [hieroglyphs] Dede-àa was superintendent of the builders in various temples including this [Karnak : statue n° 219. Louvre : stele n° 50 C. Deir-el-Bahri : statue found this year and not yet published]. In the tomb of [hieroglyphs] Men-kheper, dating from the reign of Thoutmosis III, it is recorded that this personage held the title of «Libation-priest of Amen in [hieroglyphs]»; his son is a scribe of the same temple, and the god Amen is spoken of as being [hieroglyphs] in this same tomb. A group in the Louvre mentions that a personage named Raᶜ-kheper-senh held the title [hieroglyphs]. The temple was evidently of considerable importance, and the excavation has shown that it was built upon a large scale. Although the buildings are almost totally destroyed sufficient has been found to show that the temple was originally imposing in construction and rich in reliefs. It was wrecked, in all probability, before the age of the heretic King, for although the name of Amen-Râᶜ is several times mentioned upon the fallen wall-blocks, etc., in only one case is it erased. Here, however, the name has been rewritten, suggesting a later restoration of the temple.

The system of work followed in the present excavation was extremely simple. The outer wall of the courtyard was carefully marked out, and the ground immediately outside it was worked over and seen to contain no antiquities. The main courtyard was then cleared to the pavement level, and the rubbish was piled on the «dead» ground outside the walls, as was done for the Ramessoum, in such a manner as to form a tidy and regular embankment, entirely shutting off the temple area from the outside necropolis, the effect being probably not altogether unlike that of its original enclosure wall. Statues and blocks of stone were left where they were found until the conclusion of the work. The small and fragmentary pieces of relief found all over the area were piled together in one corner of the courtyard and were afterwards sorted as far as possible, and the broken and uninscribed blocks of sandstone were heaped together outside the temple limits. Along the front and back walls of the courtyard correspondingly numbered blocks were placed at intervals, reading 1, 2, 3, 4, etc. and along the side walls similar blocks were placed, reading A, B, C, D, etc. Imaginary lines drawn from these points thus divided the temple into squares, and any spot in the area could be determined by its number and letter. All objects were marked in this way before being removed, and thus their position, should there be any reason for remarking it, can be ascertained. At the close of the work, when the general position of the walls of the temple had been observed, most of the fallen blocks of relief were removed to a small magazine which had been built on the spot, and a few of the more important pieces were sent to the Cairo Museum; of the smaller antiquities the more important were sent to Cairo, and those of little interest were stored in the magazine at Medinet Habu. The site now presents itself as the intelligible ruin of an important building, still of value historically and artistically to the archaeologist, and not without interest to the general public, who, moreover, will not be indifferent to the conversion of a series of rubbish mounds into an orderly temple area.

The temple is built in the usual oblong form, running from due east to west, the length being about 148 metres and the breadth 85. This is divided into three sections or courts. The first or outer court is entered between two ruined pylons of unbaked bricks; this court was left almost entirely unexcavated. An opening in the west wall, in the axial line, leads into the second or fore court, which is built upon a higher level; the pavement to the east of this doorway is made of limestone slabs. This second court was partially cleared, but little was found in it. An inclined causeway constructed of bricks leads up to the third section of the temple, which again is on a higher level. At the foot of this ascent, upon the left hand, is a trough or basin of sandstone, measuring 1 m. 10 c. in length, 0 m. 97 c. in breadth, and 0 m. 07 cent. in height, the depth of the reservoir being 0 m. 43 cent., and the thickness of the sides 0 m. 15 cent. Upon the right hand, opposite the trough, there is an indication of a stone construction which may have been an altar. At the entrance of the third court, where the causeway passes the brick crosswall, there are on either side of it a series of brick niches in which small statues may have stood. The third court, in which stood the main temple, was completely excavated to the pavement level. On the south and south-west sides of this court the natural limestone had been quarried away in order to give a level surface, and the face of the rock remained as a wall upon these sides. Upon the north and north-west sides, however, a brick enclosing wall had been constructed, 4 metres wide and in parts still 4 metres high. Towards the north-east of this area the ground dips, but rises somewhat again before the north boundary is reached, and the high level had been kept by the introduction of a large quantity of sand, held in place on the north side by a brick containing-wall running from east to west. In the middle of the now level courtyard the main temple was built.

This temple was constructed partly of sandstone and partly of limestone. It is so entirely ruined that little idea can be obtained of its original appearance. The main features now seen are the bases of a sandstone doorway and part of the adjoining wall upon the south side; the bases of two or three limestone columns; the pedestals probably of two colossal statues on the north-west side, — a fragment of a colossal crown was found near by; and an indication of some of the main walls. The pavement of limestone remains intact in places, and towards the north-east it is seen to have been built over the sand filling and its containing wall. Most of the fallen blocks of relief are of limestone. The hieroglyphs and figures are of excellent workmanship, and some of the colouring is well preserved. There is also a large quantity of sandstone blocks and fragments, with no less delicate cutting and colouring. The subjects of the reliefs appear to be those usually found in temples of this date : offerings, figures of the King, religious inscriptions, etc., but the scenes are two fragmentary to require description here; some of the more important fragments are recorded below. The roofing was of sandstone, and the usual design of yellow stars on a blue ground appears. Upon the cornices were inscriptions and the King's cartouches coloured yellow on a blue ground.

In this temple there were found large quantities of fragments of statuettes and stelae, of which the most interesting are recorded below, but in most cases the objects were so hopelessly smashed that no intelligible account can be given of them. Many small fragments of beautifully worked figures, however, show that there were objects of great value in the temple. Many hundreds of broken pieces of such sculpture were found — the hand of one figure, the knee of another, the foot of a third — which would have been priceless had the original figures been able to be restored, but which now have to be consigned to the lumber room. Of the stelae not one perfect specimen was found, but the fragments still give some inscriptions of interest. A quantity of blue glazed work was unearthed (fig. 1, 2), but here again nearly all the objects are so much broken that they are of no value. A number of fragments of limestone Osirian figures were found, which seem to have been about a metre in height, and to have been placed as ornamentation over the temple. Several pieces of inscribed pink granite were scattered over the temple, and these appear to be the remains of altars and tables of offerings. An altar of quartzite sandstone of the usual ⊥ form was also found, together with part of another of similar kind. These are described below, as are also two broken statues which were discovered, the one of Thoutmosis III and the other of a queen named Nebes-mââ. This temple occupied only a part of the area of the court, and upon the north and south sides there are the ruins of a number of brick chambers, the walls of which are about 0 m. 10 cent. to 0 m. 50 cent. in height, and usually not more than one brick in thickness; these chambers were probably used as magazines or as dwelling places for the priests. As is naturally to be expected from their light construction they appear to have fallen down and to have been rebuilt at intervals, for some of the present walls are built upon a foundation of broken bricks, limestone, and pottery. A few pots were found in these houses, but hardly any other antiquities.

Fig. 1.

Fig. 2.

Foundation deposits were searched for at the four corners of the third court of the temple and at the main gateways; only two deposits, however, were found, these being at the south-east and the south-west corners. The former was deposited in a small trench which had been excavated along the west side of the corner. It consisted of 8 geese, not mummified, but only naturally dried, the feathers being more or less perfect; and some dishes filled with goose-eggs. There were also a few dried leaves, a small pot, and a lump of blue and a lump of yellow paint. The other deposit was found partly concealed in a small chamber in the wall, and partly scattered in the loose earth outside. The chamber measured about 1 m. 25 c. in length, 1 m. 05 c. in breadth, and 1 m. 10 c. in height. The roof was arched and rounded and was plastered with mud. In the south wall there was a small niche for a lamp, and in the east wall there was a recess about 0 m. 05 cent. in depth. When found the front of this chamber was bricked up, but, as the deposit inside was not intact, it appears that the brick wall was that of a somewhat later chamber built into this corner after the deposit had been tampered with. In the small chamber were found a whetstone of slate (fig. 3); the fragments of a small stele dedicated to Hathor; some broken pottery; three irregular lumps of stone — grey granite, sandstone, quartzite sandstone respectively —; and one small slab of limestone. These were probably specimen stones forming part of the foundation deposit, but their presence here may have been accidental. Outside the chamber in the loose earth were two bronze knives (fig. 4, 5); another bronze instrument like a drill (fig. 6); some fragments of pottery dishes; and a granite dish. Placed outside the wall which sealed the entrance of the small chamber, and therefore forming a secondary deposit, were several large pots and a fine pot stand; one of the pots contained some dried leaves.

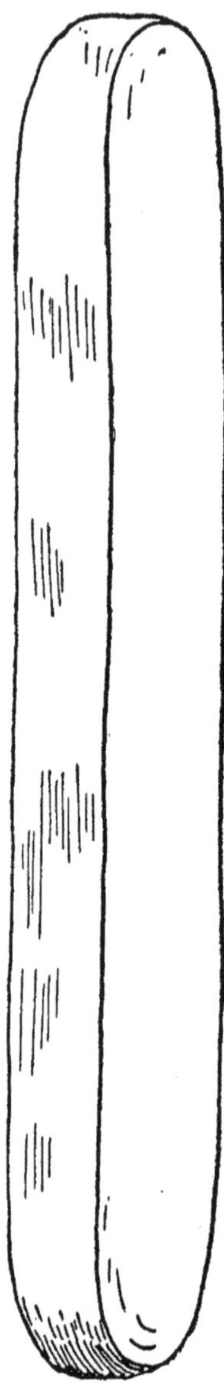

Fig. 3.

In the south wall of the courtyard, which, as has been said, is formed of the natural rock, there was a cave-like opening which led into an earlier tomb. Originally there had been a long rock cut passage leading to it, running from north-east to south-west, but when the stone was quarried away to make the courtyard the passage disappeared except for the floor and a few inches of the side walls; the tomb was thus bared up to the point where the passage made a turn. The remainder of the passage, which is intact, leads sharply down towards the north for 3 or

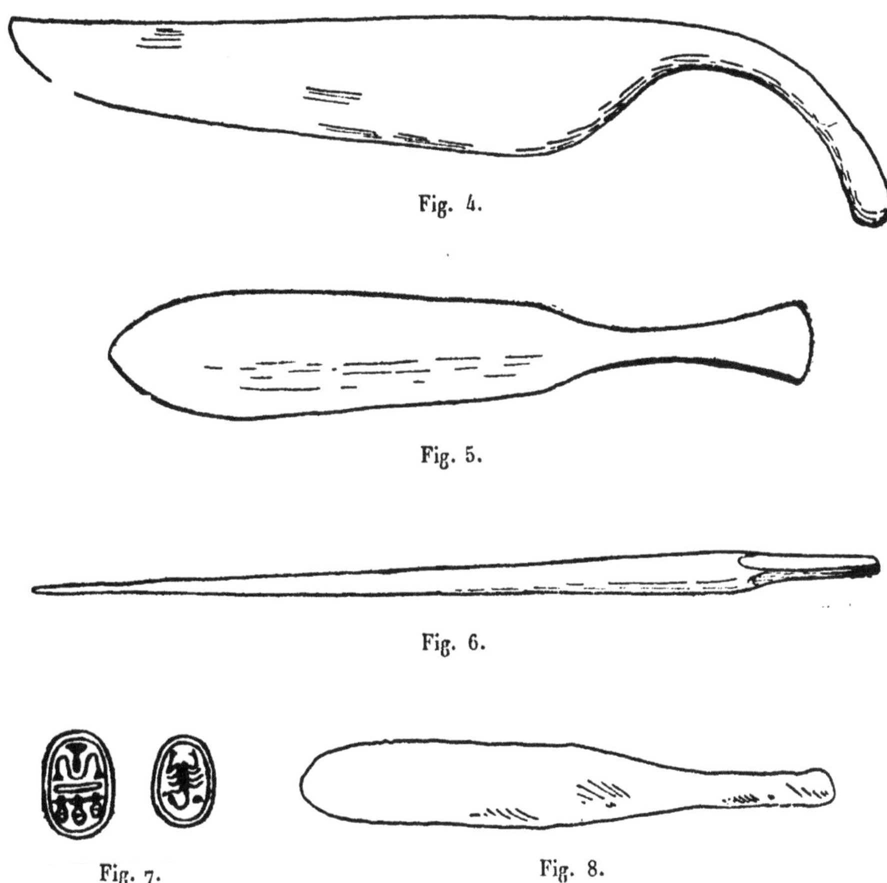

Fig. 4.

Fig. 5.

Fig. 6.

Fig. 7.

Fig. 8.

4 metres, until the rough-hewn burial chamber is reached. This chamber was found to be much filled with debris, but no antiquities except two ordinary scarabs (fig. 7) were recovered. At the point where the tomb opens upon the courtyard a number of pots were stacked, and a bronze knife was also (fig. 8) found. Outside the tomb several other pots were lying. These objects may have formed a foundation deposit, or they may have been the

funeral offerings from the original tomb. The date of the pottery is compatible with either supposition.

Little else of interest remains to be recorded. It may be mentioned that the average size of the bricks employed in the construction of the temple was 0 m. 30 cent. by 0 m. 15 cent. by 0 m. 10 cent. The inscription stamped upon them was [hieroglyphs]. The following is a catalogue of the principal inscribed antiquities found.

1. Limestone fragment of the side of a stele. On the stele, part of the figure of a woman can be seen. The stele is slightly coloured, the ground being yellow, and the margins blue. Down the side in blue incised hieroglyphs is written [hieroglyphs]. The name within the cartouche is evidently Raʿ-neb-ḥapet, of the XIth dynasty. The height of the fragment is 0 m. 15 cent. and the breadth 0 m. 12 cent. This fragment is probably from an early tomb on this site.

2. Fragment of the pedestal of a statuette of grey granite. On the top surface is inscribed [hieroglyphs]. On the side is inscribed [hieroglyphs]. The fragment measures 0 m. 10 cent. by 0 m. 10 cent.

3. Crouching statuette of limestone, with the knees drawn up to the chin and the arms crossed in the usual attitude. The head and feet are missing. Down the front of the figure is written :

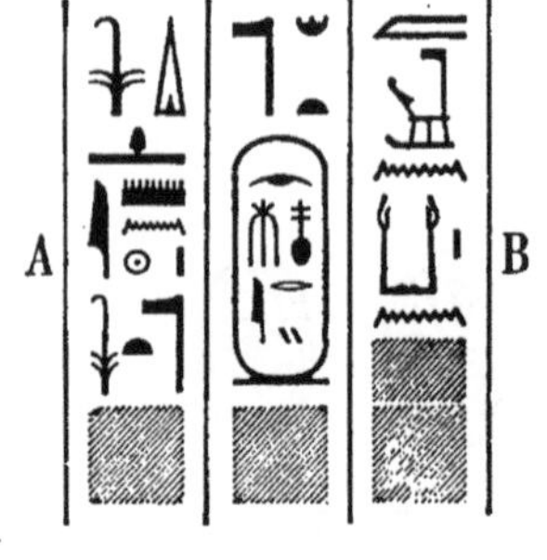

Around the body from A to B runs the inscription : A [hieroglyphs] (?) [hieroglyphs] (?) [hieroglyphs]. Height 0 m. 12 cent., breadth 0 m. 10 cent.

4. Upper part of a limestone stele, upon which Amenophis I[st] and Nefertari are seen offering to Amen-Raʿ. Above them is the winged disk. There is some colouring left. The margin of the stele is blue, the disk red with a yellow edge, the wings green, the skirt of Amon yellow, the King's skirt

red, the pots which he is offering blue, the hieroglyphs blue. The inscriptions above the three figures are (I) [hieroglyphs], (II) [hieroglyphs], and (III) [hieroglyphs]. Height 0 m. 25 cent., breadth 0 m. 25 cent.

5. A half brick with stamped inscription :

This inscription of Thoutmosis Ist and Hatshepsut perhaps comes from the ruins of the palace of Hatshepsut which lies to the north of the temple.

6. Front portion of a large altar of pink granite. Down the front is the inscription A, and on the top is the inscription B :

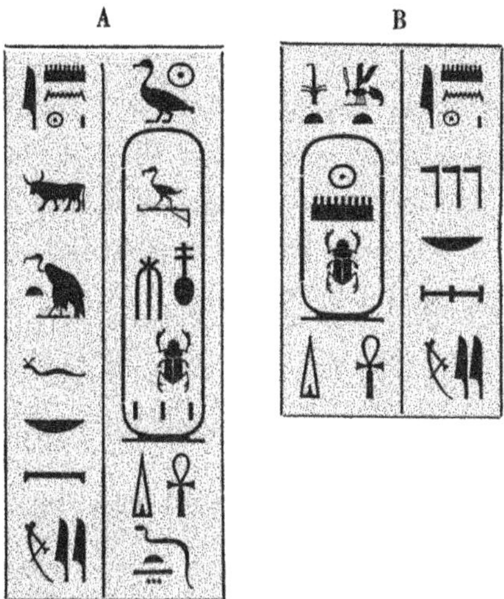

On the right side is a figure of a woman holding a tray upon which are three vases and a , and from which hang two cords with a attached to them. Above is written [hieroglyphs]. On the left side is a similar figure with the inscription [hieroglyphs]. Height 0 m. 50 c., breadth 0 m. 25 cent., depth 0 m. 28 cent.

7. Fragment of a grey basalt stele upon which is inscribed : [hieroglyphs]. Length o m. 15 cent., breadth o m. 13 cent.

8. Fragment of a sandstone stele, with representations of Min-Amen, and behind him a queen above whom is written [hieroglyphs]. In front of the god is written : [hieroglyphs], and a prayer reading [hieroglyphs]. The upper part of the queen alone remains: she has the usual high feathers and the vulture headdress. The measurement of the fragment is o m. 23 cent. by o m. 025 mill.

9. Sandstone block, inscribed [hieroglyphs]. The block is o m. 53 cent. long and o m. 20 cent. broad.

10. Quartzite sandstone standing statue of a man. It is headless and footless. The arms are pendant at the sides. The figure wears a skirt extending from just below the breast, and supported by two straps passing over the shoulders close to the neck. Down the front is a single line of hieroglyphs, reading : [hieroglyphs]. The back of the statue is made in the form of a stele, but is much broken. The inscriptions read :

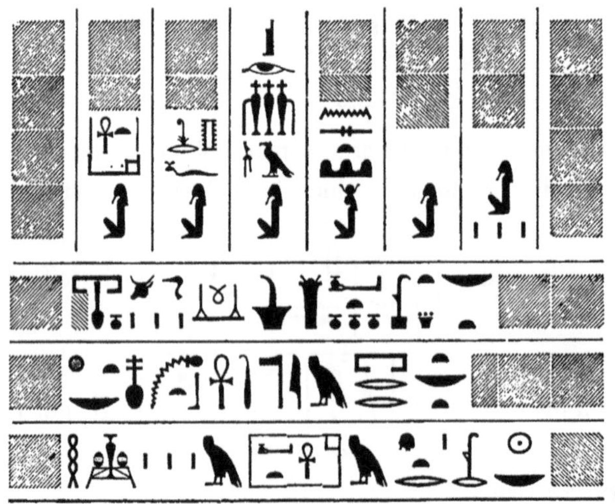

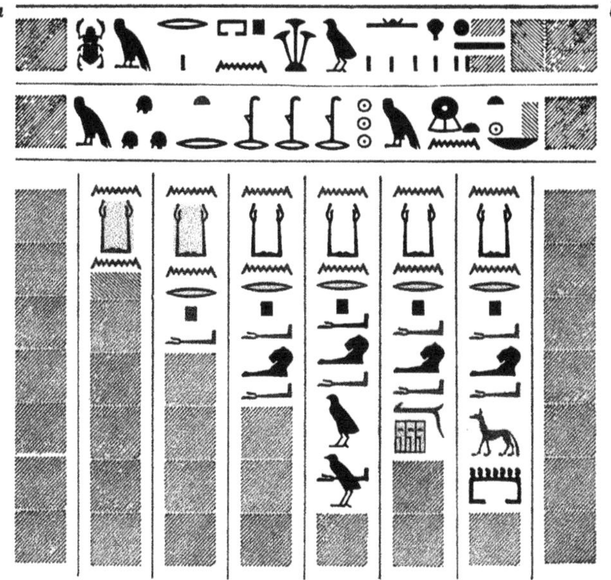

The height of the statue is o m. 069 mill., the breadth across the shoulders o m. 3o cent.

11. Quartzite sandstone altar of the usual [hieroglyph] form. On the upper surface is the cartouche :

[hieroglyphic cartouche]

Length o m. o8 cent., breadth o m. 39 cent.

12. Grey basalt statue of the King, seated. He wears the close fitting garment associated with Osiris. The arms are folded upon the breast, and in one hand there is a crook and in the other a flail. The head is missing. The feet rest upon the usual nine bows. Down either side run the following inscriptions : (I) [hieroglyphs]; (II) [hieroglyphs]. The height of the statue is 1 m. 20 cent., the breadth of the pedestal o m. 46 cent.

13. Eight small fragments of a basalt stele. (I) and (II) : part of the head of a queen wearing a vulture headdress. Before her is inscribed : [hieroglyph]

. (III) : fragment of a queen's head with vulture head-dress. — (IV) : part of two male figures worshipping.

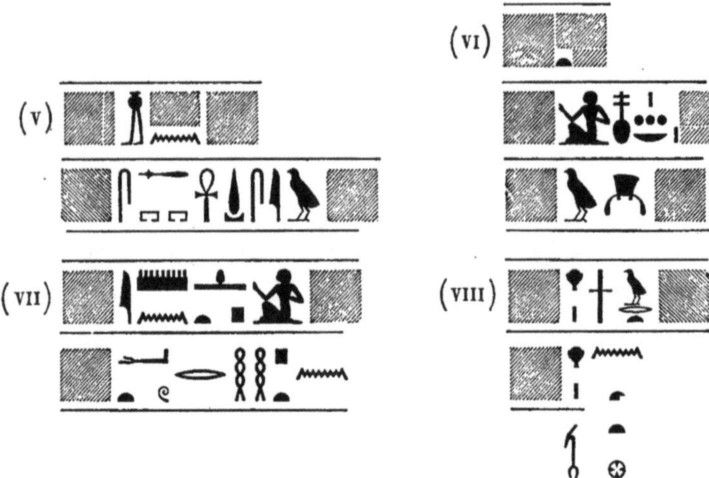

14. Red clay cone, broken at the point. Upon its base is stamped, in four perpendicular lines : . The diameter of the disk is 0 m. 09 cent.

15. Part of a sandstone stele with slight colouring of red and yellow. Upon it there has been a scene showing a group of priests carrying the sacred boat. Of this scene the first two priests still remain, and the prow of the boat in the form of a man's head with the Amen horns, disk, feathers, and uræi. Before this group two figures are represented worshipping, the foremost seated upon the ground with one hand raised, and the other standing with arms raised. The inscriptions read :

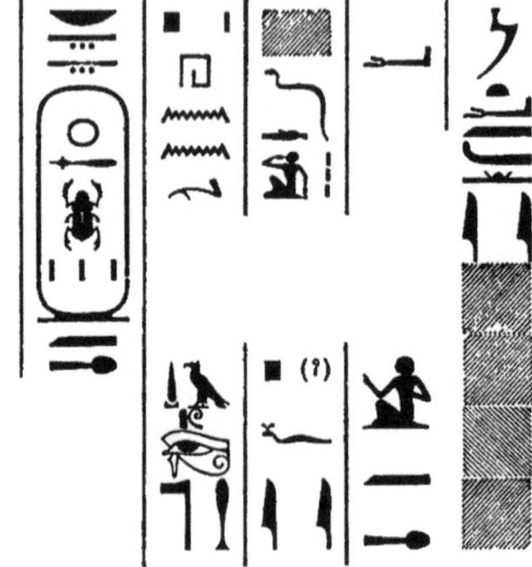

The measurement is 0 m. 20 c. by 0 m. 21 cent.

16. Fragment of a limestone stele upon which is shown the sacred ram,

with crown or feathers, and before it a man is offering. The inscription reads :

The name within the cartouche is not recognizable. The size of the fragment is 0 m. 15 c. by 0 m. 15 cent.

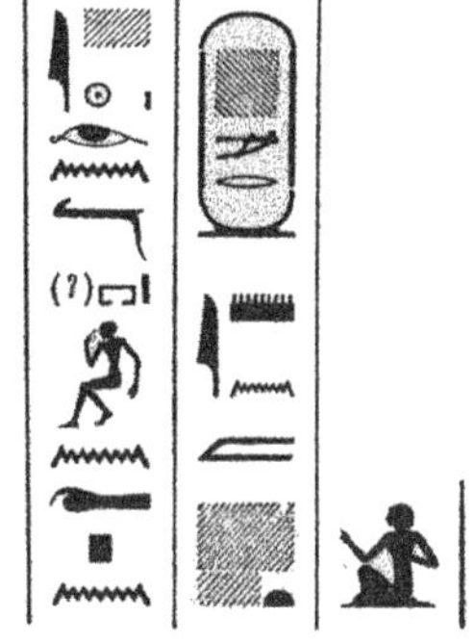

17. Part of a wooden statuette of which the legs and one side are lost. The figure wears a wig and a long skirt. A chain or necklace hangs around the neck. The arm is pendant at the side. On the right shoulder a cartouche is cut, but the reading is not clear, though probably it is . Down the front of the skirt runs the inscription : . Down the back is written: . The height of the object is 0 m. 27 cent., the breadth across the shoulders 0 m. 09 cent.

18. Fragment of the middle part of a grey granite seated figure. The figure was holding a shrine or tablet on its lap, part of which remains. Inscribed upon the front of the tablet is :

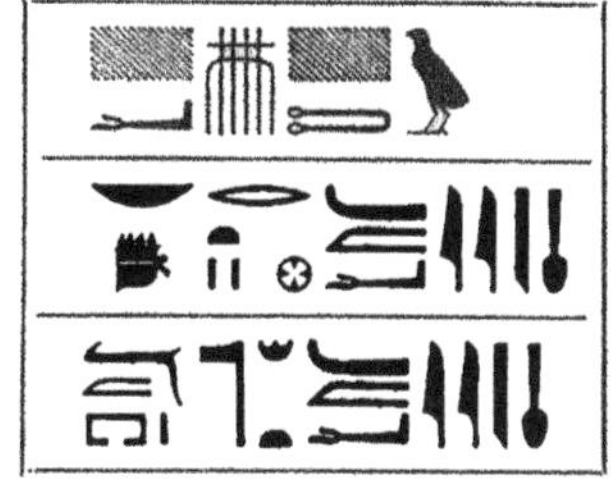

Height of fragment 0 m. 18 cent., breadth 0 m. 17 cent.

19. Lower part of a grey granite seated figure of a queen. The hands rest on the knees; the skirt extends to the ankles; the feet are bare. Down either side of the throne run the inscriptions : (I) ; (II) . The workmanship of the statue suggests the XIIth dynasty as its date, but nevertheless it is more probably contemporaneous with the temple, as nothing else of the XIIth dynasty was found. This queen Neb-es-mââ is not known. She was probably one of the wives of Thoutmosis III, and, considering that hers was the only large statue in the temple, it may be that she was the most important of the queens at the time of the building of this mortuary chapel, *i. e.* towards

the end of the King's reign. The height of the statue is o m. 80 cent., the breadth o m. 33 cent.

20. Lower part of a small seated statuette of limestone. The hands rest upon the knees. The skirt extends to the ankles. On the right hand side of the throne, in four perpendicular lines, is written : . On the right side : .
The height of the figure is o m. 12 cent., the breadth o m. 07 cent.

21. Fragment of the base of a limestone statuette. On the right side of the base is written : . On the left side : . Breadth o m. 008 mill., length o m. 09 cent.

22. Limestone fragment of the right side and back of a throne upon which there has been a seated statuette. On the side there is represented a standing man wearing a long skirt and wig, and holding a lotus. Before him is written : (?) . Down the back is written : . Length o m. 12 cent.

23. Portion of the upper part of a large quartzite sandstone stele. Upon it is the figure of Thoutmosis III, and that of queen Aset. These two figures are standing : the former wears a helmet, short skirt, and necklace, his skin being coloured red; the latter wears a long wig, a red crown of the usual oblong form, and in her hands she holds two vases of wine. Before them stands Amen-Ra'. On his head are the two high feathers; in one hand he holds the , and in the other the . Above these figures are the wings of the usual disk. The inscriptions read :

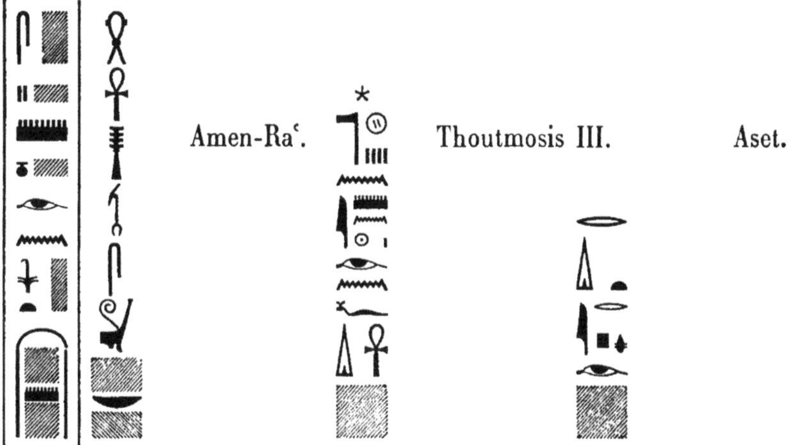

The cartouche of the queen has been erased, and it seems that the name Aset has been superimposed over another name, of which the first sign ⊙ is visible under the . The measurement of the fragment is 0 m. 54 cent. by 0 m. 52 cent.

24. Upper part of a stele upon which four Hathor heads are shown, the faces showing traces of yellow colouring and the wigs of blue. In the middle is the head of the Hathor cow. Above is written : . The object measures 0 m. 15 cent. in height and 0 m. 18 c. in breadth. It was found inside the small chamber in which the second foundation deposit was placed.

25. Grey granite seated statuette without legs or head. The right arm is raised across the breast; the left arm is bent and in the hand a Hathor-headed sistrum or standard is held. The figure wears a short skirt. Down the back is written : . Across the skirt is : . Height 0 m. 35 cent.

26. Fragment of a limestone stele, upon which is inscribed in two perpendicular lines : (?) . Measurement 0 m. 20 cent. by 0 m. 15 cent.

27. Fragment of a clay jar-sealing, upon which is stamped . Measurement 0 m. 10 cent.

28. Limestone fragment of a stele upon which is twice represented the sacred ram. Upon its head is an uraeus, and it stands upon a pedestal. Before the first figure is written [hieroglyphs]. Before the second : [hieroglyphs]. Measurement 0 m. 12 cent.

29. Upper part of a grey granite statue of a man. He wears a long wig, the usual robe, opening at the neck. On the right shoulder is the cartouche [hieroglyphs]. On the back is part of a tablet, on which three perpendicular lines of hieroglyphs remain, reading :

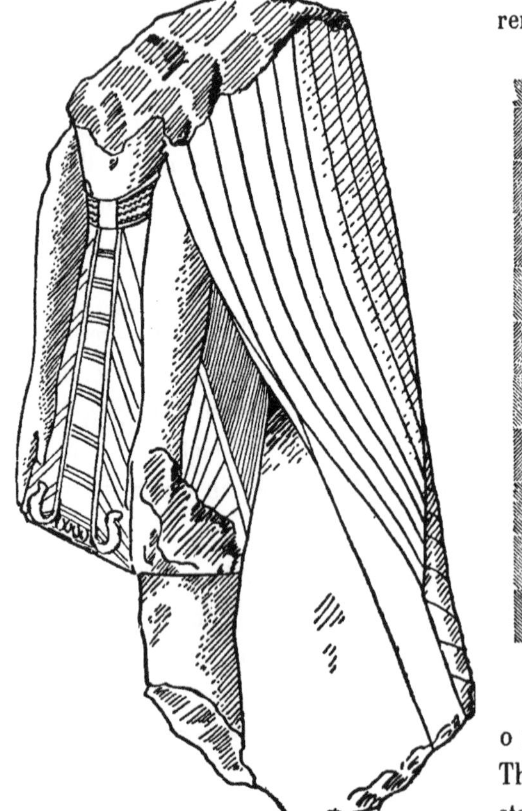

Fig. 9.

Height 0 m. 36 c., breadth 0 m. 28 c., depth 0 m. 19 c. The presence of a Ramesside statue in this temple, which already seems to have ceased to exist at the time of Akhenaten, is noticeable. Yet there were other Ramesside fragments discovered, although no tombs of that period were found within the temple enclosure.

Of uninscribed objects the most interesting is a cynocephalus in blue glazed ware, measuring o m. 13 cent. in height. The snout and part of the tail are missing. It is broken across the middle. It is seated in the usual attitude with the hands on the knees. The bronze knives and whetstone have already been mentioned. There is a good head of Thoutmosis III made of basalt, and measuring o m. 35 cent. in height. A remarkable fragment of an alabaster statuette was found, showing the king partly covered by the wings of a bird (fig. 9). A fragment of a bowl painted in terracotta, and having upon it a gazelle, etc., is noticeable (fig. 10).

The following inscribed blocks from the temple walls should be recorded. The inscriptions are given below. The positions are represented by a number and letter.

a. Roofing block, sandstone. Blue, with yellow hieroglyphs detailed in red 1 m. o5 m. × 1 m. o8. 6 D.

b. Measurement o,8 m. × o,65. Limestone. 5 E.

c. Limestone. o,8 × o,6. 5 E.

d. Pink granite o,7 × o,6. 4 D.

e. Limestone. o,6 × o,5. 5 D.

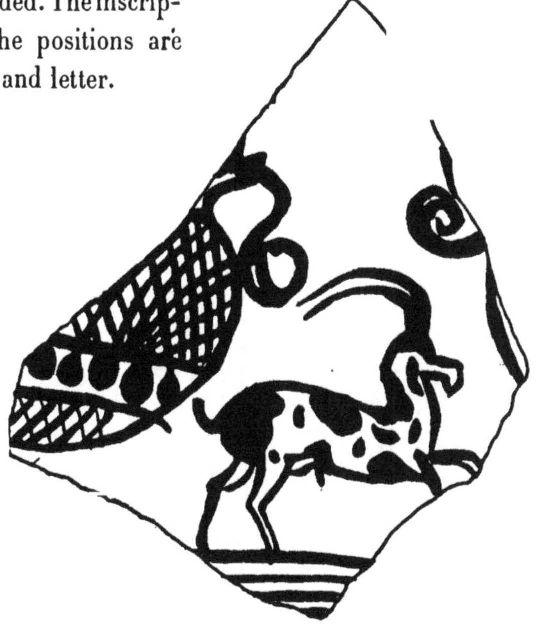

Fig. 10.

f. Limestone; traces of colour o,5 × o,5. 6 E.

g. Limestone; traces of colour o,5 × o,45. 5 F.

h. Limestone. o,75 × o,45. 5 F.

i. Limestone. A table of offerings and a priest on right side. o,6 × o, 55. 5 E.

j. Limestone; traces of colour o,6 × o,45. 9 E.

k. Sandstone. o,7 × o,55. 4 B.

l. Limestone. Colour good. A man with arm raised, walking, is seen on either side of the inscription. The name of 𓇋𓏠𓈖 has been erased and rewritten. o,48 × o,3. 6 G.

m. Three limestone blocks which join together. The head of the King is seen, with a fan above it. Traces of colour (I) o,7 × o,65. (II) o,5 o,55 × o,45. (III) o,55 × o,43. 8-9 E.

n. Limestone; slight colour. By the side of the inscription is the figure of a man standing. o,4 × o,4. 6 E.

o. Limestone; slight colour. Beside the inscription is a hand holding a coil of rope. o,7 × o,65. 8 E.

p. Limestone. o,7 × o,65. 5 E.

q. Sandstone pillar. 6 D.

A

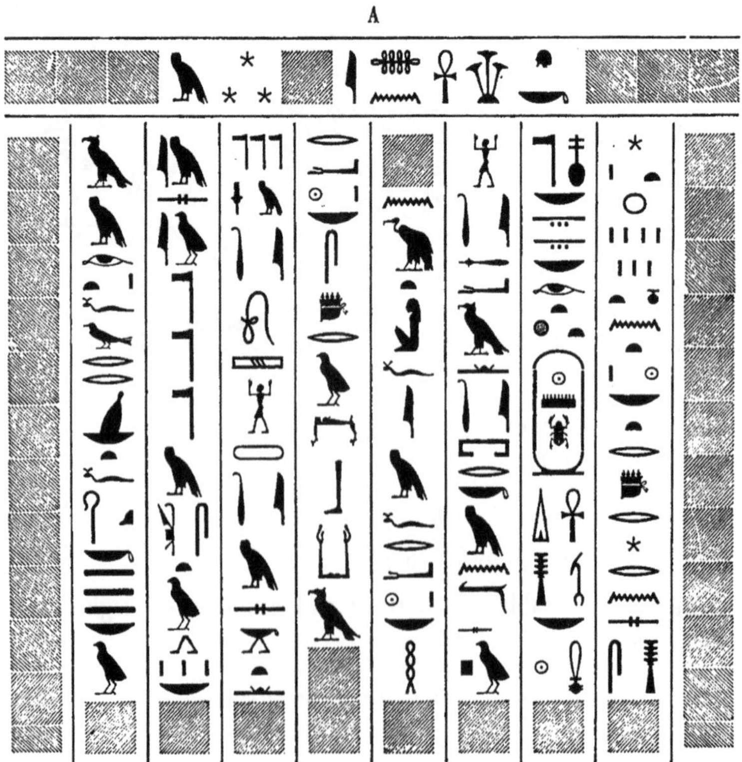

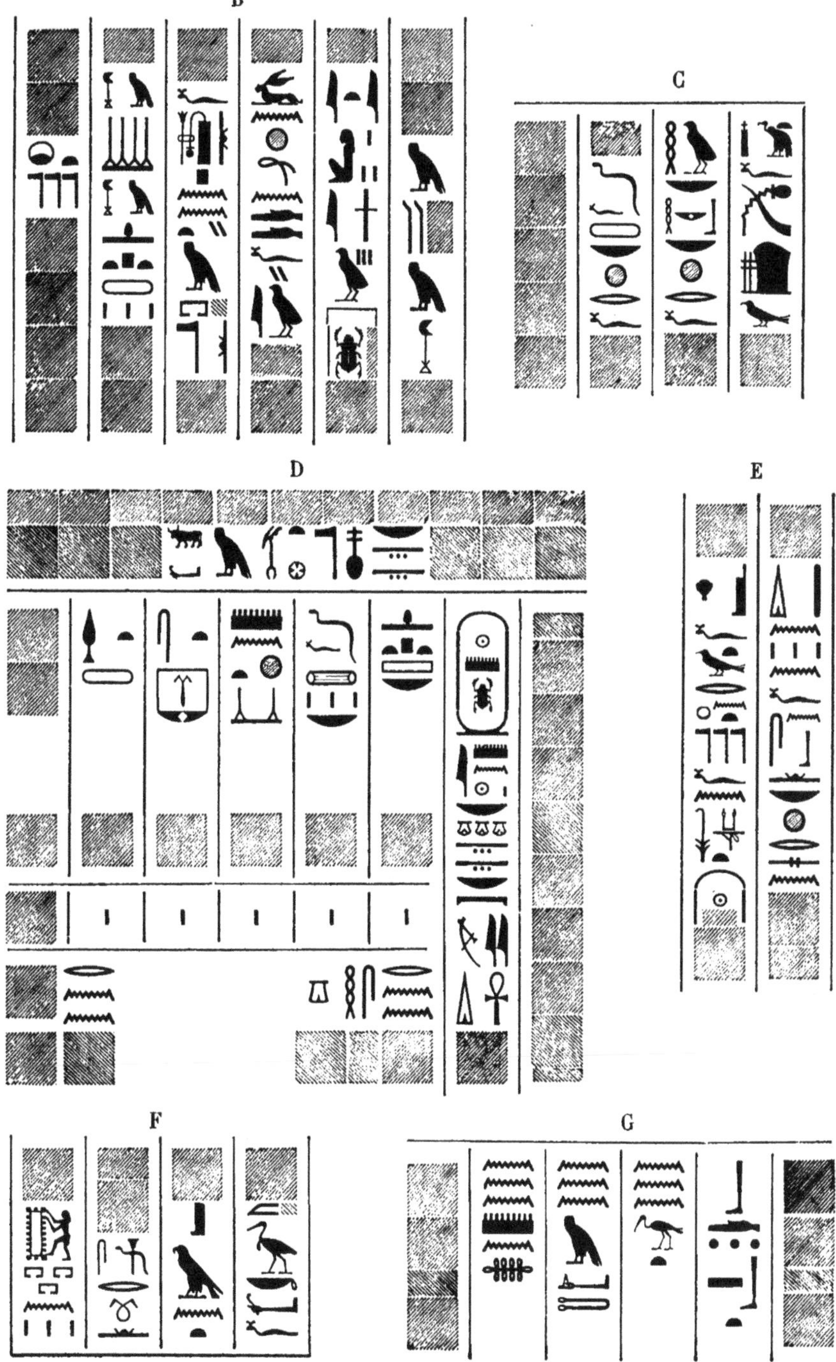
B
C
D
E
F
G

H I J

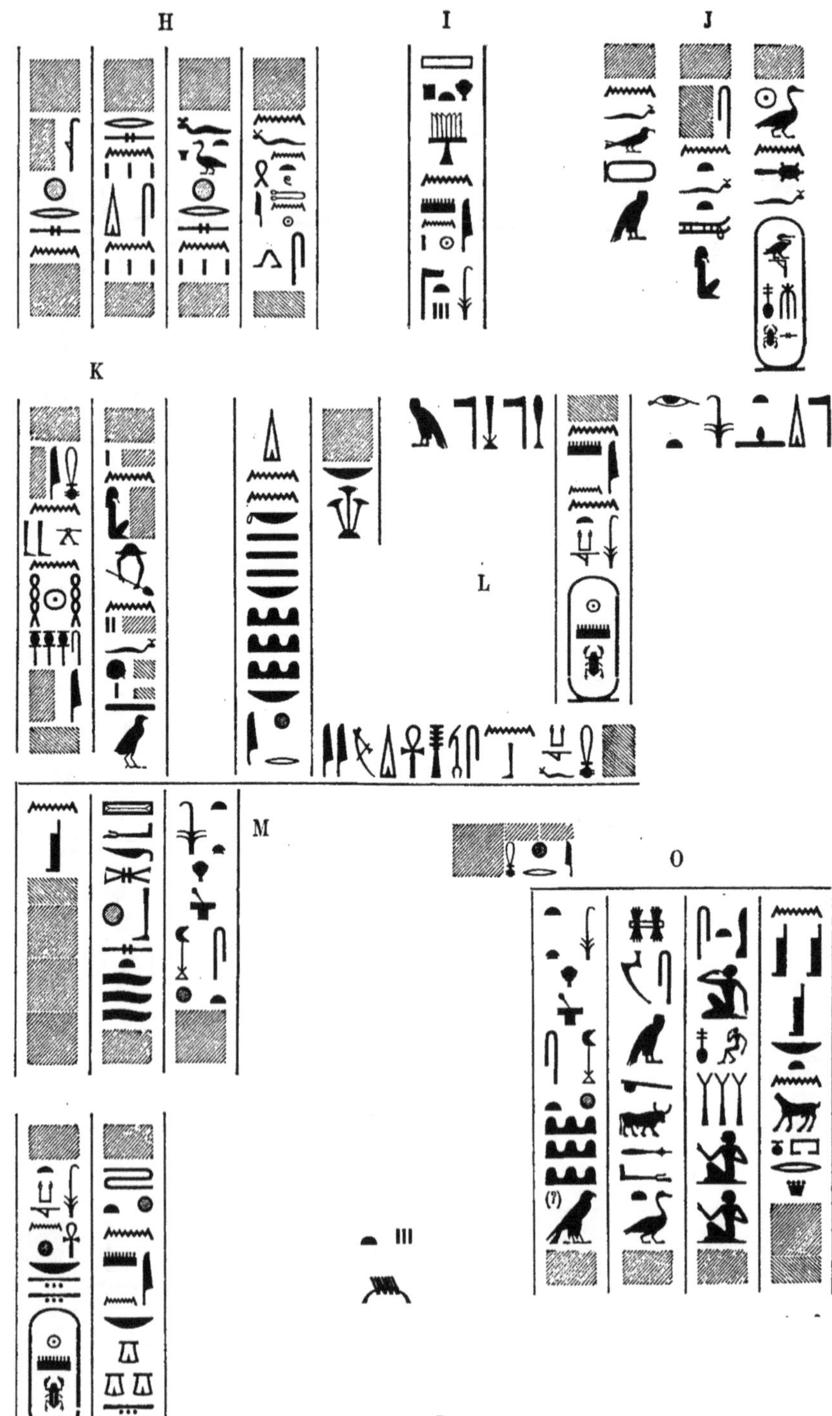

The following is the account of the money expended and in hand.

Wages of workmen	L.E.	190,842 m.
Magazine	"	13,435
Guards	"	1,260
Clerk of works	"	2,500
Total cost	L.E.	208,037 m.
Received from H. H. Djemil Pasha	"	390,000
Cash in hand	L.E.	181,963

The sum in hand is being expended on the very necessary work of clearing the Temple of Luxor.

Arthur E. P. Weigall.

SUR UN SCARABÉE DE SABACON

PAR

M. GASTON MASPERO.

On m'adresse de Syrie le frottis de l'inscription hiéroglyphique gravée, en neuf lignes horizontales, sur le plat de ce que le possesseur appelle une tortue, mais qui est en réalité un gros scarabée, long d'environ dix centimètres et large de six. Cette inscription est ainsi conçue :

Il s'agirait, comme on le voit, de Sabacon, et notre texte renfermerait une allusion à des guerres qu'il aurait faites aux Bédouins du désert sinaïtique. « Le roi « Sabacon, aimé d'Amon plus que tout roi qui a été depuis la fondation « de la terre, il a égorgé les rebelles contre lui au Sud et au Nord, dans « toutes les contrées étrangères; les Hirouî-Shâîou révoltés contre lui, « tombent sous ses coups, ils viennent d'eux-mêmes en prisonniers et « chacun d'eux abat son camarade, parce que lui (Sabacon) il a fait ce qui « est glorieux envers son père, pour la grandeur de l'amour qu'il lui porte. »

Il y a certaines étrangetés de gravure qui pourraient inspirer des doutes sur l'authenticité de l'objet : toutefois, il est difficile de se prononcer en l'absence de l'original, et je publie le texte à tout hasard, afin d'attirer sur lui l'attention des collectionneurs.

G. Maspero.

TOMBS AT ABOU BILLOU

BY

M. C. C. EDGAR.

On the 25th of April I received a telegram from M. Breccia, who had lately been in charge of this part of Behera, that the sebakh-ghafirs had informed him of the discovery of two intact tombs. I went next day and saw them opened. They were situated on the high ground at the N. W. part of the site, several metres below the present surface, pointing N. and S. The *sebakhin* had made a perpendicular cutting at this place, destroying the N. ends of the two tombs. The one to the W. was not filled up with earth, or else it had been partly cleared before I arrived. It was a vaulted chamber of baked bricks coated with stucco on the inside. Its length was about 4 metres, its height a little more than 1 metre, its breadth 1 m. 30 c. The bricks, which measured 0 m. 25 cent. × 0 m. 12 cent. × 0 m. 09 c., were laid horizontally in the lower courses and vertically above. Inside we found the remains of several skeletons, badly preserved, the heads pointing N. Beside one of the skulls lay a small gold earring of this form  , height 0 m. 02 cent. : the lower part, which was of thin wire, had probably once had a bead or other ornament fastened to it. Amid the bones lay several fragments of plaster with red paint and gilding, evidently part of a mask : I noticed in particular two hands, a foot, and part of a necklace. It seemed to be more or less similar to the Roman masks from Middle Egypt, but the fragments were too scanty to give one an idea of the whole. At the N. W. corner of the tomb was a small hoard of about forty badly oxidized coins; and at the other end a terracotta vase of this form  , 0 m. 35 cent. high, was lying on the ground, empty but not much broken. The only other recognizable objects found in the tomb were a few disks, eyes and other ornaments of stamped gold leaf and a fragment of a large bronze pin. The second tomb, which lay a metre or two to the E., was filled up with earth. It was of exactly the same type as the other, but no recognizable antiquities were discovered in it.

I have cleaned some of the less badly preserved coins sufficiently to identify them : they are of Gallienus and Salonina. The dates that I can make out are *θ* (1), *ιγ* (1), *ιδ* (4), *ιε* (2), and *ε* or *ιε* (3); it follows that the coins were deposited about 268 A.D. But as several persons were buried in the tomb, the coins may not have been placed here at the time of the first burial and the tomb itself may be a little earlier. It is a pity that the tombs contained so few decently preserved objects : as a rule, Roman-Egyptian antiquities are found without any evidence for dating them, but in this case we have the evidence without the antiquities.

About 50 metres to the N. of this spot another party of *sebakhin* had found, just at the time of our visit, a sarcophagus of soft white limestone. It was quadrilateral, narrowing towards the foot  , and had a flat lid; length 1 m. 80 cent., breadth across top 0 m. 50 cent., height 0 m. 60 c. The stone was roughly hewn, without any decoration or inscription. The broad end pointed north. I had the sarcophagus opened, but there was nothing inside except the decayed remains of a skeleton partly covered with garlands.

At Kafr Daoud we were told that a tomb containing gold had been discovered at Abou Billou, but the gold turned out to be a few gold-leaf ornaments from a burial in still another part of the site. Certainly the destruction of Terenouthis is going on very rapidly.

C. C. Edgar.

NOTE EPIGRAFICHE

DI

E. BRECCIA.

I. Questa base votiva, in calcare nummolitico, fu scoperta scavandosi le fondazioni per la nuova sinagoga della comunità israelita a via Nabi Daniel, nel lato della costruzione più prossimo al boulevard di Ramle. Misura in altezza o m. 94 cent., larghezza o m. 30 cent., profondità o m. 40 cent. L'iscrizione trovasi sulla superficie anteriore d'un cubo raffigurato come deposto sulla base, ma lavorato nello stesso blocco. Altezza della superficie inscritta o m. 21 cent., delle lettere o m. 018 mill. Le sagome della base esistono soltanto su tre lati, dal che si deduce che la base stessa doveva essere addossata a una parete. Data la casualità del ritrovamento non si può dedurne nulla per la relazione che l'iscrizione potesse avere col santuario di Poseidone o con un qualche tempio dedicato ad Afrodite, ad Iside o altra divinità. Non lontano dal luogo dove la base fu trovata, si estrasse una grande colonna di granito e un'altra simile se ne vide nelle fondazioni d'una prossima casa.

ΛΕΥΚΙΟΣ ΤΟΝΝΗΙΟΣΑΝΤΕΡΩΣ	*Λεύκιος Τοννῆιος Ἀντέρως*
ΕΥΠΛΟΙΑΥΠΕΡΠΛΟΙΥ	*εὐπλοία ὑπὲρ πλοίου*
ΝΙΚΑΣΤΑΧΤΗΣ	*Νικαστάχτης*
LΜΓΚΑΙΣΑΡΟΣΜΕΧΙΡΚΑ	*(ἔτους) μγ Καίσαρος Μέχιρ κα*

Il dedicante non è altrimenti noto; *Τοννῆιος* è nome romano; in *C. I. G.* 2.3162.25 si ha *Τόννιος*. La nostra iscrizione è da riavvicinare con quella scoperta da Flinders Petrie a Coptos e commentata da Hogarth (Flinders Petrie, *Coptos*, tav. XXVIII, fig. 8; Hogarth, *id.*, p. 34; Seymour de Ricci, *Archiv für Papyrusforschung*, p. 563, n° 105; Dittenberger, *Orientis Græci Inscriptiones selectæ*, n° 696), la quale ci dà la formula più normale *ὑπὲρ εὐπλοίας πλοίου Σαράπιδος*.

Il nome *Νικαστάχτης*, sebbene paia composto di elementi greci, deve avere un'origine indigena; esso non è, comunque, il nome d'una divinità, ma il nome della nave.

L'Hogarth interpretava in questo senso il nome *Σάραπις* nell'iscrizione di Coptos e pare dunque ch'egli avesse ragione e non il Dittenberger, il quale giudicava invece più probabile che *Σάραπις* fosse il nome del dio a cui la nave era consacrata.

L'anno 43 dell'imperatore non può essere che l'anno 43 di Augusto cioè il 13 e 14 di Cristo.

II. Tronco di colonna di calcare nummolitico a canne di lotus fasciate. Alt. o m. 60 cent., diam. o m. 25 cent., prov. Mazarita, non lungi da Capo Lochias.

ΑΥΡΗΛΙΟϹ	Αὐρήλιος
ЄΥϹΤΟΡΓΙΟϹ	Εὐστόργιος
ϹΥΝΤΟΙϹ	σὺν τοῖς
ΙΔΙΟΙϹΠΑϹΙ	ἰδίοις ϖᾶσι
ΑΝЄΘΗΚΑ	ἀνέθηκα
ЄΠΑΓΑΘѠ	ἐπ' ἀγαθῷ

Il piccolo tronco di colonna è stato scoperto dai cavatori di *chakf*, nè alcun indizio si può avere sul tempio in cui era originariamente collocato. I caratteri non parrebbero anteriori al secondo secolo di Cristo.

III. Base cubica a forma di altare, rotta in basso, trasversalmente, da destra a sinistra. Marmo bianco. Alt. o m. 90 cent., larghezza della superficie inscritta o m. 31 cent. Altezza delle lettere o m. o3 cent., di quelle dell'ultima linea o m. o38 mill.

L'iscrizione proviene da Maamurah a un quarto d'ora a ovest di Abukir, dai terreni del principe Tussun. Il preciso luogo di ritrovamento è a circa 200 metri a nord-ovest del punto dove furono scoperti i mosaici e le altre antichità che ho pubblicato nel n° 8 del *Bulletin de la Société archéologique d'Alexandrie*. Il santuario a cui la base era destinata, riteniamo fosse quello di Sarapide. Non lungi dalla base in discorso è stato messo alla luce un altro pezzo di mosaico a larghi tasselli irregolari di marmo colorato contornato da un lato da una zona di rombi e triangoli bianchi e neri, composti con piccoli cubetti di pietra.

ΜΑΡΚΟϹΑΥΡΗΛΙΟϹ	Μάρκος Αὐρήλιος
ΑΘΗΝΟΔΩΡΟϹΜЄ	Ἀθηνόδωρος με
ΤΑΤΩΝΙΔΙΩΝ	τὰ τῶν ἰδίων
ΑΝЄΘΗΚЄΝ	ἀνέθηκεν
ЄΠΑΓΑΘΩ	ἐπ' ἀγαθῷ

L'iscrizione appartiene alla fine del secondo o al terzo secolo dopo Cristo. l. 2-3 *μετὰ τῶν ἰδίων*; nell'iscrizione precedente si ha *σὺν τοῖς ἰδίοις*.

IV. Gli scavi della necropoli di Sciatbi continuano a fruttare stele dipinte o a rilievo, talora accompagnate da iscrizione. La seguente si legge sull'architrave d'una stele dipinta, trovata come facente parte del coperchio d'una fossa. Piccoli caratteri rossi e azzurri tolemaico-primitivi.

ΠΟΛΥΟΥΧΟϹΙΠΠΟΝΙΚΟΥ	Πολυοῦχος Ἱππονίκου
ΘЄϹϹΑΛΟϹ	Θεσσαλός

La stele sembra avere appartenuto alla tomba d'un soldato, a giudicare dalla principale figura della rappresentanza. È il secondo individuo che le iscrizioni della necropoli di Sciatbi ci dicono originario della Tessaglia (v. *B. S. A.*, n° 8, p. 84).

Πολυοῦχος forma parallela di Πολιοῦχος, v. Bechtel-Fick, *Griechische Personennamen*, p. 123.

V. Stele dipinta, simile alla precedente :

ΘΡΑΣΥΜΗΔΗΣ
[illegible]ΕΛΜΟΥ

Il padre del Θρασυμήδης a cui la stele appartiene si chiamava probabilmente Θέλμος (v. *C. I. G.* 3.5444 Ad.) o forse Κέλμος e simili.

La scena dipinta è assai ben conservata e rappresenta un uomo giovane in piedi vestito di clamide volto a destra verso una figura inginocchiata e che tende verso di lui le mani.

VI. Stele a forma di naos senza rappresentanza. Il campo è liscio, e quivi è scolpita l'iscrizione su due linee :

ΚΟϹΜΙΑ	Κοσμία
ϹΑΤΥΡΟΥ	Σατύρου

VII. Stele con bassorilievo rappresentante una donna in piedi con un volatile nella mano sinistra e in atto di porgere qualche cosa con la destra a un'anitra.

ΜΥΣΣΤΑΣ	Μύ(σ)σ7ας
ΑΜΜΩΝΙΟΥ	Ἀμμωνίου

Il nome Μύ(σ)σ7ας non è noto in questa forma. In ogni caso quegli che ha scolpito l'epigrafe vi ha messo di suo un sigma di più. Le forme note sono : Μύσ7α, Μύσ7ις.

VIII. Cippo funebre. L'iscrizione, malandata, è nella superficie anteriore. Trovato con altre stele, adoperato a far parte del coperchio d'una fossa.

ΕΥΕΡΥΛΟΣ
ΚΡΗΣ

Le lettere sono poco leggibili. Nella prima linea la seconda lettera potrebbe essere un Χ. Il nome Εὐέρυλος o Ἐχέρυλος portato dal nostro cretese, probabilmente mercenario al servizio dei Tolemei, è in ambo i casi nuovo. Non crederei che dovesse leggersi Ἐχέφυλος (v. Bechtel-Fick, *Griechische Personennamen*, p. 122).

IX. Piccola stele arcuata, di calcare, trovata nel terreno di scarico. L'iscrizione è nel campo della stele.

ΝΙΚΑΦΕΝΕΙΑ
ΑΣΣΙΑ

Il nome di questa donna s'incontra qui per la prima volta, se non erro. La sua patria d'origine è Ἄσσος città della Misia, nel golfo Adramittio.

X. Da Hadra proviene il frammento di lastra rettangolare di marmo che porta in caratteri di età romana l'ultima parte d'un'iscrizione funebre.

Μ]αρκιανέ
Δ]ιόσκορε
εὔ]ψύχι[χαίρε]

XI. Poichè la relazione complessiva sulla prima campagna di scavo a Taposiris Magna (Mariut) non potrà apparire tanto presto a causa della prematura sospensione dei lavori dovuta all'assoluta mancanza di mano d'opera, e perchè ancora non ho potuto inviare laggiù il disegnatore del Museo pegli opportuni rilievi e disegni, aggiungo qui alcune iscrizioni funebri, che data la provenienza, hanno un particolare interesse per l'onomastica.

Alcuni nomi sono prettamente greci, ma altri hanno un sapore esotico (sono forse di origine libica?). Sono su lastre di calcare sabbioso e furono trovate tutte entro una camera che si apre in fondo a un pozzo quadrangolare e sulle pareti della quale sono scavati dei loculi. La tomba faceva parte della vasta necropoli che trovasi a nord-est della città, ed era molto prossima alla torre delle segnalazioni.

α) ΟΤΟΚΟΜΑϹ
ΤΗΡΙΟΝϹΥΝΤ
Ϲ[illegible] Ε[illegible] Δ Λ Ε[illegible]

β) Α Ρ Χ Ω
Ν Ι Δ ο Υ
Τ Ε V Η
ΜΕΡΙΟΥ

γ) ΑΡΧΩΝΑϹ

δ) ΑΡΤΕΜΙΤΟΣ
ΜΑΜΑϹ

ε) ΑΜΜ
ΕΥΗΝ

η) ϹΟΗΡΙ
ΒΩ

Dall'interno della città proviene il seguente piccolo frammento d'una dedica a Tolemeo II e Arsinoe Filadelfo. Marmo bluastro. Lettere alte meno d'un centimetro.

ὑπὲρ βα[σιλέως Πτολεμαίου καὶ
Βασιλίσ[σης Ἀρσινόης Θεῶν]
ἀδελ[φῶν ὁ δεῖνα κ.τ.λ]

Alessandria, 1906.

E. Breccia.

SUR

QUELQUES TRAVAUX DE CONSOLIDATION

EXÉCUTÉS EN FÉVRIER ET MARS 1906

PAR

M. ÉMILE BARAIZE.

Deir-el-Bahari, le 23 mai 1906.

Monsieur le Directeur général,

Le 30 janvier 1906, l'un des ghafirs du Service m'avisa que le mur en briques crues construit sur le mur antique, côté nord, de la deuxième terrasse du Temple de Deir-el-Bahari, venait de se fissurer et qu'il menaçait de tomber. Je me rendis aussitôt sur les lieux et je constatai qu'en effet il s'était déplacé de sa direction et qu'il formait vers l'est une flèche de 0 m. 20 cent.; en se déplaçant, il avait poussé de 0 m. 05 cent. sur une longueur de 12 mètres, les pierres de la crête du mur antique (fig. 1 et 2). J'étayai la partie endommagée, et profitant de votre présence à Luxor en inspection, je vous prévins de ce qui se passait ainsi que M. l'Inspecteur en chef de la Haute-Égypte.

Le mur en briques crues a 1 m. 90 cent. de haut : à l'ouest, pour lui donner plus de résistance on l'avait lié au rocher par des murettes A, B, C (fig. 2); à l'est, sa base, sur une longueur de 10 mètres se confond avec le rocher. En effet (fig. 2), tandis qu'en E il est en retrait de 0 m. 20 cent. de la façade du mur antique et qu'il repose sur celui-ci de 0 m. 15 cent., en F nous trouvons 0 m. 00 cent., en G (point de rupture) nous constatons qu'il se trouve derrière les pierres de la crête du mur antique, avant la rupture, de 0 m. 10 cent., en H nous trouvons qu'il se trouve derrière les pierres de la crête du mur antique de 0 m. 14 cent.

Les distances ci-dessus nous montrent que le mur en briques n'avait pas été construit parallèlement au mur antique, la cause est que ce dernier

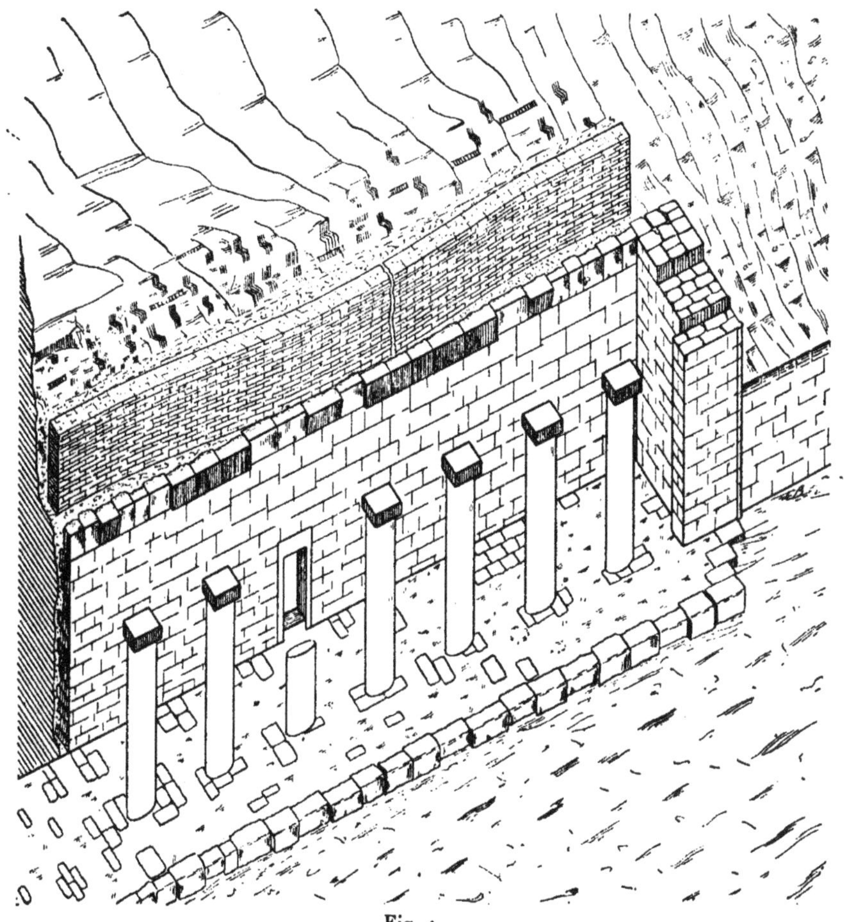

Fig. 1.

forme à la crête une ligne courbe. En effet les ordonnées ci-dessous menées de la corde nous donnent (fig. 2) :

A l'angle ouest		$0^m 00$
De cet angle et à	5 mètres	0 07
—	10 mètres	0 13
—	15 mètres	0 20
—	20 mètres	0 20
—	25 mètres	0 20
—	30 mètres	0 13
(A l'angle est)	35 m. 60 cent.	0 00

Ce mur en briques crues avait été construit pour retenir les éboulements, ceux-ci avaient atteint (fig. 2):

En S-1, une hauteur de	1^{m}00
En S-2, une hauteur de	1 20
En S-3 (point de rupture), une hauteur de	1 90
En S-4, une hauteur de	0 90

En S-3 (point de rupture) la base du mur se trouvait posée en partie (plutôt accrochée) sur le rocher et sur le blocage; en outre les éboulements

-PLAN-

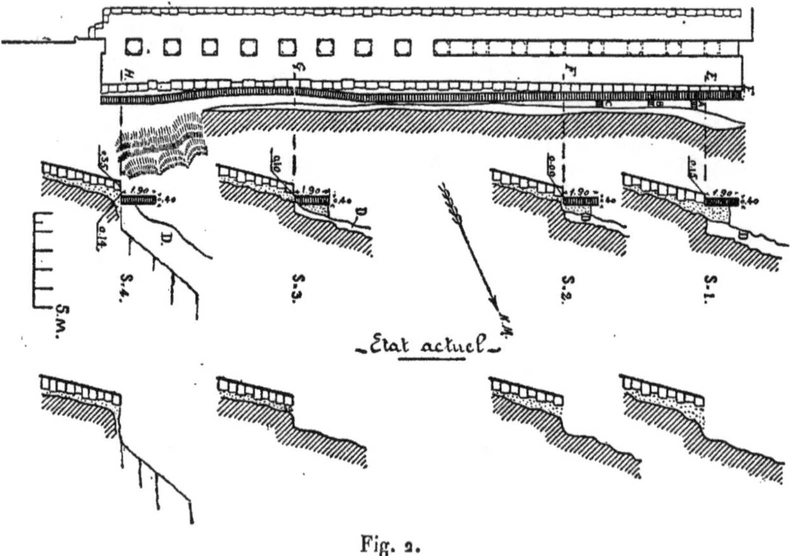

Fig. 2.

avaient atteint le maximum que pouvait contenir l'espace compris entre le rocher et le mur. Ce mur en cédant sortait de sa direction et se trouvant derrière les pierres de la crête du mur antique (C 0 m. 10 cent.), a poussé celles-ci. Si la qualité du mortier employé à la construction du mur antique avait été de premier choix, les pierres de la crête n'auraient certainement pas cédé, mais au contraire il se rendait en poussière sous la pression des doigts.

D'après ce qui précède, le mur en briques crues devenait, sinon dangereux, du moins inutile, les éboulements ayant atteint ou presque la crête du mur. Il fut décidé de le supprimer entièrement, de remaçonner à leur place primitive les pierres, tailler le rocher (D) afin de donner à l'ouest plus d'espace entre la crête du mur et le rocher; à l'est déblayer le plus possible (D) en donnant une pente de 45°.

Le plan et les sections montrent l'état primitif au moment de l'accident et l'état actuel (fig. 2).

Les éboulements qui se produiront à l'avenir prendront contact avec la crête, tomberont au pied du mur et seront balayés au fur et à mesure par les ghafirs.

J'attire votre attention sur ce fait que les pierres remaçonnées au ciment et rejointoyées au plâtre n'out pas été remises en place au cordeau mais simplement à la règle par suite de la difformité du mur.

Quelques mois auparavant un accident arrivait au mur à l'est de la troisième terrasse sur lequel était construit également un mur en briques crues; là, il s'est produit aussi un trop-plein, le mur en briques a résisté mais la partie réparée du milieu du mur antique a cédé. Les moellons employés n'ayant que 0 m. 10 cent. à 0 m. 15 cent. de queue et le blocage formé de terre provenant des éboulements, ceux-ci se sont déversés au dehors par l'ouverture laissée par les moellons (fig. 3).

Fig. 3.

Le même procédé que pour le mur de la deuxième terrasse a été employé. Le mur en briques a été supprimé, le mur antique réparé avec des moellons ayant 0 m. 25 cent. à 0 m. 30 cent. de queue maçonnés au ciment; les joints remplis de plâtre et le blocage formé de moellons et de déchets.

Dans la nuit du 18 au 19 avril de la même année quelques morceaux de rocher se sont détachés de la montagne et sont tombés sur la toiture des niches situées à gauche de la chapelle de la troisième terrasse; en tombant ils ont déplacé des pierres taillées (modernes) maçonnées à la crête.

Les éboulements et les parties de rocher menaçant de tomber ont été enlevés et les pierres remises en place. Ces pierres avaient été maçonnées avec la même qualité de mortier employée aux murs précités, c'est-à-dire qu'il se rendait en poussière sous la pression des doigts.

En l'espace de huit mois, trois accidents sont survenus au Temple de Deir-el-Bahari, qui heureusement ont été réparés sur-le-champ évitant des dommages plus sérieux. Ce temple demande à être surveillé de près, son déblaiement et sa restauration remontant à quinze ans environ; le rocher exposé à toutes les intempéries nous réservera encore bien des surprises.

Veuillez agréer, Monsieur le Directeur général, l'assurance de mon profond respect.

É. Baraize.

AN ACCOUNT

OF THE MUMMY OF A PRIESTESS OF AMEN

SUPPOSED TO BE

TA-USERT-EM-SUTEN-PA

BY

G. ELLIOT SMITH

WITH WHICH IS INCORPORATED A DETAILED ACCOUNT OF THE WRAPPINGS BY M. A. C. MACE AND SOME ARCHÆOLOGICAL NOTES BY M. GEORGES DARESSY.

Although a considerable amount of information concerning mummies and their wrappings has been published by various writers, so far as I am aware no complete detailed description of every stage in the process of unwrapping of any individual mummy of any period is to be found in the literature relating to this subject. There can be no doubt that such information concerning a series of mummies of known date and provenance would be of great value to many investigators. The aim of this contribution is to give an account of the state of preservation and the mode of wrapping of a mummy which was buried at Thebes in the time of the XXIst dynasty and it is hoped that this may prove to be one of a series of such records which, in time and as opportunity offers, ought to include every period of Egyptian history in which mummification or, in fact, any special mode of treating the dead was practised.

When I asked M. Maspero for the material with which to begin this investigation he kindly placed at my disposal the mummy of the Priestess of Amen, *Ta-usert-em-suten-pa,* which is one of the large series found at Dêr el-Bahari by M. Grébaut in 1891. The inner coffin in which this mummy was found appears to have been presented to the British Museum by M. de Morgan, for among the objects which he gave to the London collection there is an inner coffin bearing this name (*Guide to the British Museum,* May 1896, p. 112, n° 24798).

M. Georges Daressy, conservateur adjoint du Musée au Caire, has given me the following notes :

« La momie porte le n° 32 de la cachette des prêtres d'Ammon. Elle était enfermée dans un double cercueil en bois peint et vernis, couvert de représentations mythologiques et funéraires dont les figures sont en plâtre formant relief. La caisse extérieure est au nom de la prêtresse d'Ammon *Ta-ahti,* [hiéroglyphes]; la caisse intérieure porte celui de la dame *Ta-usert-m-suten-pa,* [hiéroglyphes]. Ces cercueils ont été compris dans la liste de ceux donnés aux Puissances étrangères par le Gouvernement égyptien et se trouvent maintenant au British Museum (n° 24793).

« Le dépouillement de la momie a donné les objets qu'on trouve au temps de la XXIᵉ dynastie sur le corps des personnages de la classe sacerdotale d'un certain rang.

« Les bretelles en cuir portent des dessins gaufrés fort difficiles à distinguer : dans le bas sont deux groupes [hiéroglyphes], au-dessus le grand-prêtre d'Ammon en présence de Min, mais les légendes sont à peu près indéchiffrables. Sur une seule des pattes on distingue :

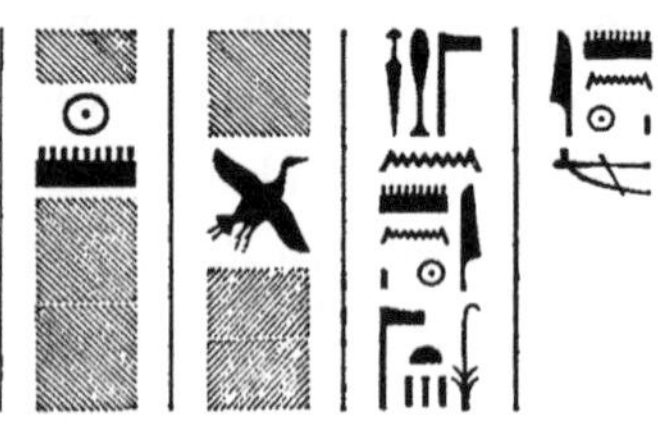

ce qui semblerait indiquer que l'ensevelissement a été fait du temps du grand-prêtre [hiéroglyphes], Pinezem II, fils de [hiéroglyphes], Men-kheper-râ. Le faucon en cuivre placé sur la poitrine a dans ses serres les anneaux d'éternité [hiéroglyphe]. L'inscription du scarabée est à peine visible par suite de la décomposition superficielle du verre bleu dont est fait cet objet. Les deux premières lignes se lisent : [hiéroglyphes] et les six suivantes donnent la formule habituelle du chapitre xxx du *Livre des morts.* Ce scarabée du « scribe.... d'Ammon *Pa-uah* » ne peut avoir été fait pour notre personnage, qui était une femme, et dont, par suite des trois noms contradictoires fournis par les cercueils et le scarabée, l'état civil véritable nous reste inconnu.

« La plaque rectangulaire en cuivre qui recouvrait l'incision latérale du corps, porte gravé l'*ouza* droit; comme amulettes la momie n'avait qu'un *dad* et une plaquette cintrée au sommet ayant en relief une image du dieu Thot ibiocéphale coiffé du disque lunaire, marchant à droite, tenant le sceptre 𓌀 et l'emblème de vie ☥.

« A l'intérieur du corps et entourées dans les viscères, on a trouvé les statuettes en cire de quatre génies funéraires; par suite d'erreur il a été mis deux images d'Amset, à tête humaine, dont l'une remplace Duamutef à tête de faucon, les autres sont Hapi à tête de cynocéphale et Kebhsenuf à tête de chacal. Toutes ont la forme ordinaire, le corps momifié et les mains sur la poitrine.

« Le papyrus qui était placé entre les jambes fournit une copie du *Livre de l'Am-duat* pour la douzième heure seulement, texte et figures. Dans le titre le nom du défunt a été laissé en blanc. »

The process of unrolling was begun in the Kasr el Nil Museum on July 12th 1905, in the presence of M. É. Brugsch pasha, conservateur du Musée, and M. G. Daressy, conservateur-adjoint, and was continued for four days before all the details of the mode of wrapping had been elucidated. Throughout this work I was very fortunate in having the help of Mr. A. C. Mace (of the Hearst Egyptological Expedition of the University of California), who not only assisted me in the work of unwrapping and examining the mummy but also undertook the very laborious task of writing the account of the bandages used and the texture of the linen of which they were composed. It is only the fact that no opportunity has presented itself of consulting him during the drawing-up of this report that has imposed upon me the whole responsibility for the actual writing of this procès-verbal and has prevented me from putting Mr. Mace's name at the head of a piece of work of which he has done the major part.

In writing this report I have completely reversed the order of the proceedings which yielded us the information detailed below : in other words, instead of describing the actual unrolling and dissection of the mummy, I have attempted to reconstruct the procedure and have given an account of the measures which must have been adopted to convert the body into a mummy and the manner in which the bandages were put on. This mode of treating the subject is not only more intelligible; but it also emphasises many facts which are apt to be overlooked when the attention is concentrated only on the pulling-to-pieces of the finished work.

The mummy was a small woman 1 m. 424 mill. in height. As the three pieces of the sternum were completely ankylosed she was probably not less than 40 years of age : but the fact that there was to sign of obliteration of the sutures in the outer table of the cranium points to the conclusion that she was probably not much older than forty. The state of the hair, teeth and the other parts of the body confirm the opinion that the priestess was about forty years of age at the time of death.

The body was well preserved; but the manipulation to which it had been subjected in the complicated process of mummification has rendered it much more fragile than mummies of earlier or later date (than the XXIst and XXIInd dynasties) in which a simpler procedure of embalming was employed.

She had moderately long (o m. 25 cent.) reddish brown (probably dark brown during life with a moderate sprinkling of grey hair) wavy hair; which was pulled forward from the back and sides so as to completely cover the forehead and eyes, the hair of the two sides meeting on the bridge of the nose. Many of these forwardly-directed strands were very neatly arranged in small plaits for a part of their course. The top of the head (the posterior frontal and the major part of the parietal regions) was thickly coated with a paste of yellow ochre; and in the neighbourhood of the bregma there was a small oval patch of baldness skilfully concealed by the arrangement of the hair and a thick layer of yellow paste.

As we invariably find in mummies of this period all the other hairy covering of the body has been removed with the epidermis. This probably happened while the body was in the salt bath, which constituted the first stage in the process of preservation.

The skin of the greater part of the body which has not suffered from *post-mortem* discolouration or been stained with resins or other preservative materials is of a bright yellow colour. This is due to a mixture of yellow ochre and gum which was applied as a paint to the whole surface of the body of mummies of women at this period. The colour is, however, so light in many parts of the body — such as the anterior wall of the abdomen and the thighs that the original colour of the skin must have been very pale if not actually white.

The breasts are small and pendant and the mammillæ infantile. There is no trace of lineæ albæ in the abdominal wall : nor in fact is there any sign of any *ante-mortem* mutilation of the skin of any part of the body.

The body and limbs were slender and somewhat infantile.

The following measurements afford the data for examining the proportions of the body :

Total height 1 m. 424 mill.; total length of right leg 0 m. 755 mill.; oblique length of right femur 0 m. 386 mill.; axial length of right tibia 0 m. 303 mill.; height of the upper surface of the astragalus above the skin of the heel 0 m. 066 mill.

Distance from the skin of the right heel to the upper margin of the symphysis pubes 0 m. 715 mill.

Distance from vertex to symphysis pubes 0 m. 709 mill.

Total length of right arm 0 m. 621 mill.; oblique length of right humerus 0 m. 271 mill.; axial length of right radius 0 m. 194 mill.; distance from upper surface of lunar bone to the tip of the middle finger 0 m. 156 mill.

The distance from the nose to the symphysis pubes is 0 m. 596 mill.

The total height of the head — projection from the vertex to the chin is only 0 m. 169 mill. *i. e.* only 8.4 o/o of the total height of the body.

Mid-point of the body height is 0 m. 003 mill. above the symphysis pubes and 0 m. 010 mill. below the umbilicus.

The right foot is 0 m. 198 mill. long and 0 m. 065 mill. broad.

I shall defer the discussion of the size and proportions of this woman and shall deal with them in another memoir wholly devoted to the form of the body in a series of priests and priestesses of Amen. It would serve no useful purpose to describe this person in detail as she is not by any means typical — she is small and undersized and has a misshapen head. It is a very flat (basibregmatic height 0 m. 123 mill., *i. e.* 71 o/o of length) broad ovoid head (0 m. 173 mill. long, 0 m. 139 mill. broad giving a cephalic index of 80.3). The occiput exhibits the prominent bulging so characteristic of Egyptian crania.

Circumference of head 0 m. 510 mill.

The face is a short, broad ovoid : total facial height 0 m. 115 mill., upper facial height 0 m. 070 mill., nose (skeleton) 0 m. 51 cent.

× o m. 22 cent., interorbital breadth o m. 21 cent., left orbit o m. 38 c. × o m. 33 cent., bizygomatic breadth o m. 125 mill., bigonal breadth o m. 092 mill., minimum frontal breadth o m. 096 mill.

The teeth are moderately worn and are in an excellent state of preservation. The lower wisdom teeth are absent (were never developed) the mandible being too small to accomodate them.

In a memoir[1] now in course of publication I have described in some detail the curious measures that were taken to pack foreign substances under the skin of mummies of this period in order to restore to the body some semblance of the form which it had lost during the earlier stages of the process of embalming. In these notes I shall merely describe the condition found in this individual mummy and in the light of the information brought forward in the memoir just referred to, shall attempt to reconstruct the process of mummification as it was practised on the body of this priestess.

When the corpse of this woman was handed over to the embalmer his first operative procedure was probably the removal of the brain. In this case the operation was done somewhat carelessly for in the attempt to break through the ethmoid bone to open into the cranial cavity the embalmer has seriously damaged all the bony structures in the walls of the nasal fossæ — the septum is completely destroyed, the turbinate processes are broken, the body of the sphenoid is smashed and even the palate bones are damaged, although this was probably done during the process of packing the pharynx. The cranial cavity was completely cleared of all its contents and probably washed out and in this case left quite empty.

A clean-cut incision was then made through the abdominal wall in the left flank. The wound thus made was o m. 14 cent. long and extended vertically upward in front of the anterior superior spine of the ilium from a point just above the junction of the outer and middle thirds of Poupart's ligament. Through this opening all the abdominal and pelvic viscèra were removed, the latter being detached at the rima pudendi so that no part of the organs were left in the body. Exceptionally prominent obliterated

---

(1) «A Contribution to the Study of Mummification in Egypt, with special reference to the measures adopted during the time of the XXIst dynasty for moulding the form of the Body» *Mémoires de l'Institut égyptien*, 1906.

hypogastric arteries and urachus were left attached to the abdominal wall, these structures having been separated from the pelvic viscera just above the pubes. The diaphragm was then incised and its central part removed, a fringe of muscle being left attached to the thoracic wall. All the thoracic viscera except the heart were then removed, after the trachea and œsophagus had been cut through in the root of the neck.

For reasons which I have explained at length in the memoir quoted above it seems probable that the eviscerated body and the separated organs were then placed in a bath of common salt (chloride of sodium) and left there for a considerable period, perhaps for one or two months. Ancient writers mention from 36 to 70 days.

Before the body was placed in the salt bath string was carefully wound around each nail of the hands and feet in order that the nails may be held in position when the macerated epithelium peels off in the water. When the body was removed from the bath a circular incision was made through the epidermis on the proximal side of each nail so that the ungual phalanx of every toe retains a thimble-like capsule of epidermis, whereas the greater part of the rest of the limbs and body loses its outer covering and hair. As a rule the string, having served its purpose, is then removed from the nails but the impression of the thread remains. Occasionally, as in the case of the right thumb in this mummy, the string is left in position.

The state of the skin and hair of the head (including the face) is so different from the rest of the body suggests that some special means are taken to protect them from the macerating-effects of the salt bath. It is quite possible that the face may be coated with a resin paste before it is put into the bath or the body may be to placed that the head is not submerged and is then treated with dry reagents such as powdered resin and aromatic substances.

The final manipulations of the face are practised when the skin and tissues are still soft, but not until the eyes have collapsed and fallen back into the orbits. In front of the hard calyx-like mass into which the eye and the orbital contents has become compressed in this priestess there is a small quantity of aromatic wood-dust and salt, with which the face had probably been sprinkled.

A piece of coarse linen crumpled up to form an elliptical mass (o m. o3 cent. × o m. o2 cent.) was pushed into the orbit in front of the remains of the eye and the eyelids were then pulled slightly over this mass (pl. II). On the exposed surface of this linen a black patch (o m. o2 cent. × o m. o12 mill.) was painted to enhance the resemblance to an eye.

A crescentic area of black paint was then laid on each superficiliary margin to accentuate the eyebrows. The mouth and naso-pharynx were loosely packed with earthy material (mud). This was done so roughly that the palatal processes of the palate bone were broken.

Strips of linen were then introduced between the cheeks and jaws and pushed up as far as the infraorbital margin [pl. II, *d* on the left side is the bony limit, *a* on the right side is the linen pad occuping the bony depression that can be seen below *d* on the left side].

Other pieces of linen were pushed down between the lower jaw and cheek almost as far as the chin (pl. II, *c* shows the broken-skin-line—the lower limit of the packing). Mud was then tightly packed into the cheeks (pl. II, *b*) and the whole space as far back, as the ears and as far up as the eyes was then distended.

During these manipulations (or, perhaps, while the body was in the salt bath) three of the lower incisor teeth were lost (pl. II).

After the mouth and cheeks were packed the lips were drawn together and the mouth was then smeared over and sealed with resin paste. A small quantity of linen was stuffed into the nares and then the whole face was thickly strewn with powdered resin. The toilet of the face was then completed by arranging the hair in the manner already described and, placing upon it in the centre of the forehead a thin almost square gold plate (o m. o13 mill. × o m. o12 mill.) with a loop at its upper edge to which a string was attached (pl. VIII, fig. 3). In many mummies of this period much more care was bestowed upon the treatment of the face than in this case, special wax plates being often employed to protect all the orifices and the sense-organs.

When the other parts of the body had been packed and moulded into shape the head was wrapped like the rest of the body.

The face of this woman was a regular, short, graceful ovoid, the chin was somewhat narrow and pointed and the features were well-proportioned. The beauty of the slender, gracefully-moulded nose was considerably marred in the mummy as the result of the pressure of the head-bandages.

There is a slight prominence of the jaws but the excessive amount of packing makes the circumlabial parts of the cheeks unduly prominent and by giving a pouting expression mars the graceful proportions which the face probably possessed in life. The ears are small and well-moulded. The perforation in the lobule is small and there is none of the distortion so common in mummies of this period.

With the hand passed up through the body cavity from the opening in the left flank a space was cleared inside the neck, the trachea and œsophagus being pushed over to the right side.

Then the skin of the neck was tightly distended with a mixture of earthy material (sand and mud) and sawdust (pl. I, *a*), which wes pushed up as high as the level of the chin. With the object of keeping this stuffing in position the thoracic inlet was then tightly plugged with two pieces of linen bandage, one o m. 85 cent. × o m. o8 cent.

Either immediately before or just after this operation the legs were packed in a similar manner. In clearing a path in each leg along which the packing-material was pushed afterward the embalmer of necessity must have used some rod or instrument to enable him to reach as far as the ankles. For even if he were able to pass his hand and arm downward inside each thigh in turn it was quite impossible for him to have cleared a space in the leg below the knee with his unaided hand. A tunnel was forced in the softened flesh of each leg leading down from the abdominal cavity to a point within o m. o3 cent. of the ankle joint. Into this tunnel a mixture of mud and fine sawdust was packed. This material surrounded the femur and filled up the thin cylinder of brittle skin which encased it [compare the two thighs in plate III] : it extended down behind the knee [the packing is exposed at *w* where the skin is broken, pl. III] and from it the prominence of the calf was moulded on the back of the leg [at *z*, pl. III, the broken case that contained the stuffing-material is seen, with most of the mud and sawdust removed].

A deep incision was then made in the cleft between the great and second toes of each foot and the sole of the foot packed with sawdust.

In the course of these manipulations the muscles were not removed, because their desiccated and shrunken remains are perfectly recognisable when the packing is removed.

In the case of the legs the embalmer was able by the exercise of great technical skill to avoid the necessity of mutilating the skin of the legs excepting only the hidden incisions between the toes. But it was impossible to stuff the arms via the body cavity and, when such an operation was called for, it was necessary to make an incision in each arm (pl. I, *b*).

In the mummy of this priestess a horizontal incision (0 m. 025 mill. long) was made just below and in front of the acromion and through the opening the front of the arm and forearm (almost as far as the wrist) was packed with sawdust. In plate III this channel has been broken open in the right arm (*y y*) and some of the packing has been removed. The left arm has been left intact. Not only was the arm proper packed from this wound but the regions around the shoulder — part of the pectoral region, part of the scapular region and the axilla — were also stuffed from it. The wound in the right shoulder was then sewn up with a running stitch.

In the case of the left arm similar packing is found, but only the outer part of the acromial wound (pl. I, *b*) was sewn up; the inner part was gaping. No attempt was made to pack the hands.

On the inner side of the left arm there were two vertical openings in the skin (pl. III, *x*, *x*), smeared with resin.There can be no doubt that these were injuries accidentally inflicted either in tunnelling the arm or as the result of too tightly packing the skin.

The operator next turned his attention to the stuffing of the back. Beginning at the posterior lip of the embalming wound in the left flank, he gradually separated the skin from the muscle and continued this process until he had tunnelled beneath the skin in the whole extent of the back — as far as the shoulder blades and root of the neck above and as low as the lowest folds of the nates below — in fact the space which the embalmer hollowed out actually opens into the pelvis at the perinæum. Into the whole of this extensive sac a large quantity of mud — in some places to a thickness of 0 m. 04 cent. or 0 m. 05 cent. — was introduced and the form of the back and nates was moulded from this plastic material.

Then he adopted a similar procedure for packing the front of the body.

The skin was separated from the muscular wall of the abdomen along a track leading from the flank incision to the front of the thorax and a thin layer of mud and sawdust was then spread over the chest. No attempt had been made to pack the pendant breasts.

When the limbs and the surfaces of the body had been moulded into form the embalmer then proceeded to pack the body cavity. The rima pudendi was stuffed with a mass of linen from the inner (pelvic) side.

The viscera when they were removed from the body at the commencement of the process of embalming were probably submitted to the same treatment — *i. e.* the salt bath — as the body itself. The heart was left in the body (pl. I, *o*). The lungs were thickly powdered with sawdust and without being wrapped up in cloth — in opposition to the customary practice — were replaced in the right side of the thorax (pl. I, *m*, *n*). In the left side of the thorax no viscera were replaced but two human-headed wax figures (pl. I, *c* and *d*) were put, one in front of the other, the posterior one being inverted. These figures (pl. VIII, fig. 7 and 8) were each about 0 m. 109 mill. long and one of them should have had a Hawk's instead of a human head.

Placed transversely across the lower part of the right side and centre of the thorax the liver was found (pl. I, *k* and pl. VIII, 9) wrapped around a wax figure with an Ape's head *e* (*Hapi*).

To the left of the liver two small parcels (not seen in the plate) were placed : the upper one stomach (or? spleen) and the lower one the left kidney. These organs and the liver were packed in sawdust. The whole of the right side of the abdomen was occupied by a large vertically-placed mass of small intestines (pl. I, *g*) overlapping a broken, inverted, jackal-headed, wax figure (pl. VIII, 6), the head of which was placed in the right iliac fossa (faintly seen in the shadow near the right wrist in plate I, *f*). Between the upper end of the mass *g* and the liver (k) there was a small mass (pl. I, *h*) consisting of a kidney and a piece of intestine. The whole of the centre and left side of the abdomen and pelvis was tightly packed with sawdust.

No attempt was made to approximate the gaping lips of the flank incision : but it was covered over with a bronze plate (pl. VIII, fig. 10, and pl. IV, fig. 1 and 2) bearing the design of the conventional eye impressed upon it. This plate measured 0 m. 125 mill. × 0 m. 092 mill. and its lower posterior corner was bent so as to fit on to the crest of the ilium.

When this was done the arms were placed in the position shown in the photographs (pls. I and IV). But apparently this placing of the hands was not sufficient to satisfy the embalmer's scrupulous sense of modesty, for he not only hid the pudendal region with the mummy's hands, the wrist-joints being semi-flexed; but he went further, and tried to hide the rima pudendi by pushing backward toward the perniæum the skin of the mons Veneris, while it was still plastic. It was probably at this stage of the proceedings that the painting of the mummy with chrome yellow was done.

Then two amulets were tied on the arms in the places shown in the photograph (pl. I). On the right arm about midway between the shoulder and elbow a flat plate of blue glaze (pl. VIII, 4) measuring 0 m. 044 mill. × 0 m. 020 mill. and bearing on its face the raised design of Thoth in human form with Ibis-head surmounted with crescent and disc and holding with the left hand the *user* sceptre. On the left arm somewhat nearer the elbow a blue glaze *Dad* (0 m. 043 mill. × 0 m. 014 mill.) was tied.

I have seen the same emblems attached to the corresponding arms in five mummies of priests of Amen of this period.

The mummy, now in the condition shown in plate IV, fig. 1, is ready for the application of the wrappings.

[The rest of this account is a transcription of the notes made by Mr. A. C. Mace.]

I. — The first bandage put on the mummy (the last — LXXXIIIrd — taken off in the process of unwrapping) was a cloth wrapped around the head.

A shawl (composed of linen with 16 threads of warp and 30 woof in a square centimetre making a sheet 2 m. 32 cent. long and 0 m. 56 cent. wide with both ends fringed and both edges torn) was folded lengthwise and the edges on one side sewn together with a running stitch and no overlap. It was then folded a second time (thus making four layers of cloth).

The head of the mummy was placed on one end of this fourfold sheet and the rest of the shawl was brought over the face and roughly tucked in so as to form a complete wrapping for the whole head (pl. IV, fig. 2).

II and III. — Two strips of the same piece of cloth (quality A[1])

[1] In the course of this investigation Mr. Mace counted the numbers of threads per centimetre in the majority of the 83 bandages removed. It is unnecessary to give the details of all this work : it is sufficient to state that for our purposes the

2 m. 75 cent. long were used as first bandages on the legs, that of the right leg ranging from 19-23 cent. in breadth whereas that of the left was only 0 m. 11 cent. wide.

In each case the bandage commenced as a spiral around the foot and passed as a regular spiral up the leg as far as the middle of the thigh (pl. IV, fig. 2).

IV. — Bandage. — Quality A, length 2 m. 73 cent., breadth 0 m. 14 cent., both ends fringed. Begins transversely round the head and passes circularly round head and neck, finishing on back of neck.

V. — Quality A, length 2 m. 75 cent., breadth 9-13 cent., both ends fringed. Along the middle part of one side for a distance of 0 m. 46 cent. the edge of the cloth was rolled over and sewn. Circular bandage around the abdomen.

VI and VII. — Two pieces of same bandage : quality A; each 2 m. 71 cent. × 12 m. 05 cent. — 0 m. 14 cent.; both ends fringed. Bandage VI spiral round abdomen : Bandage VII spiral round lower part of thorax.

---

ordinary bandages can be classified in three groups according to the number of threads to the centimetre :

Quality A warp 15 woof 25
Quality B warp 10 woof 26
Quality C warp 8 woof 19

In the majority of cases the bandages have finished ends (either fringe or selvage) and therefore show the lengths of the shawls from which they were torn. The lengths vary considerably; from which fact we may infer that the bandages were not torn off as required, but were taken from a stock kept ready rolled.

The first bandages used — those in immediate contact with the body — were of the finer variety of cloth (A). Subsequently the bandages seem to have been taken as they came to hand, irrespective of quality (Mace).

Since I received this report from Mr. Mace I have seen the account of Egyptian linen given by Wilkinson (*A popular Account of the Ancient Egyptians*, 1890, vol. II) in which the statement is made, on the authority of Belzoni, that in a large collection of Egyptian linens the warp was generally found to be more numerous than the woof (p. 76). That this is not the case in this mummy is shown by Mr. Mace's figures and the reader can satisfy himself in regard to their accuracy by examining the photographs accompanying this account (pl. VII).

VIII. — A : 2 m. 74 cent. × 0 m. 13 cent. : both ends fringed, circular round thorax.

IX. — A : 2 m. 61 cent. × 0 m. 10 cent. — 0 m. 12 cent. : both ends fringed : edge of the towel. Starting at right hand bandage passes spirally up the arm as far as the axilla.

X. — C : 1 m. 75 cent. × 0 m. 23 cent. — 0 m. 25 cent. : both ends torn. Figure of 8 around neck and thorax.

XI. — A : 2 m. 63 cent. × 0 m. 115 mill. — 0 m. 14 cent. : one end fringed, other torn. Starting at left hand, spirally up left arm to shoulder, then down arm again to elbow.

XII. — B : 2 m. 54 cent. × 0 m. 09 — 0 m. 11 cent. : one end fringed, other torn. Starting at left elbow (where n° XI ends) it passes spirally to tips of fingers and then up the arm again as far as the left shoulder.

XIII. — A : 264 cent. × 8 — 9.5 : both ends fringed. Beginning at the middle of the right thigh (where n° II ends) this bandage passes spirally round the thigh and lower part of abdomen.

XIV. — A : 259 × 18 — 19 : both fringed. Starting on left thigh behaves like n° XIII.

XV. — A : 268 × 10 — 11 : both fringed. Starting on left foot, passes spirally up leg to the place where XIV begins.

XVI. — A : 269 × 9 — 10 : both fringed. Exactly like (and on the surface of) n° XV.

XVII. — B : 325 × 12 : one fringed, other torn. Starting at the back of the neck, it describes figures of 8 round the neck and thorax, ending in the left axilla.

XVIII. — B : 324 × 9 — 11 : one fringed (other torn. Starting at the middle of the left thigh, it passes spirally upward, describes a figure of 8 around the two hips and perineum, then spirally up around abdomen and thorax to end in the right axilla.

The mummy was now sprinkled with sawdust and then a most complicated bandage (n° XIX) was applied.

XIX. — Quality A : a sheet 261 × 119 cent. : both ends fringed : at the bottom both sides have a finished edge, thus showing the original width of the cloth : in the upper 0 m. 90 cent. of the sheet (which I shall call the « body » the bottom part being distinguished as the « tails ») the edges have been torn off : on one side a second piece of cloth had been sewn on to the edge and then torn off, not at the join, but just beyond it. Starting at 0 m. 70 cent. from the top there is a band 0 m. 35 cent. wide, in which at intervals of about one centimetre the warp threads (sometimes single and at other times double) are of a darker colour. The upper part or body of the sheet was torn from the upper border downward for 0 m. 26 cent. in two places so as to form at the upper end of the sheet three process : — two lateral ones each about 0 m. 30 cent. broad and a central piece double the breadth of either lateral process. The lower 1 m. 71 cent. of the sheet are then split into four tails : — the left pair I shall call the « neck tails » and the right pair the « leg tails ».

The mummy was placed on the left half of the body (untorn part of the sheet) and the right half was folded over in front of the mummy. That is, the mummy was now enclosed in a sheet of cloth (with tails at both ends), the opening in the cloth being along the left side of the mummy.

The right upper corner of the cloth now became the left front corner and was placed near the left armpit. This was passed around the left arm and up between the left elbow and the body across the front of the chest to the right shoulder, behind which it was tied to the free corner of the central process of the cloth found there.

The other corner of the central process was then brought across the chest, through the left axilla and tied to the left upper process behind the left shoulder.

The two « neck tails » were pulled forward between the thighs (and of course between the « leg tails », which are now each in front of a leg) and brought up in front of the mummy's body to the neck, around which each « neck tail » was wound in a direction opposite to that of the other. Each « leg tail » was wrapped longitudinally around the leg in such a way that the opening was in front : above it passed to the outer side and thence to the back of the thigh.

Each «leg tail», of course, extends for beyond the foot : the surplus is wound spirally round the foot as a bandage.

More sawdust was then sprinkled over the mummy.

XX. — A : 457 × 13 : one end fringed : other selvaged. This long bandage was wound spirally around the left leg starting at the ankle and ending at the thigh.

XXI. — A : 455 × 13 — 14 : one end fringed : other selvaged. A bandage similar to XX (difference in measurements due to stretching) arranged in a similar manner on right leg, but it ends by passing a cross under the hands to the left thigh.

The object of bandages XX and XXI is to fix in position the tubular «leg-tails» of bandage XIX.

XXII. — A : 472 × 23 : one end fringed, the other selvaged. This long bandage is arranged in a very complicated manner (pl. IV, figs. 3 and 4). The middle part was placed transversely behind the shoulders and each half of the bandage was brought forward in front of the shoulder and was then applied to the back of the arm in its whole length in such a way as to form a tube (open in front) enclosing the arm : the ends of the bandage then hung down from the tips of the fingers (pl. IV, fig. 3). [These arm tubes were packed with sawdust and then fixed in position by two spiral bandages one on each arm. These are described below (XXIII and XXIV) but they were probably put on at this stage in the wrapping.] The bandages hanging from the ends of the fingers were then passed between the thighs : from the right hand the bandage was passed behind the left thigh and then obliquely forward and upward across the left forearm (pl. IV, fig. 4, *c*), at the inner border of which (at *c*) it is looped in the other tail of the same bandage : then it passes upward between the thorax and left brachium and midway between elbow and shoulder it passes around the outer and front aspects of the arm : thence it passes transversely inward to *b* (pl. IV, fig. 4), where it is caught by a double loop of the other tail (of the same bandage) : thence it passes downward to the inner side of the right elbow, where it is again fixed by the other tail in a simple loop at *a* (pl. IV, fig. 4) : then it bends mesially and is intertwined with the end of the other tail at *d*, both ends being tucked under the transverse fold of bandage between *a* and *c* (pl. IV, fig. 4).

The other tail of the bandage, starting from the left hand describes a similar course, if we simply exchange left for right and vice versa in the foregoing account. It can be followed in plate IV, fig. 4 — from the left hand round the right thigh to *a*, then round the right arm to *b*, *b* to *c* and finally *c* to *d*.

XXIII. — B : 338 × 11 — 13 : one end fringed, one torn. Begins at right hand, pursues a spiral course to shoulder, then down again to the wrist.

XXIV. — A : 470 × 10 1/2 — 12 : one end fringed, other selvaged. Starts at left hand : pursues a spiral course up over the shoulder then down the arm and hand and then up the forearm again.

XXV. — A : 119 × 2 both sides torn.

Small mass pushed in between the thighs just below the hands (pl. IV, fig. 4).

XXVI. — Two pieces A : 209 × 19 — 17 and A : 105 × 32 — 35 : both ends of both pieces torn. Rolled roughly together in a ball and put between the feet as a pad (pl. V, fig. 1).

A sheet of papyrus almost a metre long and less than a quarter as broad, bearing in black ink the inscription shown in the photograph (pl. IX) was rolled up and placed between the legs immediately above the pad 26 (pl. V, fig. 1).

The whole mummy was then thickly sprinkled with sawdust, which is seen in plate V, fig. 1. [It has been cleared away in the region below the knees in order to show the papyrus.]

The mummy now consists of a compact mass and in the further stages the limbs are no longer wrapped independently.

XXVII. — A : 440 × 12 — 12. 5 : one end fringed, the other selvaged. A spiral bandage beginning near the knees passing downwards to the feet.

XXVIII. — A : 322 × 11 : one end fringed, other selvaged. Spiral bandage around feet.

XXIX. — A : 461 × 12 : one end fringed, other selvaged. Spiral bandage starting around feet and passing up legs.

XXX. — A : 323 × 12 — 15 : one end fringed, other torn. Spiral bandage around legs.

XXXI. — B : 328 × 16 — 25 : one end fringed, other torn. This consisted of two pieces of equal length sewn together.

Circular bandage around the thorax.

XXXII. — A (pl. VII, fig. 8) : 452 × 9 — 12 : one end fringed, other selvaged. Spiral bandage around thorax and abdomen, ending behind the pelvis.

XXXIII. — B : 313 × 12 1/2 — 19 1/2 : one end fringed the other torn. This was an outside strip : it had been torn in half and afterwards sewn together. Apparently it came apart in the process of bandaging, as on one side the corners are tied together.

It forms a circular bandage around the pelvis.

XXXIV. — A : 467 × 9 — 10.5 : one end fringed : other selvaged. Starting on abdomen, it wound spirally round thorax and then made a figure of 8 round the shoulders and ended on right shoulder.

XXXV. — B (pl. VII, fig. 9) : 484 × 16 — 26 : one end fringed, other selvaged. Figures of 8 around shoulders ending circularly around thorax.

XXXVI. — B : 509 × 9 : one end fringed, other selvaged. Circular bandage around thorax, ending on left shoulder.

XXXVII. — C : 700 × 22 — 28 : one end fringed, other selvaged. At both ends this bandage had been torn for a certain distance and sewn up again with the same roll-stitch.

Figures of 8 around shoulders and then spirals around thorax and abdomen.

XXXVIII. — C (pl. VII, fig. 11) : 630 × 22 — 26. Spiral around thigh, ending below left hip. It was put on from right to left (in the front of the limb) — the reverse way to the great majority of the bandages.

XXXIX. — B : 505 × 12 — 16 : one end fringed, other selvaged. Wound circularly around abdomen : end split as if for tying but not tied.

XL. — Two pads placed over the pelvis.

a A : 114 × 50 : one end fringed, other torn : torn in places and carefully mended. Folded three times lengthways.

b A : 110 × 7 : one end fringed, other torn : near the centre was a longitudinal slit, one end pointed the other rounded : the edges of this opening were protected by rolling up its edges and sewing with a button-hole stitch. Round the opening the cloth seems to have been cut or torn in seven places (radially to the aperture) : in each case the edges were joined up with the same roll-stitch and to make it more secure threads were sewn across each suture at numerous intervals.

This strip was folded very irregularly.

XLI. — A : 135 × 52 : one end fringed, other torn. This was a pad consisting of a strip torn from two shawls which had been sewn together, the tear coming within 0 m. 03 cent. of the sewn join. Near the centre a hieroglyph (?) had been painted in brown ink.

XLII. — B : 506 × 9 — 18 : one end fringed, other selvaged. Circular bandage around abdomen.

XLIII. — C : 388 × 11 — 12 : one end fringed the other torn. Starting where XLII ended it passed circularly around pelvis and ended on right hip.

A small pad behind the loins was fixed by this bandage.

XLIV. — B : 671 × 12 — 27 : one end fringed, other selvaged. Two figures of 8 around thorax and shoulders ending in front of the chest.

XLV. — A : 461 × 12.5 : one end fringed, other selvaged. Arranged like last but ending on back.

XLVI. — B : 491 × 11 — 13 : one end selvaged, other torn. Circularly around thorax ending on right side.

XLVII. — A : 394 × 11.5 — 14 : one end fringed, other selvaged. Spiral round head and face, then neck, then face again : then around neck, ending under right shoulder.

XLVIII. — C : 735 × 9 — 14 : one end selvaged, one torn. Circularly around abdomen ending on right hip in an irregular lump of unrolled bandage.

XLIX. — B : 497 × 12 : one end fringed, other selvaged. Starting circularly round shoulders, passes around neck; then obliquely from left shoulder to abdomen and then circularly around latter.

L. — C : 187 × 17 — 18 : both ends torn.
Circularly around abdomen.

LI. — B : 481 × 11 — 15.5 : one end selvaged, one torn. Beginning where L ended, passed circularly around abdomen to end on right hip.

LII. — B : 630 × 12 — 13 : one end fringed, other selvaged. Beginning where LI ended, passed spirally down legs beyond knees then up again to end just above knees.

LIII. — Two pads placed on the legs.

a B : 165 × 21 — 38 : one end fringed, other torn.
Part of a bandage folded roughly.

b consisted of two pieces (1) C : 191 × 12 — 13 : one end selvaged, other torn : torn end split up : and (2) B : 135 × 15 — 18 : one end fringed, other torn.

LIV. — B : 513 × 9 — 13 : one end selvaged, other torn. Starting at feet, passes spirally around heels, ankles and legs.

LV. — B : 546 × 12 — 13 : one end fringed, other selvaged. Beginning where LIV ended, passed circularly up to the thighs.

LVI. — B : 676 × 10 — 11 : one end fringed, other selvaged.

Beginning where LV ended, described figure of 8 around hips and abdomen and ended on right hip.

LVII. — B : 407 × 13 — 18 : one end fringed, other selvaged. Circularly around abdomen, ending on left hip.

LVIII. — B : 319 × 9 — 12 : one end selvaged, other torn. The selvaged end split for 0 m. 27 cent. Beginning where LVII ended it passed spirally around legs and split ends were tied around the legs.

LIX. — An outside strip : warp 11 to cent. : woof 23 to cent. : 659 × 25 — 28 : one end fringed, other selvaged. Fringed end torn for 0 m. 59 cent. Starting at left hip, it formed a figure of 8 over the shoulders and then passed around abdomen, where its split ends were tied, one to the other.

The whole mummy was then smeared with a black (or dark brown) paste probably consisting of a solution of resin (pl. V, fig. 2).

Opposite the pit of the stomach (the ensiform cartilage) was placed a blue glass scarab (0 m. 059 mill. × 0 m. 041 mill.) with an inscription on its flat surface; and above it in front of the thorax was a hawk with expanded wings (0 m. 182 mill. × 0 m. 075 mill.) made of bronze plate (pl. V, fig. 2 and pl. VIII, figs. 1 and 2).

LX. — A : 387 × 11 : both ends fringed. Starting on the scarab the bandage passed vertically upward to the front of the face : then it was twisted axially three times to form a short roll or rope : then it was passed around the head and then turned seven times around the roll or rope in front of the face : then twice around the head finishing under the head.

The object of this curious type of bandaging (which, with many minor variations, is often employed at this stage in the rolling of the mummy) seems to be to make a framework over the irregularities of the face and neck upon which simple bandages can be placed to make a smooth surface.

LXI. — A : 378 × 10 : both ends fringed. Describes figures of 8 around the neck and head finishing in front of the neck at the place where LXII begins.

LXII. — A : 370. 5 × 10 : both ends fringed : an outside strip. Spirally round neck and thorax.

LXIII. — A : 384 × 11 — 12 : both ends fringed. Begins on right side of thorax where LXII ends passed circularly round thorax.

LXIV. — A : 378 × 11 : both ends fringed. Beginning at the left side of the back where LXIII ended it passed round the abdomen to end on the right hip.

LXV. — A : 382 × 10 — 12 : both ends fringed. Round the thorax : ended on right elbow.

LXVI. — Then a pair of curiously-wrought strips of leather — commonly called the «braces» — was placed on the thorax and across the shoulders of the mummy. They were so placed that the two lower ends in front lie one on each side of the scarab, which still gives rise to a marked projection (pl. V, fig. 3).

Referring to such «braces» M. Maspero says : «Vers la fin de la grande époque thébaine, les momies portaient sur leur maillot des bretelles en toile, terminées par des bouts en parchemin bordés de cuir rouge. Ces bouts en parchemin, fabriqués par les prêtres, présentent ordinairement, comme marque d'origine, une scène d'adoration à Amon-Râ par le grand-prêtre ou par le roi régnant.» (*Guide du Visiteur au Musée du Caire,* 1902, p. 216.) In the mummy with which we are concerned each «brace» was 0 m. 71 cent. long and extended 0 m. 12 cent. lower down in front of the body than behind. At a distance of 0 m. 15 cent. from each end (*i. e.* both in front and behind the chest) the left «brace» crossed superficially to the right (using these designations to apply to the braces on the respective shoulders) : at the place of crossing a piece of leather was passed from the back through both «braces» and the back again.

Each «brace» was formed of a strip of red (now salmon-coloured) leather 52.05 cent. long, 4.09 cent. wide in the middle and 6.02 cent. wide at the ends. The two sides are folded back so as to form a three fold sheet with smooth rounded edges 0 m. 018 mill. wide in the middle gradually expanding to 4 metres at the ends, the broadening being partly due to the lesser extent of the edges folded back. A piece of white parchment (backed with thin red leather) 0 m. 123 mill. long and 4 centimetres wide is pushed up inside the recurved edges of the leather «brace» for a distance of 0 m. 031 mill. The edges of the parchment and its leather backing are neatly wrapped in a narrow strip of red leather, of a much brighter colour than the rest. On the exposed faces (0 m. 088 mill. × 0 m. 033 mill.) of the white parchment sheets (four in number) there are embossed designs, which have become very indistinct. The name of the reigning high-priest at the upper border is unfortunately quite illegible. But below it can be seen a picture of the high-priest of Amen facing the ityphallic god Min. At the bottom of the plate are various symbols (see M. Daressy's notes, p. 156).

LXVII. — A : 369 × 10 — 11 : both ends fringed : an outside strip (*i. e.* the original edge of the piece). Circularly around thorax.

LXVIII. — C : 269 × 14. 5 — 19 : one end selvaged, other torn : an outside strip. Starting at the right shoulder, passed across thorax then around the back, round the neck and from the left shoulder across. the bandage LXVII fixed the «braces» and LXVIII covered them, chest to the right hip.

LXIX. — C : 264 × 8.5 — 11 : one end selvaged, other torn. Circularly around shoulders.

LXX. — A : 403 × 11 — 13 : both ends fringed. Circularly around abdomen : ends where LXXI begins.

LXXI. — A : 385 × 10 — 13 : both ends fringed. Spiral down legs to ankles, where LXXII begins and passes around ankles and feet.

LXXII. — A : 378 × 10 — 11 : both ends fringed.

LXXIII. — A : 366 × 8.5 — 9.5 : both ends fringed.

Passes around feet and spirally up the legs.

The mummy is now in the condition shown in plate V, fig. 4. It is then wrapped in a large shawl bearing the large design (in brown ink) of Osiris (pl. VI, fig. 1).

LXXIV. — The Osiris-shawl was 155 × 75 cent.; one end was fringed, the other torn. Both sides were the original edges of the piece. It was difficult to count the threads because they were pulled apart irregularly. But on an average there were 7 threads of warp and from 10 — 14 of woof to the centimetre. The texture is shown in plate VII, fig. 7.

The cloth was placed on the front of the body, but was not large enough to completely envelop it. It reached as far as the ankles and exactly as far as the top of the head. It was kept in position by linen cords tied around the neck, the body and the ankles (pl. VI, fig. 1). The cords around the neck and ankles were parts of the shawl itself. The cord around the body was independent : it was passed twice round the body and was not tied, its loose end hanging down in front of the body (pl. VI).

The Osiris-figure painted on the shawl was 77. 5 cent. long. On the front of the left shoulder there are a number of quite unintelligible signs (mere imitations of writing) written in ink between two vertical lines (pl. VI, fig. 1).

LXXV. — Average threads to centimetre-warp 16, woof 32 : 204 cent. long 0 m. 73 cent. wide at head end, 70 wide at feet : both ends torn, one side shewed original edge of cloth, other torn.

A shawl laid on the body like the Osiris cloth (LXXIV) and stitched to the sides of the latter with linen thread. One end is turned under the feet and stitched : the corners of the other end are tied behind the head.

This practically finished the wrapping of the body. The last eight bandages are put on more for purposes of ornamentation than for covering. All of this series (nos LXXVI-LXXXIII) consist of double ribbons — a simple pink bandage with a yellow bandage, folded so as to be half its breadth, placed on its surface (pl. VI, fig. 2). The average numbers of threads per centimetre in the latter ais warp 16 and woof 37 and in the former warp 19 and woof 38 (pl. VII, fig. 10).

LXXVI. — Both upper and lower ribbons consisted of two pieces :

Upper (a) 141 × 7 : one end fringed, other button-holed.
" (b) 84 × 7 : one end torn, other button-holed.
Lower (a) 94 × 5 1/2 edges folded back to make breadth 4.
" (b) 81 × 5 1/2 each had one fringed and one torn end.

These form the longitudinal ribbon (pl. VI, fig. 2) beginning under the feet and ending on the back (after traversing the vertex) under the circular bandage LXXX.

LXXVII and LXXVIII. — Like LXXVI : each about 145 cent. long.

These are the oblique bandages seen in plate VI, fig. 2. They begin behind the pelvis where all four ribbons, the two superficial yellow and the two deep red, were tied together in a knot. N° LXXVIII passes from the right hip to the left shoulder and is superficial to n° LXXVII : the superficial bandages are tied the one to the other and the deep ones also (forming a yellow knot and a red knot) under the right shoulder.

LXXIX. — Under ribbon 61 × 6.5 : otherwise like n° LXXVI : upper ribbon 87 × 11. Passed circularly around ankles (pl. VI, fig. 2). The ends of the under ribbon were not tied but were intertwined and then caught into the knot formed by the upper ribbon behind the ankles.

LXXX. — Under ribbon 60 × 5.5 — 6 : upper 71 × 6.5. Otherwise like n° LXXVI.

Circular around legs near knees. All four ends tied in a simple knot behind.

LXXXI. — Under ribbon 60 × 7 : upper 74 × 4.2.

Circular around legs above knees : only upper ribbons tied.

LXXXII. — Under ribbon 82 × 6. 5 : upper 93 × 5.

Circular around hips. The upper ribbon was not tied : one end was doubled back on itself and around this and the other end of the superficial bandage the two ends of the under bandage were twisted and tied.

LXXXIII. — The last bandage to be put on was placed horizontally around the shoulders. The upper ribbon was 130 × 8 and the lower ribbon 141 × 7 — 7.5 cent.

The knot was like that of n° LXXXII.

Mr. Mace has calculated that the amount of cloth used in wrapping the body (exclusive of that stuffed into the neck, cheeks and nose) was between 45 and 46 square metres. The total length of bandages used in wrapping was 298 metres.

Hence, if we add the linen found inside the body, we can say that the amount of cloth used in preparing this mummy was a length of 300 metres of bandage of an average breadth of more than 0 m. 15 cent.

The mummy was then placed in its coffin and garlands were placed upon it. I shall not attempt to describe the wreaths, as Mr. Percy Newberry has kindly offered to do this for me. Unfortunately his report is not yet ready to incorporate in this memoir.

The materials of which the garlands were made are shown in plate VII: leaves bent at both ends (figs. 2 and 3) fixed in intertwined stalks: in other cases (figs. 4 and 5) flowers were placed between the folded leaves and the twigs which formed the chain to hold them together: and bundles of twigs bound together (fig. 1).

These garlands were greatly disturbed before the mummy came into our possession. Their condition is shown in plate VI, fig. 2.

Description of the plates.

Plate I. The mummy (without the head) after the anterior wall of the body had been removed.

a is a mixture of mud and sand packed into the neck.

b b are incisions in the two shoulders made for packing the arms.

Note the amulets on the arms. At *c, d, e* and *f* wax figures of the funerary Genii. [The other details are described in the text.]

Plate II. The head of the mummy after the hair and part of the skin of the face had been removed.

The left eyelids have been removed to show the pad of linen used as an artificial eye: on the right side it is seen held in position by the eyelids:

a linen packed in between the cheek and the bone: on the left side at *d* is the bony upper limit of the stuffing;

b b mud packed into the cheeks.

c shows the lower limit of the stuffing now removed. Three lower incisor teeth were lost during the process of embalming.

Plate III. The limbs of the mummy.

The left leg stuffed with mud (seen through the broken skin of the thigh and behind the knee at *w*) : the right leg with the skin and stuffing removed from the thigh and only partly from the leg where the broken skin permits the cavity and some of the packing-material to be seen at *z*.

The left arm (packed with mud) is seen intact. Two cracks (*x* and *x*) were made (probably accidentally) during the stuffing-process.

The right arm with the cavity opened at *y y* and part of the packing-material removed.

Plate IV, fig. 1. The naked mummy ready for wrapping. Note the amulets on the arms and the copper «Eye-plate» binding the embalming wound in the left flank.

Fig. 2. The first wrappings on the head and legs.

Fig. 3 and 4. Two stages in putting on an exceedingly complicated bandage intended to fix the arms to the body.

Plate V, fig. 1. The completion of the stage of separate wrapping of the limbs. The mummy sprinkled with sawdust. The roll of papyrus placed in position between the legs.

Fig. 2. The mummy wrapped and smeared with a resin paste has the «heart-scarab» and the bronze winged-hawk placed in front of the chest.

Fig. 3. The head and body (but not the legs) have been wrapped again and the «braces» (bearing the reigning high-priest's name) placed in position.

Fig. 4. The final stage of wrapping with bandages is shown.

Plate VI, figure 1 represents the next stage (after that shown in plate V, fig. 4).

The mummy wrapped in the cloth bearing the picture of Osiris.

Fig. 2. The completion of the wrapping with the remains of the garlands.

Plate VII. 1, 2, 3, 4 and 5 represent samples of garland. 1 is a bundle of twigs.

2 and 3 are folded leaves held together by a chain of intertwined strings of vegetable material.

3 and 4 are similar chains of leaves, with a flower placed in the chain alongside each leaf.

6, 7, 8, 9, 10 and 11 are samples of linen used for wrapping.

10 is a very fine muslin used for the ribbons put on the completely wrapped mummy (pl. VI, fig. 2).

6 and *8* are examples of fine linen (Quality A).

9 is a sample of somewhat coarser cloth (Quality B).

7 and *11* are the coarsest linens used (Quality C).

Plate VIII. The objects found in, on, or amongst the wrappings of the mummy × 1/2.

1. The bronze winged-hawk (pl. V).

2. The blue glass heart-scarab (pl. V).

3. A plate of gold placed on the forehead.

4. The *Thoth* amulet in blue glaze from the right arm (pl. I).

5. The *Dad* amulet in blue glaze from the left arm (pl. I).

6, 7, 8 and *9*. The wax figures of the «children of Horus» — the Hawk is absent and replaced (no doubt by mistake) by a second *Amset* (8). *Hapi* (9) is wrapped in the liver, the greater part of which has been broken away in order to expose the figure.

10. The bronze «Eye-plate» from the left flank (pl. IV, figs. 1 and 2).

Plate IX. The papyrus from between the legs (pl. V, fig. 1) unrolled and flattened out. × 1/5.

G. Elliot Smith.

NOTES D'INSPECTION

PAR

M. GEORGES LEGRAIN.

XXXVII

SUR LE TEMPLE MANAKHPIRRI-HENQ-ANKH.

En mai 1905, M. Weigall découvrit à Thèbes un petit temple situé au nord du Ramesseum [1]. S. A. le Prince Djemil pacha Toussoum avait bien voulu s'intéresser aux travaux du Service des Antiquités et mettre à sa disposition des fonds suffisants pour fouiller dans un endroit que M. Quibell désigna.

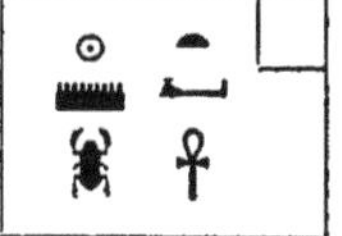

Ce temple était bâti avec des murailles de briques crues, estampées au cachet ci-contre, qui nous montrent que c'est bien le château de « *Manakhpirri* (Thoutmôsis III) *apportant la vie* » que M. Weigall mit au jour [2]. Les textes ne l'indiquaient qu'assez vaguement sur la rive ouest : [hiéroglyphes] « Henq ankh, son temple qu'il aime, dans la chaîne de montagne occidentale [3] ». Il y avait, je pense, bien des chapelles semblables à Thèbes où Pharaon était montré accomplissant un de ses actes royaux. La statue de *Manakhpirri portant-des-fleurs-à-Amon-de-Karnak* [hiéroglyphes] [4] est un exemple de ce que devait être l'image vénérée

---

(1) F. L. Griffith, *Archæological Report*, 1904-1905, p. 22; A. Weigall, *A Report on the excavation of the funeral temple of Thoutmôsis III at Gurneh*, dans les *Annales du Serv. des Antiquités*, t. VII, p. 121-141.

(2) Je dois à M. Weigall communication de l'estampe de la brique. Je complète ici quelques-unes des notes que je lui fournis en mai 1905.

(3) Ph. Virey, *Tombeau de Menkheper*, p. 331, stèle l. 31, dans les *Mémoires de la Mission archéologique française*, t. VII; voir aussi p. 318 et 324 et *Recueil de travaux*, t. XXII, p. 85.

(4) G. Legrain, *Catalogue du Musée du Caire, Statues*, n° 42056.

dans le monument. Il y en avait d'autres encore dans lesquelles le double de Thoutmôsis III se plaisait à reposer, comme cette statue de millions d'années de Sa Majesté nommée *Manakhpirri-le-grand-d'offrandes :* .... [1] qui était transportée au temple de Ptah-rîs-anbou-f-dans-Thèbes pour y recevoir chaque fois «un tas d'offrandes muni de toutes les choses bonnes avec six pains de proposition» [2] et qui, par suite, devait être petite et légère pour pouvoir être portée par les prêtres sur son pavois. Le déterminatif nous rappelle, schématisée, la pose de la statue de bronze de Papi Ier trouvée à Hiéraconpolis. Le roi marche, tenant un grand bâton dans sa main droite. Une autre était la statue de *Manakhpirri-trouvant la place*....... (Fragment inédit de Karnak.) Le «Thoutmôsis-qui-porte-des-fleurs» tient devant lui une table d'offrandes, des lotus épanouis, des bouquets d'épis mûrs, vingt canards liés par les pattes et deux cailles bien grasses.

Je ne sais pas, pour ma part, comment le sculpteur thébain qui créa le Manakhpirri-portant-la-vie, sut le munir d'attributs indiquant sa fonction. Les Grecs nous ont habitués, dans leurs statues, à deviner, par des détails presque imperceptibles au vulgaire, quel était le dieu et quel était le rôle qu'il jouait au moment où le sculpteur avait voulu le représenter. L'iconographe qui entreprendra cette tâche pour l'Égypte ne s'est pas encore révélé.

Les textes nous ont souvent parlé du temple de Manakhpirri henq-ankh. Brugsch le mentionne dans son *Dictionnaire géographique* [3]. La monographie de ce monument avait déjà été entreprise par M. Spiegelberg (Varia XXII. *Der Grabtempel Thutmosis III, Recueil de travaux*, XIX, p. 86, 87). Nos documents la compléteront, mais elle est loin d'être terminée. Les monuments découverts par M. Weigall y seront un utile apport. La fouille récente nous indique où se trouvait ce monument. Il ne faudra plus penser au petit

---

(1) G. Legrain, *Le temple de Ptah-rîs-anbou-f-dans-Thèbes*, dans les *Annales du Service des Antiquités de l'Égypte*, t. III, p. 110, stèle, l. 16 et 17.

(2) G. Maspero, *La consécration du nouveau temple de Ptah thébain*, dans les *Comptes rendus de l'Académie des inscriptions et belles-lettres*, 1900, p. 119.

(3) H. Brugsch, *Dictionnaire géographique*, p. 253.

temple de Médinet Habou comme l'a fait M. Wreszinsky[1]. Celui-là s'appelait [hiéroglyphes][2].

La statue de Thoutmôsis-III-apportant-la-vie n'était pas seule dans son temple : elle y formait triade avec Amon, et probablement Hathor si nous en croyons un groupe fort retouché du Louvre que je crois inédit. Il est composé d'un homme, d'une femme et d'un enfant.

Texte sur la robe de l'homme : [hiéroglyphes].
Texte sur la robe de la femme : [hiéroglyphes].
Sur sa *monaït* [hiéroglyphes].
Texte de l'enfant : [hiéroglyphes].

Ainsi le père pouvait se nourrir à la table d'Amon, la mère à celle d'Hathor, et le fils à celle de Manakhpirri. Il semblerait, d'après ce document, que Thoutmôsis III était, dans ce monument, considéré comme fils d'Amon et d'Hathor. La triade ainsi composée, l'était selon les règles.

Le temple qui la renfermait ne devait ni être bien grand, ni ne contenir que des statues comme le temple de Ptah-rîs-anbou-f-dans-Thèbes et rappeler les dispositions architecturales de ce dernier monument.

La statue n° 42121 du Caire[3] appartenant à Nofirpirit l'appelle un temple de millions d'années, [hiéroglyphes], où devait habiter une partie du Ka ou un des doubles de Thoutmôsis III. Ce double était invoqué tout comme Amon [hiéroglyphes] (*b*) = [hiéroglyphes] (*c*). Le double de Thoutmôsis III *résidait* dans Henq-ankh ([hiéroglyphes]), tout comme Amon dans les Apitou. Amon y *demeure* ([hiéroglyphes]), mais n'y résidait pas sans cesse, ce qui justifie l'estampille des briques : c'était le temple du double de Manakhpirri : Amon n'y était reçu que comme assesseur ainsi qu'Hathor.

Plusieurs souverains avaient été ainsi héroïsés; Titiaa[4] en mentionne

---

(1) Wreszinski, *Die Hohenpriester*, p. 50.

(2) Lepsius, *Denkm.*, III, 38 *c*; Daressy, *Notice explicative des ruines de Médinet Habou*, p. 2.

(3) G. Legrain, *Catalogue du Musée du Caire*, statue n° 42121.

(4) G. Legrain, *Catalogue du Musée du Caire*, statue n° 42122.

quatre : Nofritari, Aménôthès Ier, Thoutmôsis III et Nebhapitrî dont l'*Egypt Exploration Fund* découvre le temple à Deir-el-Bahari.

Viennent les Ramsès et ils recevront un culte à Gournah. Ramsès II s'y fera bâtir par Bakouni-Khonsou un monument, le [hiéroglyphes], l'édifice sacré de (*Ramsès-aimé-d'Amon*) *-qui-écoute-le-croyant*[(1)] : la rive gauche de Thèbes voit peu à peu s'élever des monuments où les rois héroïsés reçoivent un culte divin : la mode durera longtemps, jusqu'à la fin de l'Égypte; il y aura un [hiéroglyphes] [(2)] «prophète du château du feu roi Horsiési», un [hiéroglyphes] [(3)] «un premier prophète de la demeure de Nectanèbo Ier», un [hiéroglyphes] «prophète de la statue de Nectanèbo II» ou [hiéroglyphes] «prophète des statues du Pharaon au temple de Coptos» [(4)].

Le temple de Thoutmôsis-III-apportant-la-vie fut, dès sa construction, placé parmi les grands monuments. Nous le trouvons mis sous la surveillance de Titiaa [(5)] qui était [hiéroglyphes] «chef des travaux, chef des ouvriers, commandant à toute fonction d'Amon dans Khoumenou (Karnak), dans Menasit[(6)], dans Khouasit (le monument funéraire de Nebhepetrî Montouhotpou) dans Djeser-Khou, dans Djeser djesrit (Deir-el-Babari) dans Henq-ankh, enfin, qui est le monument qui nous occupe.

Le temple était desservi par un clergé spécial.

---

(1) Devéria, *Mémoires et fragments*, *Bibliothèque égyptologique*, t. IV, p. 287 et 317, 318. Ce titre est aussi porté par Ahmenosfritari (stèle 336 du Louvre, Salle historique publiée par Pierret, *Recueil d'inscriptions inédites*, I, 63) quatre oreilles sont figurées au bas du monument.

(2) Statue de Karnak, n° 406.

(3) Statue de Karnak, n° 328. *Journal d'entrée du Musée*, n° 37140.

(4) Stèle et sarcophage provenant de Qouft, actuellement au Musée. *Annales du Service des Antiquités*, t. IV, p. 50.

(5) Legrain, *Catalogue du Musée du Caire, Statues*, n° 42122.

(6) La statue du Caire n° 42114 donne à Sen Maout le titre de [hiéroglyphes].

Sous Aménôthès II, le nommé est «premier prophète d'Amon et de Manakhpirri dans Henq-ankh». Mankhopri est appelé [1] «purificateur d'Amon dans Henq-ankh» et son père était : [2] «scribe du Neter-hotep [d'Amon] dans Henq-ankh». Thoutmôsis III l'avait entouré d'une palmeraie car un groupe du Louvre (A. 53) déjà cité par M. Spiegelberg représente le chef des gardiens des dattiers de Manakhpirri dans Henq-ankh, Si-Maout et sa femme Maoutnofrit.

Une étable et une laiterie existaient dans les dépendances du temple [3]. Ce fut l'«apport du boucher du roi, Nofirpirit lorsqu'il était parmi les suivants du roi au pays de Routen : bestiaux du pays de Djahi : quatre vaches, vaches de la contrée Tesit : deux; taureau un, total sept. Airain trois vases à lait pour être donnés au château de millions d'années Henq-ankh. Son frère Amenemmehab était bouvier et son fils Sorkeri portait les vases de lait».

Nofirpirit nourrissait le projet de voir transmettre ses fonctions à ses descendants après sa mort. Il obtint cette faveur du roi et le reste de l'inscription nous apprend que le chef du Conseil d'État Nibtooui-i et le scribe royal Aménôthès vinrent lui annoncer la bonne nouvelle. C'est une sorte de charte qui lui est octroyée et grâce à laquelle ses descendants pourront, à tout jamais, prétendre au titre de «fonctionnaires de l'État», titre qui, déjà à cette époque, était la situation idéale que les maîtres d'école montraient comme le seul but à atteindre à leurs élèves plus ou moins attentifs.

Nofirpirit fut si fier d'une telle faveur royale accordée tant à lui qu'à son frère et à son fils qu'il commanda une statuette le représentant agenouillé derrière une stèle, adorant Thoutmôsis III et sa femme Hatshopsitou Miritrî. La cachette de Karnak nous a rendu cette naïve image; le Musée du Caire la garde aujourd'hui [4].

Tels sont les documents que je voulais signaler aujourd'hui. Ils seront une contribution à la future monographie du temple de Thoutmôsis III-apportant-la-vie. Il en existe d'autres encore.

---

(1) Lepsius, *Denkmæler*, t. III, p. 62; Virey, *op. cit.*, p. 331, 333.

(2) Virey, *op. cit.*, p. 318.

(3) Legrain, *Catalogue, Statues*, statue n° 42121.

(4) Musée du Caire, salle M.

XXXVIII

SUR

LE PREMIER PROPHÈTE D'AMON HARMAKHOUTI

ET QUELQUES-UNS DE SES CONTEMPORAINS.

La sept cent trente-cinquième statue sortie de la cachette de Karnak est en grès rouge et haute de o m. 66 cent.

C'est celle d'un homme au type étranger, à la tête entièrement rasée, marchant, les bras tombant le long du corps. Une simple shenti plissée bride les reins. Un signe pend au cou. La statuette, admirablement conservée, est d'un style souple et élégant et, à première vue, elle vient se classer à côté des belles œuvres thébaines de la période éthiopienne et de Montouemhat. Les quatre textes qui couvrent l'image viennent confirmer cette première idée.

Les textes *a, b* et *d* attribuent à un individu encore inconnu de nous, nommé , *Harmakhouti*, les titres suivants : A. , variantes : , B. C. D. E. ou . Harmakhouti serait donc un A. *premier prophète d'Amon* encore inconnu, B. *ouvreur des battants de la porte du ciel*, C. *prophète de Khonsou l'enfant*, D. *cousin royal, justifiant son amour*, E. *fils royal de sa vulve*.

Les six colonnes de texte rétrograde qui sont gravées sur la face latérale droite du pilier de la statue en *c*, vont nous fournir de nouveaux renseignements sur ce nouveau personnage qui vient de nous être révélé :

, ce que je traduirai : « *le prince héréditaire, l'homme au collier du roi de la Basse-Égypte, l'ami unique en affec-*

tion, fils royal de Shabaka, *juste de voix, qui l'aime, ami unique de* Tahraqa, *régent du palais, les-deux-yeux-du-roi-du-Sud et les-deux-oreilles-du-roi-du-Nord du roi de la Haute et Basse-Égypte* Tonouatamon, *vivant éternellement, premier prophète d'Amon de Karnak, prophète de Khonsou l'enfant, le féal de son père,* Harmakhouti ».

Ce texte, on le voit, présente de nombreuses inversions, mais je ne crois pas qu'on puisse traduire autrement que nous le proposons.

Cet Harmakhouti, qu'ancun monument ne nous avait encore fait connaître, occupa à Thèbes une situation considérable et sa parenté avec les personnages royaux de cette époque est assez singulière.

Tonouatamon était tout à la fois fils de Shabaka et de la femme de Tahraqa, c'est-à-dire que Tahraqa était le second mari de la mère de Tonouatamon.

Harmakhouti, fils, lui aussi, de Shabaka, ne nous donne pas le nom de sa mère et cela nous prive de connaître entièrement son origine exacte et ses rapports de famille avec Tahraqa. Nous saurons peut-être tout ceci un jour.

En attendant, voici, encore, un nouveau premier prophète d'Amon qui vient s'ajouter à la liste déjà longue que nous connaissions. Peu à peu, on le voit, elle se complète. Le dernier venu, d'ailleurs, est facile à classer. Dans un article précédent, nous nous étions arrêté au grand-prêtre Osorkon, père de Shapenapit et avions placé à la suite le pontife Sheshonq II, fils de Pimai signalé par M. Maspero [1]. D'un autre côté, la stèle de Nitocris [2] nous montre qu'en l'an IX de Psamétique Ier, Harmakhouti avait été remplacé comme premier prophète d'Amon, par Harkhabit. La stèle d'Ankhnasnofritibrî [3] nous indique ensuite qu'en l'an Ier de Psamétique II cette princesse se vit décerner, à elle, femme, le titre de premier prophète qu'elle garda onze ans, jusqu'en l'an IV d'Apriès, époque à laquelle elle succéda à Nitocris. Après elle, nous ne connaissons plus que les Osorouer et les

---

(1) Maspero, *Les momies royales de Deir el-Bahari*, p. 742.

(2) Legrain, *Deux stèles trouvées à Karnak*, *Z. A.*, XXXV.

(3) Maspero, *Deux monuments de la reine Ankhnasnofiribrî*, dans les *Annales du Service des Antiquités*, t. V, p. 84-92.

Nsipaouttouï auxquels nous avons consacré une note précédente[1] et le Pétisis que nous a fait connaître M. Newberry[2], d'après le document ci-contre :

[hiéroglyphes]

Peu à peu, on le voit, la série se complète. Harmakhouti nous ramène à une période de l'histoire d'Égypte fort troublée et sur laquelle nous possédions déjà d'importants documents. Je ne puis publier ici *in extenso*, tout ce que viennent y ajouter les nouvelles recherches, mais je citerai entre autres :

A. Une stèle trouvée dans le sebakh que nous publions plus loin; elle est datée de l'an VIII de Tonouatamon. Il s'agit d'une vente de terrain.

La date de l'an VIII est la plus élevée que nous aient fait connaître les monuments jusqu'aujourd'hui.

B. La statue n° 471 de Karnak (n° 37346 d'entrée) appartient au célèbre [hiéroglyphes]. Le cartouche [hiéroglyphes] est gravé sur l'épaule droite de la statue, tandis que celui de Shapenapit [hiéroglyphes] est gravé sur l'épaule gauche.

Dans ce cas, il ne peut s'agir que de Shapenapit II, fille de Piankhi. Ceci précise la date de l'existence de Khouameneroou que nous font connaître aussi la statue A. 85 du Louvre[3], une du cabinet des Médailles de Paris[4] et aussi les statues n°s 373 (n° 37321 d'entrée) 471 et 616 de Karnak. Jusqu'alors, les monuments nous avaient appris qu'il avait été attaché au harem d'une Shapenapit et d'une Ameniritis, mais comme nous n'avions pas le cartouche d'intronisation de ces deux épouses d'Amon, on pouvait hésiter entre : 1° Shapenapit Ire et Ameniritis Ire fille de Kashta; 2° Ameniritis Ire et Shapenapit II, fille de Piankhi; 3° Shapenapit II et Ameniritis II, fille de Tahraqa; 4° Ameniritis II et Shapenapit III-Nitocris, fille de Psamétique Ier.

La stèle de Nitocris nous a montré que, en l'an IX de Psamétique,

---

(1) Legrain, *Sur quelques premiers prophètes d'Amon de la décadence thébaine*, dans les *Annales*, t. VII.

(2) P. Newberry, *Scarabs*, pl. XL, British Museum, n° 3702.

(3) Greene, *Fouilles à Thèbes*, pl. IX.

(4) Ledrain, *Les monuments égyptiens de la Bibliothèque nationale*, pl. LVIII-LIX.

Shapenapit II recevait à Thèbes Nitocris-Shapenapit III, fille de Psamétique Ier qui, en somme, venait supplanter Ameniritis II, fille de Tahraqa. Tonouatamon succédant à Tahraqa, c'est donc bien à Shapenapit II qu'appartient le cartouche gravé sur l'épaule gauche de Khouameneroou.

Les monuments du Louvre et de Karnak nous apprennent les titres de ce personnage :

Les qualifications de « vivante », donnée à Shapenapit II et de « juste de voix » donné à Ameniritis, semblent indiquer, enfin, que Khouameneroou servit tout d'abord Ameniritis Ire, fille de Kashta, puis ensuite Shapenapit II, fille de Piankhi.

M. E. de Rougé avait d'ailleurs déjà pensé à Shapenapit II lorsque, au sujet de la statue A. 85 du Louvre, il écrivait : « Cette seconde princesse, femme de Psamétique Ier, est la mère de Nitocris[(1)] ».

Ce était fils de la dame et d'un prophète d'Amon dans les Apitou que je crois retrouver dans la statue n° 608 où il ajoute à son premier titre celui de « chef scribe du harem », qu'ont porté son père et son grand-père .

C. On a vu, par l'exemple d'Harmakhouti, que le suprême pontificat d'Amon continua, sous les Éthiopiens, à être exercé par des personnages de lignée royale. La statue n° 370 (n° 37360 d'entrée) vient nous indiquer les origines royales de l'adjoint de Harmakhouti, un second prophète d'Amon, aussi notoirement inconnu jusqu'aujourd'hui que le premier, un nommé Nsishoutafnouit. Cette statue n° 370, ou plutôt ce fragment de statue, représentait un personnage accroupi sur sa jambe droite ramenée et appuyant sa main gauche sur son genou gauche relevé.

Trois lignes gravées verticalement sur le plat du socle nous font connaître le propriétaire de la statue et son père l'Horus Qakhaou (Tahraqa)

---

(1) E. de Rougé, *Notices des monuments exposés dans la galerie des Antiquités égyptiennes*, A. 85, p. 42.

juste de voix, son fils de sa vulve qu'il aime, le second prophète d'Amon dans les Apitou, Nsishoutafnouit, en santé.

Les origines de ce Nsishoutafnouit étaient illustres aussi du côté de sa mère, si nous en croyons l'inscription encore incomplète qui couvre la shenti :

« [Le fils] de sa vulve qu'il aime, Nsishoutafnouit juste de voix, enfanté par la grande épouse royale principale de Sa Majesté, maître..... favorite palme d'amour, régente du Nord et du Midi, maîtresse de la double terre......(?) ». Le nom de la reine a été si bien martelé que j'ai dû renoncer à y déchiffrer quoi que ce soit et surtout à y reconnaître les vestiges du nom de la reine . Ce fut une autre que celle-ci, tombée peut-être en disgrâce ensuite. Le cartouche est plus allongé que de coutume.

Nsishoutafnouit, tout comme Harmakhouti, disparaissent soudain; peut-être regagnèrent-ils Napata avec les Éthiopiens en retraite ou ne survécurent pas au sac de Thèbes par Assourbanipal. Aussi, quand, en l'an IX de son règne, Psamétique Ier envoya sa fille Nitocris à Thèbes, le haut clergé d'Amon était-il composé de : Shapenapit II, épouse divine, de sa fille adoptive, Ameniritis II, déchue de l'héritage de Shapenapit II au profit de Nitocris, du quatrième prophète d'Amon Montouemhat, de son fils aîné Nsiptah, surveillant des prophètes, du premier prophète d'Amon Harkhabit et du troisième prophète d'Amon Padouamonnïbnasoutouï.

Tels sont, au moins, ceux que la stèle de Karnak nous nomme dans un beau désordre hiérarchique auquel les Égyptiens ne nous ont pas habitués, mais qui nous montre quel rôle prépondérant jouait alors Montouemhat à Thèbes, role qui lui donnait le pas sur son chef hiérarchique religieux, le premier prophète d'Amon Harkhabit. Tout ceci n'est pas encore assez net, assez défini et c'est grand pitié que les inscriptions de la petite chapelle de Montouemhat soient en trop mauvais état pour nous laisser traduire facilement tous les détails qu'elles fournissaient sur cette période agitée de l'histoire d'Égypte (1).

G. Legrain.

(1) Mariette, *Karnak*, pl. XLII, XLIII et surtout XLIV.

Phototypie Berthaud

État du soubassement du mur ouest (face est) avant le démontage des blocs.

Phototypie Berthaud. Paris

Le mur démonté et mis à terre.

Phototypie Berthaud. Paris

Vue du mur ouest prise du haut de la colonnade, avant le démontage.

Phototypie Berthaud, Paris

Vue générale du temple après le démontage du mur ouest.

Phototypie Berthaud, Paris

Partie centrale du mur ouest. — Construction de la première assise.

Phototypie Berthaud. Paris

Côté sud. — La première assise mise en place.

Fig. 3
Hache d'Amosis.

Fig. 2
Poignard pasteur.

Fig. 1

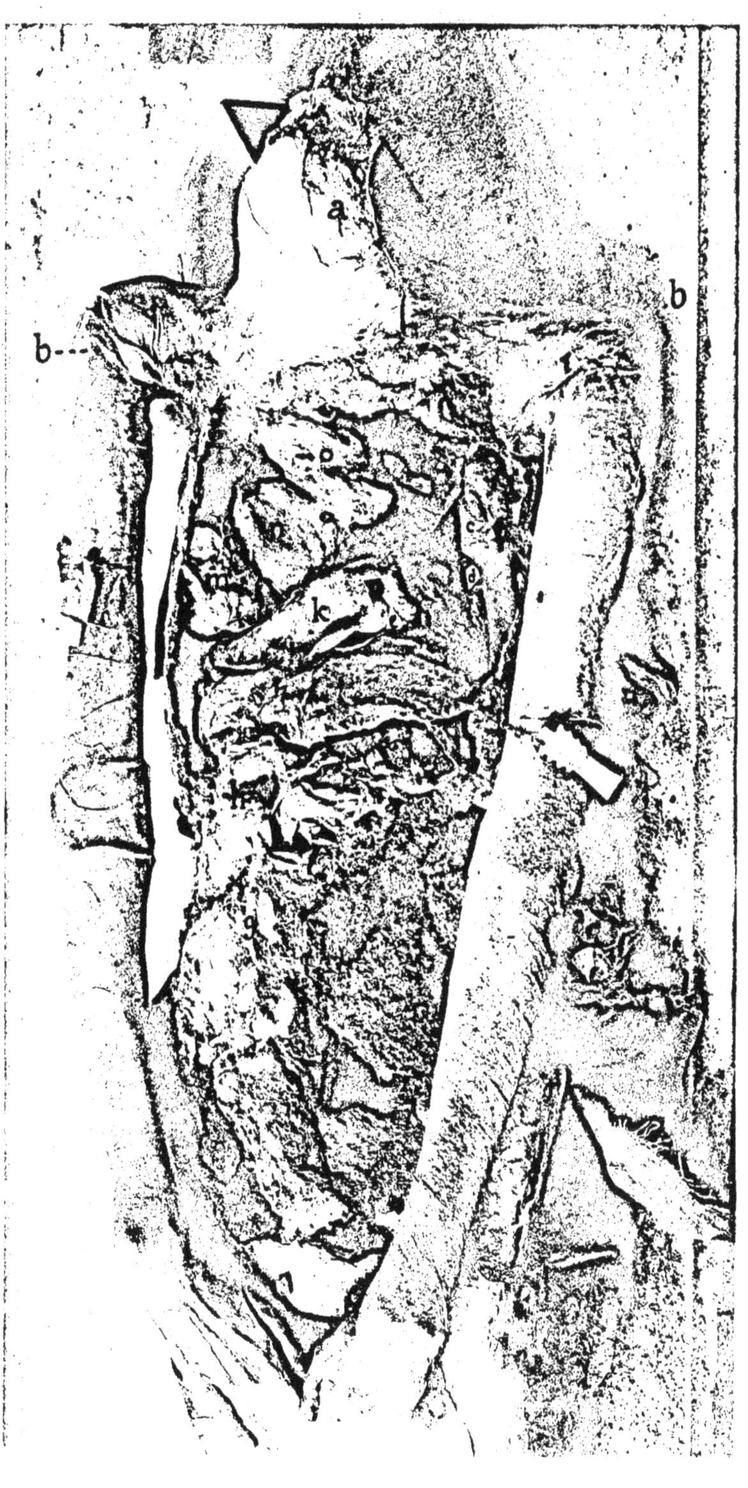
a
b
b
o
n
m
k
c
d
h
g

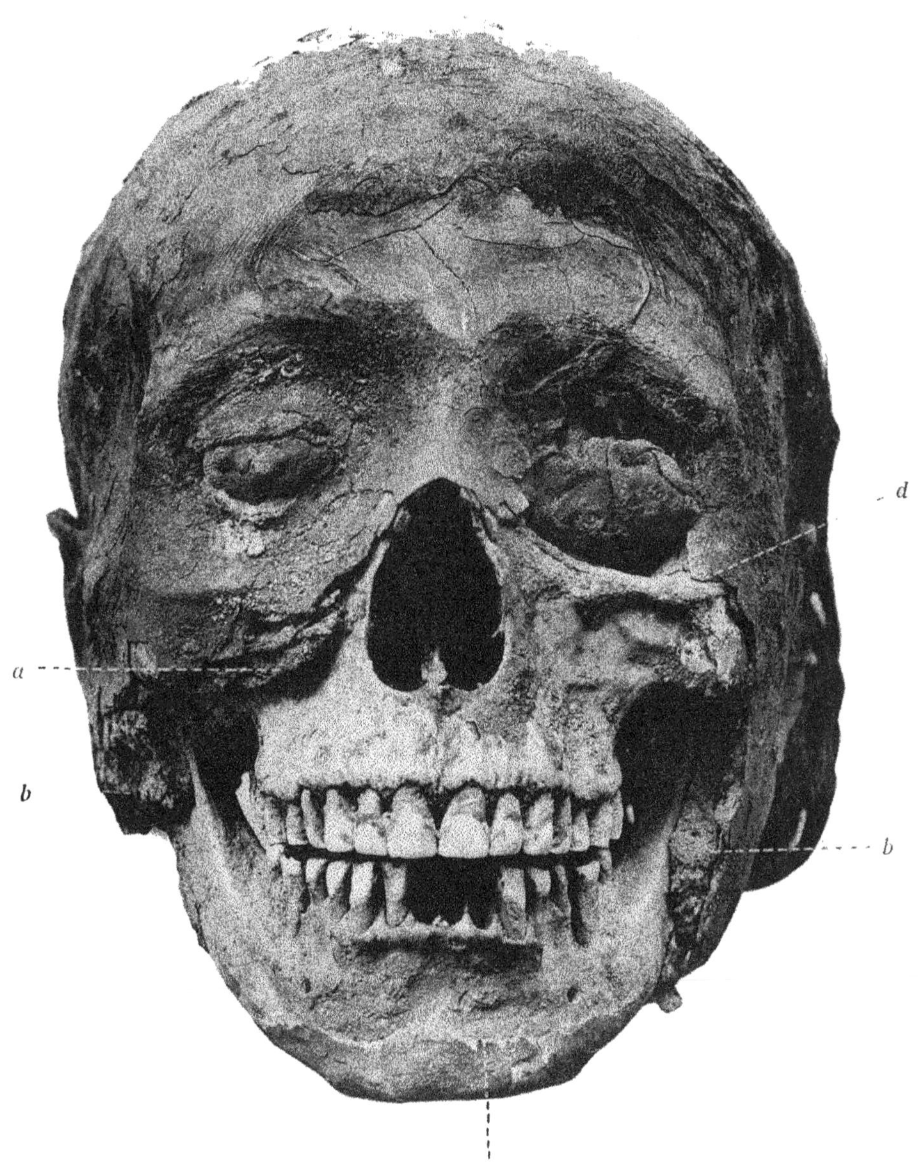

Phototypie Berthaud. Paris

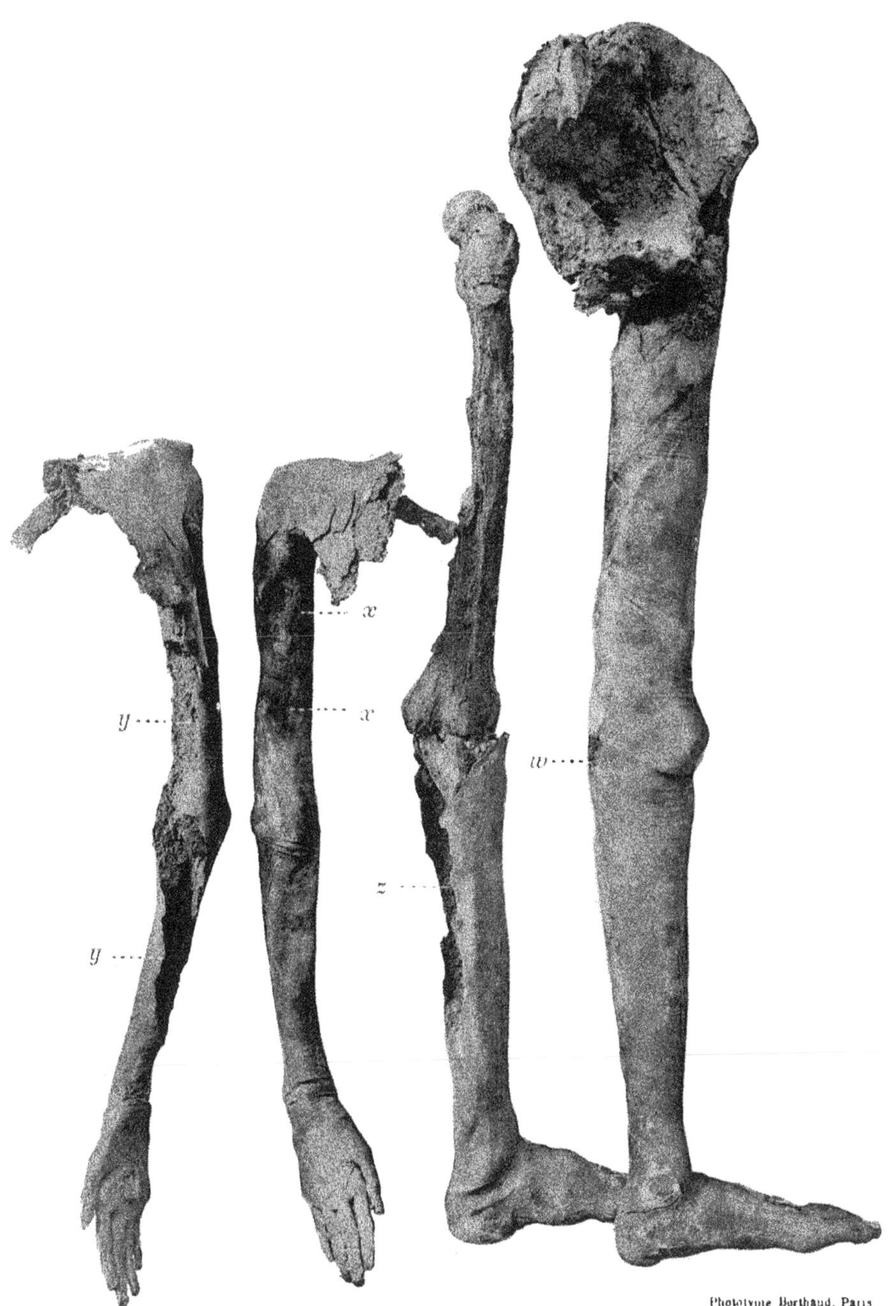

Phototypie Berthaud, Paris

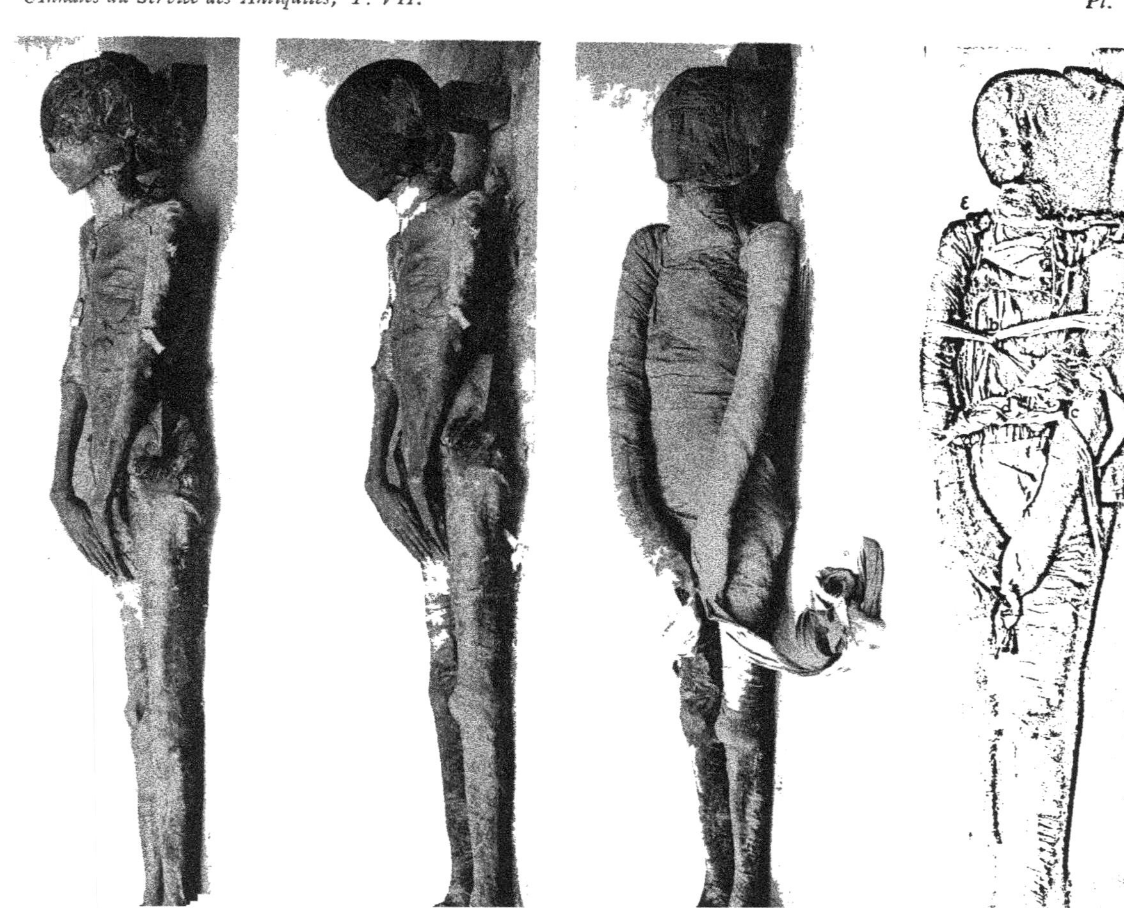

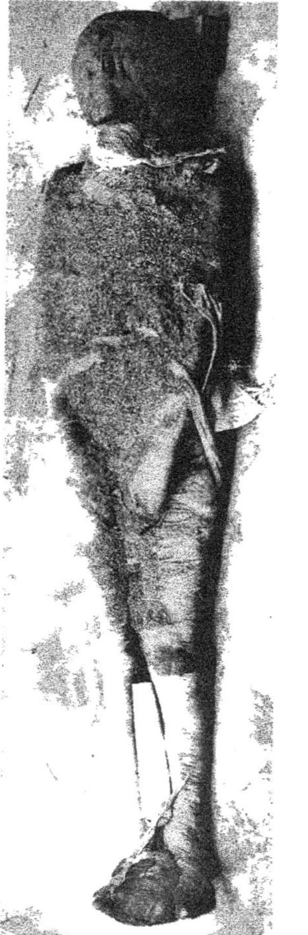

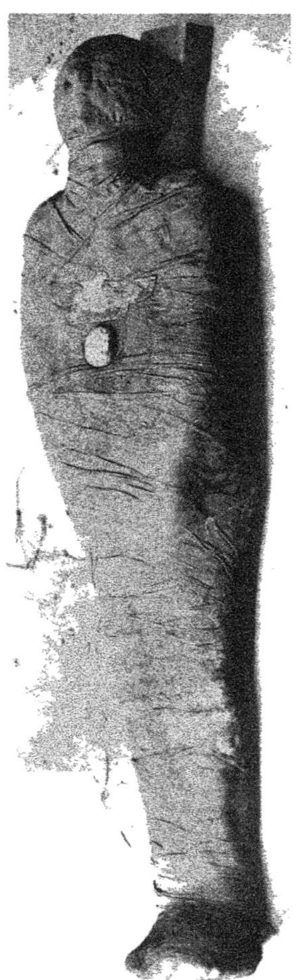

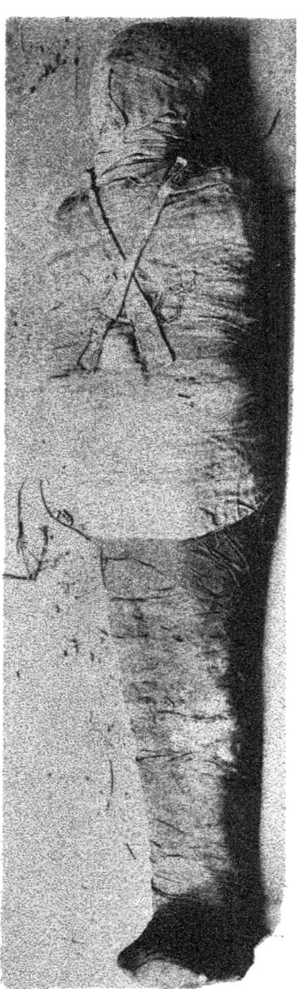

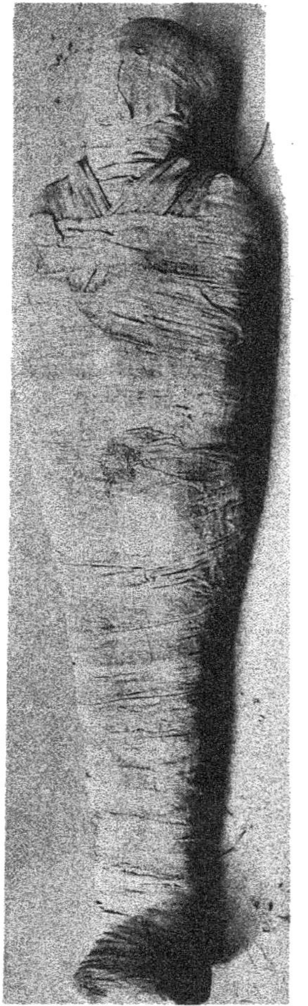

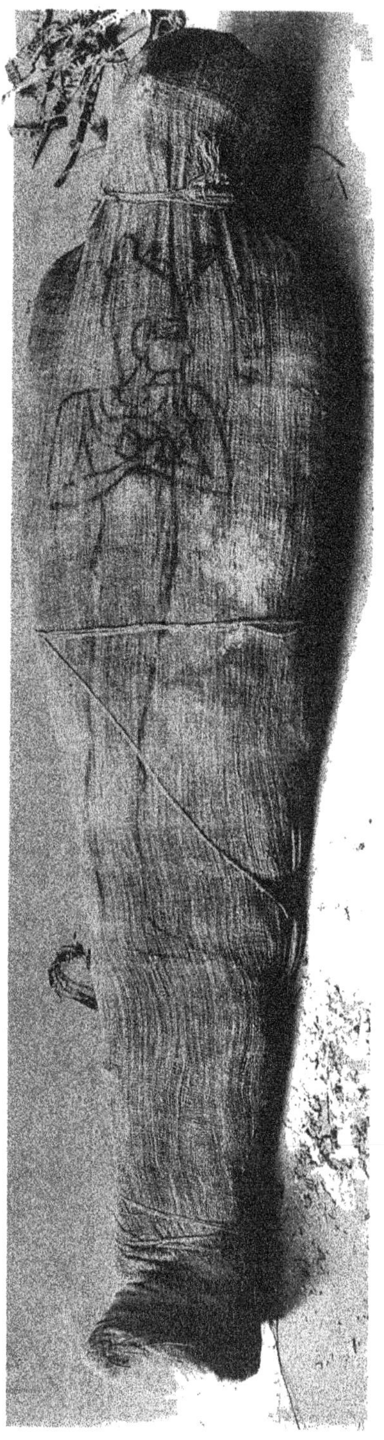

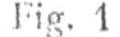

Fig. 1

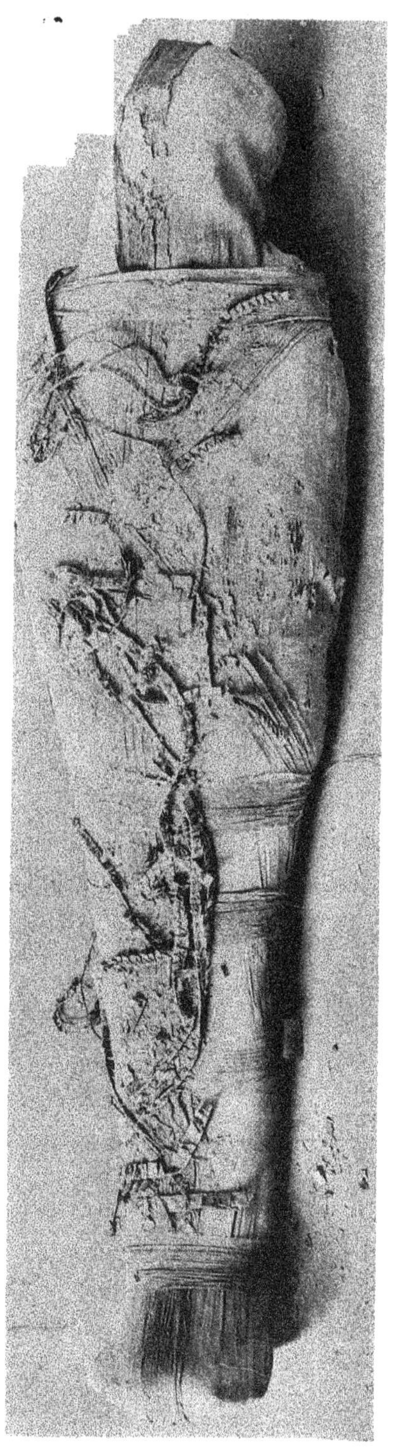

Fig. 2

2
5
3
6
7
8
9
10
11

Phototypie Berthaud, Paris

DIE ENTDECKUNG

DES WILDEN URWEIZENS IN PÄLASTINA

VON

G. SCHWEINFURTH [1].

Das naturhistorische Hofmuseum zu Wien besitzt seit fünfzig Jahren das Exemplar einer Grasart, an das sich kulturhistorische Fragen von grösster Tragweite knüpfen, und das aus diesem Grunde Gegenstand vieler Kontroversen geworden ist. Nach dem Urteil des Altmeisters der Cerealienkunde, des Geh. Rats, Professors Körnicke in Bonn, durfte man die Pflanze als die wilde Stammart unseres Kulturweizens betrachten. Der österreichische Botaniker Theodor Kotschy hatte sie auf einer seiner zahlreichen Orientreisen bei Raschaja am Hermon aufgelesen, die Bedeutung seines Fundes aber nicht geahnt, desselben auch bei Besprechung seiner Exkursionen am Hermon [2] mit keiner Silbe Erwähnung getan. Über das wilde Indigenat der Pflanze sowie über den Grad ihrer Verwandtschaft mit dem Kulturweizen wurden Zweifel geäussert, obgleich Körnicke, der die Pflanze in seiner Monographie der Getreidearten (1885) [3] unerwähnt gelassen, weil infolge eines unglücklichen Zufalls die im Wiener Museum gemachten Notizen verlegt waren, nachträglich mit voller Bestimmtheit und im bejahenden Sinne sein Urteil abgegeben hatte. In den *Verhandlungen* des Naturwissenschaftlichen Vereins für Rheinland und Westfalen hatte Körnicke dann 1889 die Kotschysche Pflanze genau beschrieben und sie als die Wildform des Emmers (*Triticum dicoccum,* franz. : «amidonnier». ital. : «farro») mit den Namen var. *dicoccoides* bezeichnet. Körnicke hatte an dem einen Exemplar des Wiener Museums auch den Beweis erbringen

---

(1) L'article fut publié à l'origine dans la *Vossische Zeitung* du 21 septembre 1906. Il a été revu et complété par l'auteur pour nos *Annales.* — G. M.

(2) *Sommerflora des Antilibanon,* Bot.-zool. Ges., Wien 1861.

(3) Körnicke und Werner, *Handbuch des Getreidebaues.*

können, dass die Pflanze als eine wildwachsende, nicht etwa als eine verwilderte Form oder ein Kulturflüchtling zu betrachten sei. Es ist bekannt, dass unsere Getreidearten sich bisher noch in keinem Lande als verwilderte und dauerbeständige Formen verbreitet und eingebürgert haben, zudem wird auch die der Hermonpflanze nächstverwandte Unterart des Kulturweizens, nämlich der Emmer, heutigen Tags in Vorderasien nicht mehr angebaut. Man hat bisher Emmer weder in Kleinasien noch in Syrien irgendwo angebaut gefunden, aber Hausknecht hat diese primitive Form des Kulturweizens im Lande der Bachtyaren, des alten rätselhaften Völkerrests von Luristan, angetroffen.

Mittlerweile waren viele Jahre verflossen, ohne dass es aller Bemühungen ungeachtet möglich gewesen wäre, Genaueres über das Vorkommen und die weitere Verbreitung der interessanten Grasart vom Hermon in Erfahrung zu bringen. In diesem Sommer ist es endlich dem in verschiedenen naturwissenschaftlichen Disziplinen wohlbewanderten Agronomen Aaronsohn gelungen, die von Kotschy bei Raschaja gefundene Pflanze auch am Südostabfall des Hermon bei Arny und, was in Anbetracht der genaueren Erforschung des Westjordangebiets noch mehr überraschen muss, auch bei Rosch-Pinah und an den Ostabfällen des Dschebel Safed und Kanaan einzusammeln, überall in reicher Verbreitung. Rosch-Pinah ist eine jüdische Agrikulturstation von 800 Seelen in der Nähe von Dschaune und in Nordwest vom See von Tiberias gelegen. Aaronsohn, der seine Ausbildung auf der landwirtschaftlichen Hochschule zu Grignan erhielt, ist der Sohn eines Kolonisten von Zichron-Jacob (wörtl. *Erinnerung an Jacob,* eine Stiftung von James Rothschild) bei Haifa und von Jugend auf in ländlichen Verhältnissen erzogen. Seit etwa 2 1/2 Jahren hat Aaronsohn im Auftrage der Zionistischen Kommission zur Erforschung von Palästina als Geologe und Botaniker verschiedene Erkundigungs- und Forschungsreisen ausgeführt, davon zwei in Begleitung Dr. Blanckenhorns, des besten Kenners der Geologie jener Gegenden.

Man kann sich vorstellen, wie vieles noch in diesem so oft bereisten Lande ausfindig zu machen sein muss, wenn eine Pflanze von der Bedeutung des wilden Emmers so lange unbeachtet bleiben konnte. Von einer verwilderten Form kann jetzt keine Rede mehr sein, nachdem die Grasart an so vielen und räumlich weitgetrennten Orten, dann auch in verschiedentlich abweichenden Spielarten angetroffen worden ist. Die eingeschickten Exemplare sind von Prof. Körnicke und von mir aufs Sorgfältigste untersucht worden.

Die ältesten historisch nachweisbaren Gebiete des Weizenbaus sind die Länder am Euphrat und am Nil; der in einer dazwischenliegenden Gegend erbrachte Nachweis der Urheimat dieses vornehmsten Symbols der menschlichen Kultur muss daher für die Geschichte der letzteren von grosser Bedeutung sein. Allerdings darf nicht ausser Acht gelassen werden, dass die weiter westlich gelegenen Gegenden Vorderasiens, namentlich die persischen Grenzländer botanisch noch sehr unvollständig erforscht sind, und dass es nicht unwahrscheinlich erscheint, dass die Grasart, die Kotschy und Aaronsohn in Palästina und am Antilibanon entdeckten, noch eine weite Verbreitung in dieser Richtung besitzt. Zunächst aber mögen zur Orientierung des Lesers einige Bemerkungen gestattet sein, um flüchtig die verschiedenen Verwandtschaftsgrade anzudeuten, die sich aus dem gegenseitigen Verhalten der durch den Anbau entstandenen Rassen des Kulturweizens sowie aus seinem Verhältnis zu den ihm nahestehenden wilden Triticumarten ergeben.

Bei den durch die Kultur zum Vorteil des Menschen veredelten Grasarten wird das durch die Jahrhunderte fortgesetzte Bestreben der Anbauer und Züchter klar, denjenigen Formen als Dauerformen den Vorzug zu geben, deren Ähren auch bei der Reife im ganzen ein festes Gefüge bewahren, im einzelnen aber die Körner leicht ausfallen lassen, mit anderen Worten, das Bestreben Ähren zu erzielen mit fester und unzerbrechlicher Spindel und mit daran sitzenden Ährchen, deren Spelzen die Körner nicht allzufest umschliessen. Bei den kultivierten Rassen von Reis und Gerste, auch beim Hafer, ist das letztgenannte Kulturziel noch nicht vollkommen erreicht, aber beim Weizen tritt das Zuchtprinzip nach beiden Richtungen bin ganz klar und offenkundig in die Erscheinung. Man kann daher diejenigen Kulturformen, bezw. Kulturunterarten, deren Spindel leicht in ihre einzelnen Glieder zerfällt und deren Ährchen mit den an ihnen haftenden einzelnen Spindelgliedern (zusammen «Veesen» genannt) das Fruchtkorn so fest umklammert halten, dass es nicht durch gewöhnliches Dreschen, sondern durch ein eigenes Verfahren («Gerben») erst nach Zerdrückung der Veesen freigelegt werden kann, als die primitiveren, als Reliktformen aus dem Altertum betrachten. In diese Kategorie fallen der Emmer (*Tr. dicoccum*, franz. : «amidonnier»), der Spelz, auch Dinkel genannt (*Tr. Spelta*, franz : épeautre») und das Einkorn (*Tr. monococcum*, franz : «locular» od. «engrain»). In der Tat können, was Emmer und Einkorn anbelangt, chronologisch beglaubigte Funde angerufen werden, die einen in die ältesten Zeiten hinaufreichenden Anbau verbürgen. Vom Spelz, der ein nicht ganz so altes Kulturprodukt wie der Emmer zu sein scheint, hat sich bis jetzt noch nirgends eine wilde Stammart [1] nachweisen lassen, die nahe Verwandtschaft mit dem gewöhnlichen Kulturweizen ist aber wesentlich durch Kreuzungsversuche [2] erwiesen worden, die ebenso wie beim Emmer ein fruchtbares Korn erzielten, was beim Einkorn in seinem Verhalten zum Kulturweizen nicht der Fall war. Nach der von verschiedenen Seiten widersprochenen Ansicht von R. Gradman [3] wäre der Spelz als ein altes Sondergut der Alemannen zu betrachten, also keine neuere Kulturentlehnung. Erwiesen ist das Vorhandensein des Spelzes im Altertum erst zur römischen Kaiserzeit.

Im alten Ägypten ist der Emmer, wie man nach der Häufigkeit und z. T. Massenhaftigkeit seines Vorhandenseins in den Gräbern und unter den Totenbeigaben zu urteilen berechtigt ist, vorzugsweise angebaut worden [4]. Desgleichen fanden sich Emmerähren und-körner in den altesten Pfahlbauten der Schweiz (Robenhausen und Wangen). Heute finden wir den Anbau von Emmer und den von Spelz in stetiger Abnahme begriffen und gerade unter manchen Völkern, die selbst als Relikte des grauen Altertums zu betrachten sind. Ausser in Schwaben und der Nordschweiz, sowie in Serbien wird heute noch Emmer angebaut in den baskischen Provinzen

---

(1) Der Botaniker Michaux fand 1783, bei Hamadan in Persien, angeblich den Spelz wild. Die Angabe wird aber von A. de Candolle (*Orig. des pl. cult.*, p. 292) bezweifelt.

(2) H. de Vilmorin, *Bull. soc. bot. de Fr.*, 1881, p. 858.

(3) R. Gradman, *Pfl. der Schwäb. Alb*, t. I, p. 388.

(4) Es kann mit ziemlicher Bestimmtheit angenommen werden, dass diejenige Kornart, die in den Hieroglyphentexten mit [Hieroglyphen] «boti» (ⲃⲱϯ *M.* ⲃⲱⲧⲉ *T.*) oder auch «bet» bezeichnet wird, Emmer war, und dass die *ὄλυρα* der Septuaginta dasselbe bedeutet, ebenso wie das «Kussemeth» כֻּסֶּמֶת des Alten Testament (*Exod.*, IX, 32; *Jes.*, XXVIII, 251; *Ezechiel*, IV, 9).

und, wie erwähnt, bei den Bachtyaren Persiens. Der festspindelige Weizen, unser gewöhnlicher Kulturweizen (Weizen im engeren Sinne, *Triticum sativum tenax* nach Hackel und nach Ascherson u. Graebener) muss sich übrigens schon in sehr alter Zeit von der Urform differenziert haben, denn wir finden ihn, immer in Begleitung des Emmers, im alten Ägypten, sogar in den ältesten Gräbern [1], die bekannt wurden und ebenso in gleicher Gemeinschaft mit der primitiven Form in Pfahlbauten der Schweiz (Wangen), die dem jüngsten Neoliticum angehören, hart vor dem Beginn der Bronzezeit. Im heutigen Ägypten ist die Emmerkultur verschwunden, an ihre Stelle ist die des Hart- oder Glasweizens (*Tr. sativum tenax durum*) getreten, in derselben vor den übrigen Rassen prädominierenden Weise wie ehemals der Emmer. Der Hartweizen, der im gesamten Mittelmeergebiet und vorherrschend in Nordafrika angebaut wird, ist in Ägypten durch eine grosse Formenreihe vertreten. Ich sammelte dort deren zwanzig verschiedene. — Gewisse Sorten lassen sich aber vom Emmer nur durch die schwächeren Grannen, die Zähigkeit der Spindel und durch die losen Körner unterscheiden. Nach Körnickes eigenem Geständnis sollen zwischen den hauptsächlichen vier Rassen des Kulturweizens (*Tr. sat. tenax* als *vulgare, compactum, turgidum* und *durum* unterschieden nach Ascherson und Graebeners Synopsis) überhaupt keine Grenzen bestehen, namentlich könne man eine gewisse Anzahl von Formen ebenso gut zu *Tr. durum* als zu *turgidum* stellen. Die Differenzialdiagnose lässt sich nur aufrecht erhalten, wenn man die Merkmale nach Art einer Diagonale aufstellt. Vielleicht ist der jetzt so weitverbreitete und durch die auf ihn begründete Maccaroni-Industrie wirtschaftlich wichtige Hartweizen ein Ergebnis der im frühesten Altertum betätigten Selektionsbestrebungen.

Das durch sehr abweichend geformte Körner auffallig vom Emmer und von den eigentlichen Kulturweizensorten verschiedene Einkorn (*Tr. monococcum*) dagegen ist in Ägypten, weder im alten noch im neuen, bisher nicht nachgewiesen worden. Als Kulturpflanze trägt es einen weit primitiveren Charakter zur Schau als der Emmer — und es ist von diesem sowohl wie

---

[1] Nicht nur in den Gräbern der XI und XII Dyn. (Gebelên und Abusir-erga) sondern schon in protohistorischen Gräbern am Gebel Silsila, die noch der kupfernen Beigaben entbehren.

vom gewöhnlichen Kulturweizen, aber auch vom Spelz artlich verschieden; indem Kreuzungen mit diesem entweder ganz fehlschlagen (H. de Vilmorin) oder nur unfruchtbare Bastarde hervorbringen (Beyerink). Der gering entwickelte Formenkreis des angebauten Einkorns scheint auf eine nicht sehr alte Kultur hinzuweisen, aber sein Vorhandensein im alten Troja ist erwiesen. Heute erscheint die Verbreitungszone des Kultur-Einkorns ausgedehnter als die von Emmer und Spelz. Sie erstreckt sich von Spanien durch das südlichere Mitteleuropa bis nach Thüringen und bis Dalmatien und die Herzegowina. Die wilde Stammart steht den wenigen Formen, die Gegenstand des Ackerbaues sind, so nahe, dass über die Ableitung der letzteren ein Zweifel nicht obwalten konnte. Der Verbreitungsbezirk des wilden Einkorns ist sehr gross und unfasst die ganze Balkanhalbinsel einschliesslich Serbien, dann Kleinasien, Nordsyrien und Mesopotamien. Im südlichen Syrien und in Palästina war das wilde Einkorn bisher nicht gefunden worden, es ist das Verdienst Aaronsohns, auch für diese Stammform das Vorhandensein am Hermon an zwei getrennten Örtlichkeiten nachzuweisen.

Auf welchem Wege Gerste und Weizen nach Ägypten gelangt sind, ist noch nicht erwiesen, sicher ist nur, dass das alte Babylonien in dieser wie in anderen wichtigen Fragen der kulturellen Entwicklung die Lehrmeisterin der Protoägypter gewesen ist, und das lange vor der ersten Dynastie! Mit den Cerealien, die bei ihnen ursprünglich nicht vorhanden sein konnten, kam auch der von ihrem Anbau unzertrennliche Pflug und in seinem Gefolge das Rind, ferner eine neue Schafrasse, wenn nicht bereits früher eine eigene im Lande vorhanden war. Vor allem aber sind es die metallurgischen Kenntnisse, die Verwendung von Kupfer und von Bronze, der Pyramidenbau, der Gebrauch zylindrischer Siegel, vielleicht sogar die Hieroglyphenschrift, deren uralte, protohistorische Entlehnung uuweigerlich auf die Euphratländer hinweisen. Auch die Mythenbildung der alten Hebräer weist in Bezug auf den Cerealienbau gen Babylon und Mesopotamien.

Wenn nun auch vom südlichen Arabien her ein unbestrittener Einfluss sich auf das älteste Ägypten geltend gemacht hat und es nicht als durchaus unmöglich betrachtet werden kann, dass die erste Vermittlung des Ackerbaus dem heiligen Lande der Götter (dem Hochlande von Jemen) zugefallen sei, so darf doch nicht ausser acht gelassen werden, dass der wahrscheinlichste und bequemste Zugang immer durch Palästina geführt haben muss. Auch Körnicke betrachtet die Euphratländer als die eigentliche Kulturheimat unseres Weizens und wohl auch die der Gerste und des Einkorns. Die gleiche Ansicht vertritt Ascherson in seiner, in Gemeinschaft mit Graebener herausgegebenen *Synopsis der mitteleuropäischen Flora* (1), und zu demselben Ergebnis gelangte Alphonse de Candolle schon zwanzig Jahre vorher. Link dagegen hatte die Heimat des Kulturweizens in Persien vermutet. In Bezug auf Herkunft und Entstehung des Weizens hat auch Graf zu Solms-Laubach eine Anzahl neuer Gesichtspunkte aufgestellt in seiner interessanten *Weizen und Tulpe* betitelten Schrift (Leipzig, 1899). Das Problem, in welchem Lande der Ursprung der Emmerkultur zu suchen sei, wo der erste Versuch gemacht wurde, den Weizen aus der freien Natur in den Dienst des Menschen zu stellen, wird seiner Lösung erst näher gebracht werden können, wenn mehr sichere Anhaltspunkte zur Beurteilung der frühesten Völkerentwickelung in den Euphratländern und in Zentralasien gewonnen sein werden, wenn, um es mit einem Wort zu sagen, an Stelle der jetzigen Gleichung mit vielen Unbekannten eine vereinfachte Berechnung aller Kulturfaktoren, die dabei mitgewirkt haben, gestattet ist.

Erwägungen verschiedener Art, deren Darlegung hier unterbleiben muss, haben Körnicke veranlasst, der Gerste in der Entwickelung des Ackerbaus vor dem Weizen (bezw. Emmer) die Primogenitur zuzuerkennen. Ob aber die Urbabylonier (Sumerer), die wahrscheinlich Turanier und als solche dem Ursprunge vieler im Laufe der Zeiten weit nach Westen verbreiteter Nutzpflanzen näher waren als andere Völker Vorderasiens, ob diese Sumerer aus ihrem Ursprungslande bereits das Prototyp des Kulturweizens mitgebracht haben, oder nur die Gerste, oder ob sie diese Cerealien in der neuen Heimat anderen altgewohnten substituierten, ob sie den Pflug bereits mit dem Rinde aus den nördlicheren Gegenden mit sich führten, das sind Fragen, deren Beantwortung zurzeit noch jeder gesicherten Unterlage entbehrt.

Die Frage nach der Herkunft von Gerste und Weizen hat vielfach die

---

(1) Ascherson und Graebener, *Synopsis der Mitteleuropäischen Flora*, vol. II, 1. S. 674.

alten Schriftsteller beschäftigt. Berosus, jener Bellpriester, der zur Zeit Alexanders des Grossen in Babylon lebte, soll in seinen verloren gegangenen Aufzeichnungen, nach den von Eusebius uns übermittelten Fragmenten, von wild wachsendem Weizen in Mesopotamien berichtet haben. Ein und zwanzig Jahrhunderte nach Berosus, vor jetzt hundert Jahren, will Olivier[1] am Euphrat, nicht weit von Anah wilden Weizen angetroffen haben, aber dieser Fund ist nicht beglaubigt, und wahrscheinlich hat der französische Reisende, der so genau das türkische Reich beschrieb, sich in diesem Falle derselben Täuschung hingegeben wie fünfzig Jahre nach ihm der Botaniker Balansa, der das wilde Einkorn mit dem wilden Kulturweizen verwechselte. Auf dem Gebiete der alten Mythenüberlieferung tischt uns in Bezug auf die vorliegende Frage niemand schönere Dinge auf als Diodor von Sizilien[2]. Dieser beschäftigt sich bei seinen Mitteilungen über die urgeschichtlichen Sagen der Ägypter, immer den Erzählungen der Priester folgend, viel mit dem Problem des Ursprungs des Getreidehaus. Er bat an einigen Stellen seines ersten Buches jener alten Priesterlegende flüchtig Erwähnung getan, derzufolge der Anbau von Gerste und Weizen — diese beiden Gewächse werden immer wie Geschwister nebeneinander genannt — den Menschen zuerst durch Isis und Osiris gelehrt worden sei. Isis hätte die Frucht des Weizens und der Gerste entdeckt. Von den Menschen wären diese wild wachsenden Pflanzen unbeachtet geblieben. Daher pflege man auch in Ägypten bei der Ernte die ersten Ähren dem Andenken der Isis zu weihen. Osiris, Bruder und Gemahl der Isis, hätte die Zubereitung dieser Körnfrüchte erfunden. Dem Ackerbau, also dem Anbau dieser Körnfrüchte, sei er besonders zugetan gewesen. Um nun den Menschen das Pflanzen des Weinstocks und das Aussäen von Gerste und Weizen zu lehren, als Mittel zur Bezähmung der Wildheit, sei Osiris, so erzählt Diodor, durch die ganze Welt gezogen. Für die der gesamten Menschheit erwiesene Wohltat durch diese «im Anfang aller Erfindungen gemachte Erfindung der Früchte» sollen nun Isis und Osiris unter die Götter versetzt und als solche allgemein verehrt worden sein, denn nach dem Ausspruche Diodors hätte sich die Gottheit in ihnen auf die herrlichste Art offenbart. Ihre

---

(1) Olivier, *Voyage dans l'empire othoman* (1807), vol. III, p. 460. — (2) Diod. Sic., liv. I, § 14, 15, 17, 18, 27.

Gräber, wie einige Schriftsteller behauptet hätten, wären zu Nysa, einer Ägypten benachbarten Landschaft Arabiens, wo Osiris aufgewachsen oder erzogen worden sei, und dort seien auch beiden Göttern Gedenksäulen errichtet. Auf derjenigen, die der Isis geweiht war, hätte man in hieratischer Schrift ein Selbstbekenntnis der Isis lesen können, das in den Worten gipfelte : «Ich habe zuerst den Genuss der Frucht für den Menschen erfunden».

Über die geographische Lage von Nysa scheint Diodor nicht recht im Klaren gewesen zu sein, denn es gab mehrere Örtlichkeiten dieses Namens. Nach dem dichterischen Zitat, das er anführt, zu urteilen, muss ihm die Gegend als ein hohes und grünendes Waldgebirge (der Thabor?) vorgeschwebt haben. Die uns von den Alten übermittelten Getreidesagen hat vor achtzig Jahren der geistvolle Botaniker Link in seiner «Urwelt und das Altertum» und vor siebzig Jahren Dureau de la Malle in seiner Abhandlung über den Ursprung des Weizens und der Gerste [1] am ausführlichsten behandelt.

Der französische Forscher geht in Bezug auf Nysa von der Annahme aus, dass dort die wildwachsenden Formen der Gerste und des Weizens zuerst aufgefunden worden seien. Indes geht dieser Umstand aus den von Diodor gemachten Andeutungen keineswegs mit Deutlichkeit hervor. Dureau de la Malle, der hier eine geschichtliche Überlieferung vermutet, fragt sich, welches Nysa wohl gemeint sein könne von den sieben, die das Altertum kannte. Er gelangt zu dem Ergebnis, es müsse dasjenige Nysa gewesen sein, das später den Namen Tiberias erhielt. In neuerer Zeit ist nun festgestellt worden, dass auf dem benachbarten Berge Thabor die wilde Stammart unserer Gerste (*Hordeum spontaneum*) besonders verbreitet sei. Schon lange hatte sich unser grösster Cerealienkenner Geh. Rat. Prof. Körnicke angesichts dieser Tatsache und im Hinblick auf Dureau de la Malle an der Vorstellung ergötzt, dass man auch mit einer falschen Prämisse zu einem richtigen Ergebnis gelangen könne; jetzt, infolge der Entdeckung Aaronsohns, wo für die Gegend von Tiberias zu der Urgerste sich noch der Urweizen gesellt, ruft er in einem Briefe halbspöttisch aus : «also muss die Erzählung der ägyptischen Priester unantastbar sein wie ein

---

(1) Dureau de la Malle, in *Ann. des Sc. nat.*, vol. IX (1826).

Dogma ». Es sei aber gleich hinzugefügt, dass Körnicke, was den von Diodor überlieferten Mythus anbelangt, die Sache nur als ein Kuriosum behandelt wissen will. Man darf überhaupt nicht vergessen, dass wir uns der aus dem geistigen Nachlass der alten Schriftsteller erhaltenen Erbschaft immer nur mit der Rechtswohltat des Inventars zu erfreuen haben. Es sind eben oft etwas lose aneinandergereihte Angaben aus unbekannten Quellen, die uns dargeboten werden.

Derselbe Diodor, der uns die schöne Geschichte von den Wohltaten der Isis erzählte, schreibt im weiteren Verlaufe seiner historischen Bibliothek die nämlichen Verdienste um das Menschengeschlecht anderen Gottheiten zu. In seinem Sizilien behandelnden « Inselbuch » sagt er, offenbar beeinflusst durch eine Stelle in der *Odyssee* (I, 9) : « In verschiedenen Gegenden Siziliens wächst heute noch der sogenannte wilde Weizen », und er versucht die Wahrscheinlichkeit einer dort erfolgten ersten Einführung der sizilianischen Grasart in den Haushalt des Menschen durch den Umstand zu erklären, dass solches nur möglich gewesen sei auf dem denkbar besten Boden, und wo, nach dem Ausspruch Homers, « nur befruchtender Regen von Jupiter macht es erwachsen », alles von selbst gedeihe. Die Göttinnen, die diesen Fruchtanbau erfanden, seien überdies bei den Sizilianern mit Vorliebe verehrt worden. Wahrscheinlich meint Diodor die Ceres und die Proserpina. Es dürfte von Interesse sein, dass die Flora von Sizilien verschiedene, dem Weizen nahe stehende Gräser beherbergt (*Secale, Agropyrum, Triticum, Aegilops*), die im Volksmunde wohl als Urahnen des Geschlechts des Kulturweizens bezeichnet worden sein können, aber merkwürdig erscheint der Umstand, das der überall in mediterranen Süden weit verbreitete und dem Kulturweizen besonders nahe verwandte *Aegilops* (*A. ovata L.*) nach dem Zeugnis von Inzenga [1] noch heute in einigen Gegenden der Insel den Namen *frumentu sarvaggiu,* d. i. « wilder Weizen » führt. Das Merkmal, das gerade bei der genannten Aegilopsart, im Gegensatze zu anderen, die nahe Verwandtschaft bekundet (die drei Keimwurzeln des Samens, im Gegensatze zu der einfachen bei anderen), ist ziemlich subtiler Art und dem unbewaffneten Auge kaum erkennbar.

---

[1] Inzenga, in *Annales agriment.* (sic), *teste* A. de Candolle.

Die volkstümliche Bezeichnung der Pflanze macht also der Beobachtungsgabe des Sizilianers alle Ehre.

Zu den wichtigen pflanzengeographischen Tatsachen, die wir den letzten Reise von Aaronsohn verdanken, kann man dem Zionistischen Komitee, das ihn aussandte, nur Glück wünschen. Mögen sie seinen edlen Bestrebungen ein Zeichen glücklicher Vorbedeutung sein, und gewiss ist es ein Zeichen, dieses Auffinden des Urweizens dicht bei einer der neuen Versuchsstätten, wo das von Hause aus so durchaus ackerbautreibende Volk Israel wieder seiner ursprünglichen Bestimmung zurückgegeben werden soll.

Die Akademien und die wissenschaftlichen Körperschaften, die sich die Lösung der alten Kulturprobleme zur Aufgabe machen, werden es jetzt bedauern, dass ihnen ein so schöner Preis entgangen ist. Vor Jahren hatte sich Geh. Rat Körnicke vergeblich an die Wiener Akademie, dann auch nach Berlin gewandt, ohne Entgegenkommen zu finden. Vergeblich hatte Körnicke darauf hingewiesen, wie wünschenswert es doch sei, dass einmal Klein- und Vorderasien genauer mit Rücksicht auf die landwirtschaftlichen Kulturpflanzen durchforscht würde. Diese Fragen haben doch nicht allein für die Botanik Interesse, sondern für alle gebildeten Menschen, denen die Kulturgeschichte der Menschheit nicht gleichgültig ist. Es ist aber ungemein schwierig, Andere, denen mehr als eine bloss beratende Stimme zukommt, für die Befriedigung wissenschaftlicher Liebhabereien zu gewinnen und vom Bevorzugen und in den Vordergrund Drängen der eigenen abzuhalten.

Eine Treppe mit vielen Stufen führt aus den tiefsten Schächten menschlicher Überlieferung bis zu uns herauf, aber nur wenige Stufen gewähren Halt, nur vereinzelte haben noch ihre scharfen Kanten vom festem Stein; immerhin gestattet die Treppe einen Zusammenhang. Dieses Bild mag unsere heutige Kenntnis der Geschichte des Getreidebaues veranschaulichen. Die Zuverlässigkeit, um bei dem gebrauchten Bilde zu bleiben, von einzelnen dieser Stufen ist dem Naturkundigen, dem Pflanzengeographen bekannt. Anders pflegen die Schriftgelehrten zu urteilen, in ihren Augen nehmen sich die festen Stufen aus wie aufgelöste Wollsäcke, und sie verschliessen sich überhaupt der Kraft einer naturwissenschaftlichen Beweisführung, sobald diese sich auf ein Gebiet begibt, das sie mit ihren so leicht misszudeutenden Inschriften gepachtet zu haben vermeinen. Sie übersehen eben, dass die Naturkörper auch Schriftstücke und Dokumente sind, oft mit unauslöschlichen Zügen eingeprägt, immerhin greifbare Realitäten, die der Mensch nicht zu fälschen vermag und die nur die Unkenntnis missdeutet. Der Ausschlag gebende Wert der materiellen Zeugnisse wird aber leider von den Vertretern der schriftkundigen Richtung immer noch nicht in seinem vollen Umfange gewürdigt. Man hantiert lieber mit abstrakten als mit konkreten Begriffen, den Hausbau oft mit dem Dache beginnend.

G. Schweinfurth.

REPORT

ON

AN EXCAVATION AT TOUKH EL-QARAMOUS

BY

M. C. C. EDGAR.

On the 28th of April last I went to Tell Toukh to conduct a small excavation. My object was to follow up the great find of August 1905, to learn if possible something about the place where the treasure had been hid, and to see whether there might not be other things of value in the adjoining ground. Mohammed Effendi Chaban came with me. As we were digging for gold, it was necessary to watch the work very closely. Half of the men were brought from Zagazig, and the others were engaged on the spot : there were altogether about twenty four.

Mr. Naville, who worked here in 1887 for the Egypt Exploration Fund[1], pronounced Toukh to be a very disappointing site. Now that the *sebakhin* have become more active, things have changed and Toukh has the reputation of being one of the best sources of antiquities in this part of the country. Meanwhile the camels, bullock-waggons and Decauville railways of the neighbouring land-owners are beginning to effect some serious changes in the appearance of the tell. Half of the little mound to the N. has entirely disappeared. In Mr. Griffith's plan of 1887, which is here reproduced (fig. 1), a well-preserved wall is marked on the S. E. side of the large mound, and Mr. Foucart's sketch[2], shows a stretch of high ground in the same quarter. All this is now being demolished, and little is left of the great wall that once stood here. As a whole, however, the site is very far from being exhausted. A fairly high, compact kom of eighty feddans, it is likely to last for a long time to come and to yield many more antiquities.

---

(1) E. Naville, *The Mound of the Jew*, etc. (7th Memoir of the *Fund*), p. 28. — (2) See *Annales du Service*, t. II, p. 53.

About the beginning of August 1905 a party of *sebakhin,* working at the spot numbered 2 in fig. 2, came upon a hoard of silver, including a large Greek crater and several fragmentary Egyptian censers : there was also a fine bronze head of a king, originally attached to some utensil. Most of this find is now in the Museum. A few days afterwards the workmen, proceeding gradually on their course, lighted upon a second hoard of treasure which altogether eclipsed the former discovery, — a wonderful collection of gold bracelets and other ornaments, chiefly of Greek workmanship, silver vessels of various kinds and gold and silver coins. This was in chamber 1. I need not repeat the story of how the treasure was discovered and guarded and excavated : it is sufficient to say that with the help of the local authorities it was finally secured and brought to Cairo by Mr. Carter. The things which were stolen from the two finds, though valuable enough in themselves, were only a small proportion of the whole; and perhaps not all the objects which have been sold as part of the treasure really came from Toukh el-Qaramous. After this discovery the *sebakhin* were turned on to another part of the mound, and the place was reserved for excavation by the Service des Antiquités. A certain Greek is reported to have come one night with a party of natives and to have opened a hole in the forbidden ground, but without success. With this exception the place remained untouched (fig. 1).

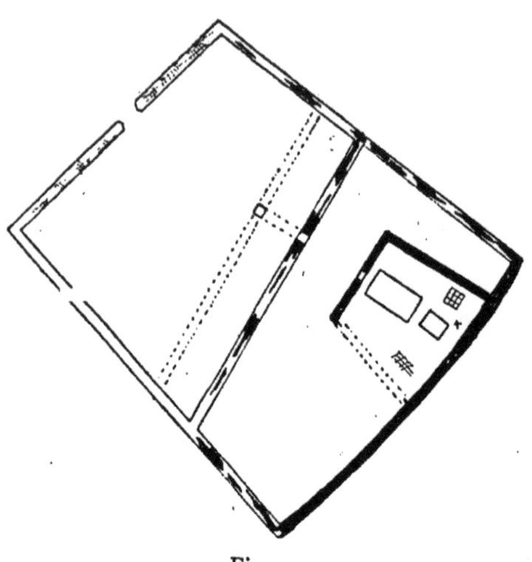

Fig. 1.

Plan of the ancient site at Toukh el Qaramous (copied from *The Mound of the Jew*, pl. IX).

+ marks the position of the block of buildings shown in fig. 2. The west corner of chamber 4 is 110 m. from the north corner of the temple.

The general position of the spot where the treasure was found is shown in fig. 1. It lies within the precincts of the temple of which Mr. Naville discovered the foundation-deposits in 1887. The site of the temple is marked by heaps of limestone chips lying on a platform of sand, and the course of the temenos-wall can still be distinguished on the N. W. and N. E. sides. On the S. E. side the temple area seems to have been bounded by the great wall of the fortress, which at this point has been demolished by the *sebakhin*. Part of the surface of the temenos was covered in ancient times by mud-brick constructions, probably storerooms and dwelling-places for the temple attendants, and it was in a block of buildings of this sort that the treasure was found.

When we began work on the 29th of April, the appearance of this part of the site was as follows. The walls of the chambers 6, 7, 8 (see fig. 2) stood conspicuously above the surrounding ground. N. E. of these were numerous traces of walls. On the S. W., where our work lay, the ground had been much cut away. Here and there one saw an outcrop of hard black earth, with which many of the chambers were partly filled. I was told that the two treasure-chambers, n[os] 1 and 2, were formerly covered with a mass of this stuff. At present they were filled in, and there was nothing on the surface to indicate their outlines (fig. 2).

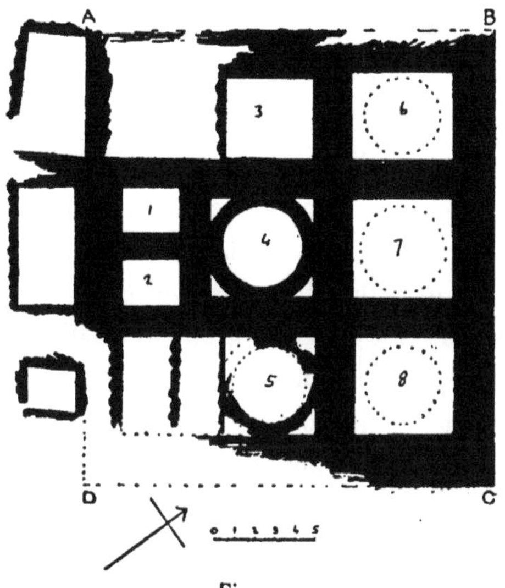

Fig. 2.

N[os] 1 and 2 are the treasure chambers. N° 3 may possibly have had a round shaft originally. N[os] 6 and 7 were excavated by M. Naville. N° 8 is a round chamber filled with black clay, not yet excavated. Traces of walls to the N.E. of B.C. and also to the S. W. of A. D.

We began by reopening these two chambers and clearing them down to the foundations. In n° 1 nothing at all was found. N° 2 had not been so thoroughly rifled. We had not proceeded very far before some fragments of silver tubes came to light, — no doubt parts of the previously discovered censers. The next thing found was a large silver sistrum, one of the finest pieces in the treasure but in poor preservation. The handle was surmounted by two Hathor-heads, with an uræus on each side, supporting a small naos through which the rods were fastened, and above this stood a vulture with drooping wings. The sistrum was lying flat near the S. W. side of the room. In the middle of the room, about 1/2 m. lower than the sistrum, we found a quantity of bronze objects of this shape ⌒, and there were also some traces of wood in the same place[(1)]. Amid these lay three silver dishes, a plate and two bowls, one of the bowls being placed upside down on the plate. They had patterns in relief on the outside like the vessels from chamber 1 and like the bowls from Tell Timai[(2)]. In the same place lay one or two large lumps of bitumen, bigger than a man's head, apparently deposited here along with the silver objects. Proceeding cautiously the workmen next uncovered a small hoard of silver tetradrachms, in poor preservation though not uncleanable. Then came the final item, — an earthenware pot, standing in the middle of the room, quite near the above-mentioned objects, packed full of silver coins amid which lay a glittering group of small gold ornaments. The coins inside the pot were much better preserved than those found previously. They are of various kinds, and many of them do not belong to the Ptolemaic series proper. Indeed portraits of Ptolemy Soter are quite rare in this group, and most of the types are earlier, the head of Alexander in the elephant-cap being one of the commonest. On the other hand all the gold coins from chamber 1, and at least a large proportion of the silver ones also, are stamped with the head of Soter.

The gold ornaments consisted of about fifty beads, amulets and little statuettes. There were also one or two objects in stone, and several of the beads were inlaid. All of them were either perforated or provided with a suspension-ring, and it is probable that they were originally strung together when placed in the treasury. A necklace with pendants of this kind is sometimes represented in relief round the necks of Ptolemaic vases. The most striking pieces among them are twelve statuettes of various deities,

---

(1) Numerous bronze rings of the same sort were found along with the treasure in chamber 1. They were probably fastened into wooden boards, and they may perhaps come from a wooden receptacle. Similar rings were used for tying together the two halves of late mummy-cases (see my catalogue of *Graeco-Egyptian coffins*, n° 33274).

(2) Cf. in particular, MASPERO, *Archéologie égyptienne*, 1re éd., p. 301, fig. 277.

made of solid gold and differing a good deal in size. I need scarcely say that this whole group of ornaments is of great interest as a closely dated example of Egyptian gold-work.

This was practically all that we found at Toukh, though we continued to search the surrounding chambers for more than a week. The architectural remains, however, are rather interesting in themselves. Both here and in other parts of the site one finds chambers of peculiar construction, consisting of a round shaft built inside a rectangular wall. Room 4, which was an intact and well-preserved example, shows the general plan of this type. Mr. Griffith thinks that the round shafts are fallen-in domes, by which the square chambers were originally surmounted[(1)]. That the long shafts themselves ended in domes is very possible, but I cannot believe that they formerly stood on the top of the square walls by which they are now so neatly enclosed. The two round chambers which I excavated, n°s 4 and 5, were filled with the dense black earth of which I have already spoken and which, as Mr. Griffith says, has probably come from the roofs [(2)]. It is difficult stuff to cut through, and n° 4 alone occupied ten men for more than four days. Neither in the round chambers nor in the treasure-chambers were any doors or openings distinguishable. The bottom of the round shafts was much lower than the level at which the treasure was found.

The group of round chambers recalls to mind certain pictures of domed granaries within a rectangular enclosure [(3)]. They were probably used for storing bulky material, while n°s 1 and 2 were the temple treasury, containing various sacred utensils and offerings in gold and silver. All round the back of the temple we may imagine a mass of mud-brick buildings, not constructed on one symmetrical plan but enlarged and altered from time to time according to the needs of the moment. The rectangle A B C D has the appearance of having been designed in one piece, but farther to the S. W. the lines of the walls become very irregular. The plan

(1) Naville, *Mound of the Jew*, etc., p. 55.

(2) Mr. Lucas, who has kindly analysed a sample, reports that it is «not ordinary Nile mud, but a clay, possibly from some local deposit».

(3) E.g. Maspero, *L'Archéologie égyptienne*, p. 36, fig. 41.

of the rooms on the S. E. and N. W. of the treasure-chambers is not clear, as this part of the ground was in bad condition. N. W. of the wall AB we excavated a space of ground without finding any remains of walls, and perhaps the open courtyard of the temple commenced here. We also dug some trenches a little to the S. W. of the treasure-chambers, behind the «upper temple» of Mr. Griffith, as the ground looked rather more promising here; but we found nothing except more walls (not marked on the plan). I should add that the orientation of the building in which the treasure-chambers are contained is slightly different from that of the temple.

In the ground S. E. of chamber 2, quite low down, we came upon a stratum of burned pottery and other rubbish, amid which lay a mass of some white fibrous substance, rotten and powdery. This, as we learned from subsequent experience at Tell Timai, was the remains of papyrus documents, burned to a white ash and rotted by the damp.

During the last two days of the excavation I employed part of the men in looking for tombs. One of the places which we tried was to the S. W. of the temple not far from the edge of the tell, where there are said to be tombs containing ushabtis; but during the short time that we spent there we did not find anything except house-walls. Another place pointed out to us by the local workmen was the area between the temple and the N. E. wall of the temenos. Here and there on the surface of the ground one sees slight indications of walls whose orientation is markedly different from that of the temple. Clearing away the soil at one of these spots we discovered a chamber-pit, about 2 metres square, descending about 1 1/2 metre below the present surface. Several others were found close by and cleared out. Those that we excavated were all of the same type, and the walls were orientated in the same way. Each contained a good many skeletons in very bad preservation, lying in various directions. Among the bones we found numerous small fragments of mud with remains of paint on the surface, red and blue on a white ground. These no doubt were from anthropoid mummy-cases, though the only recognizable fragments were a piece of a necklace and a piece of a striped wig. The cases were probably made of wood and the modelling put on in mud, but the wood had decayed into reddish dust. On one of the corpses we found a quantity of faience beads, green, blue and pink, chiefly of narrow cylindrical form, and also a broad ring of green faience with an open-work representation of Horus seated on a lotus. No antiquities were found on any of the other corpses, though there was plenty of pottery and other refuse in the earth which filled the tombs.

This cemetery is presumably earlier than the temple. It is probable indeed that the temenos-wall cut through it, though I did not obtain any certain evidence of this. But what the exact period of the tombs is I do not know. At Saqqarah Mr. Quibell has found mummy-cases with similar modelling in mud, and, as far as I can judge from the fragments, the Toukh coffins were of just the same sort. But unfortunately the date of the Saqqarah group has not yet been ascertained. As regards the date of the temple Mr. Naville believes that it was built in the time of Philip Arrhidaeus, as a faience cartouche of his is supposed to have formed part of the foundation-deposit[(1)]. Prof. Spiegelberg places it earlier [(2)]. In any case it is probable that the site was inhabited long before the temple was built. An inscription published in the *Recueil*, dates from the reign of Shashanq III [(3)]. And only a few days before our excavation the *sebakhin* found a limestone block, apparently from some building, with the cartouche of Ramses II : this I think is the earliest monument that has yet been discovered at Toukh.

Not many fragments of small antiquities are to be seen on the surface of the site. The usual refuse of Roman times, lamps, glass baked bricks and pieces of sharp-pointed amphorae, is conspicuously absent. It is possible indeed that the fortress was never occupied after the time when the treasure was abandoned. Almost the only objects which one sees among the potsherds are fragments of little terracotta cavaliers of very rude workmanship. Similar figures, though less primitive as a rule, are found in various places in the Delta : the best specimen that I know comes from Tell Basta and is distinctly Cypriote in style. In fact the more finished the work, the more un-Egyptian is it seen to be : and this whole class of

---

(1) E. Naville, *Mound of the Jew*, p. 29 and p. 55.

(2) E. Naville, *Recueil de travaux*, 1901, t. XXIII, n° 23, p. 100. He infers this from the inscription on the glazed vase. But the vase was found in a different part of the site and need not have any connection with this temple.

(3) *Recueil de travaux*, 1898, t. XX, p. 85.

terracottas is no doubt due to the presence of some foreign element in Egypt. Toukh may have been garrisoned at one time by foreign soldiers from the Mediterranean. It is also quite probable that it was still utilized as a fortress after the Macedonian conquest, and that various objects in the treasure were brought here by Greek mercenaries.

C. C. Edgar.

UNE CHAPELLE DE RAMSÈS II À ABYDOS

PAR

M. GUSTAVE LEFEBVRE.

En déblayant les abords du temple de Ramsès II, à Abydos, en août

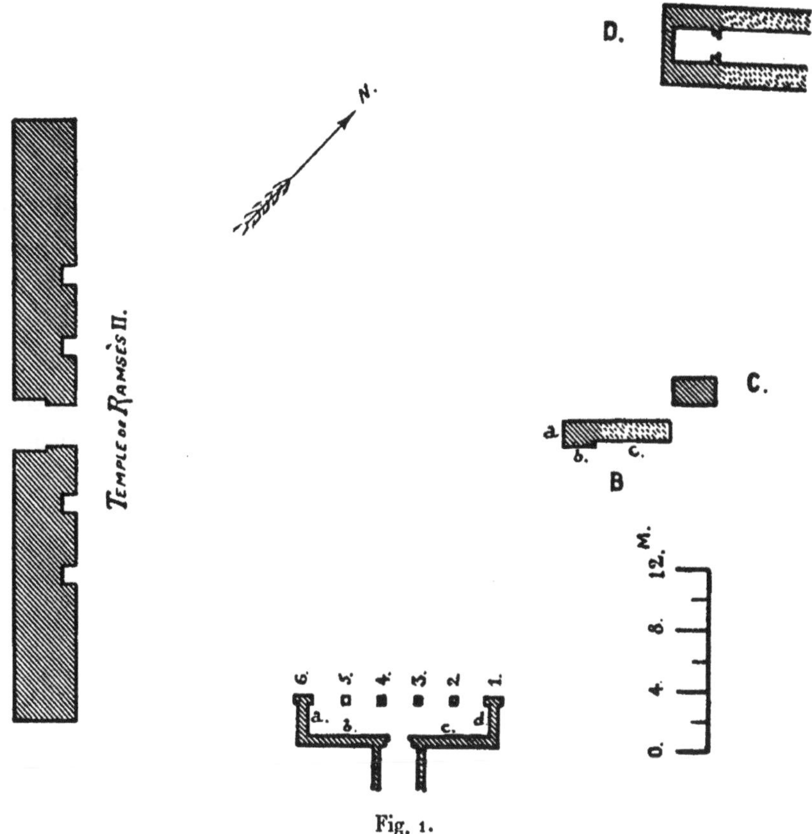

Fig. 1.

1905, j'ai dégagé des sables et matériaux de toute sorte qui les recouvraient, quatre petits monuments situés au nord-est du temple (fig. 1). La chapelle (A) semble avoir été construite par Ramsès II, mais on notera sur les restes du monument (B) — pylône du grand temple — les cartouches de Ménephtah, de Ramsès III et de Ramsès IV, qui ont sans doute substitué leurs noms à celui de Ramsès II [1].

I

De la chapelle (A), il ne reste que le portique. Ce monument est situé à 16 mètres de la façade du temple, perpendiculairement à celle-ci. Il s'étend sur une longueur de 15 mètres, et est bordé par une rangée de quatre piliers (l'un d'eux a disparu) décorés primitivement, comme ceux de la cour du grand temple, de statues osiriaques. Les extrémités des murs est et ouest sont sur le même alignement que les piliers. Piliers et pans de mur constituant le côté nord-ouest (pratiquement le côté nord) du portique, sont désignés sur le plan par les nos 1, 2, 3, 4, 5, 6. Les murs est et ouest sont marqués des lettres *a*) et *d*). Le mur sud donne accès dans l'intérieur de la chapelle; j'ai appelé *b*) la partie qui est à droite de la porte, et *c*) celle qui est à gauche. Ce portique est en très mauvais état de conservation et presque entièrement ruiné. Les assises supérieures des murs ont disparu, et ceux-ci n'ont plus, à leur hauteur maximum, que 2 m. 50 cent. Le *sébakh* a rongé les peintures, et le calcaire s'effrite presque partout. Il est à craindre que ces ruines mêmes ne périssent bientôt.

Côté nord. — 1. Tout texte ou représentation a disparu.

2. Pilier osiriaque. En *a*), traces du manteau de l'Osiris. — En *b*), *c*), *d*), au registre supérieur, faibles restes de scènes peintes représentant le roi en face d'une divinité. On distingue nettement en *b*), un dieu enfermé dans une gaine, et en *c*), la déesse Safkhît-aboui vêtue d'une robe rose; les mains de la déesse et celles du roi sont entre-croisées. — En *d*), le graffite grec : ΒΑϹΑ ΤΑΙΟΥ. — Au registre inférieur des trois faces, tout a disparu.

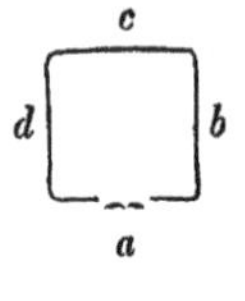

c
d b
a

3. Pilier osiriaque. En *a*), traces du manteau de l'Osiris, peint en rouge à la partie supérieure, en jaune à la partie inférieure. — En *b*), au registre

(1) L'existence de ces ruines était au moins soupçonnée avant le déblaiement que j'en ai fait. Cf. Daressy, *Recueil de travaux*, XXI, 1899, p. 8.

supérieur, traces d'une scène peinte représentant le roi vêtu de la tunique longue, en présence d'un dieu, Osiris ou Phtah. Au registre inférieur, le texte suivant, souhaitant de nombreux renouvellements de la première célébration de la fête *sed*[1] : . — En *c*), au registre supérieur, traces d'une scène peinte, représentant le roi devant Amon (?). Les mains du prince et du dieu sont entre-croisées. Les chairs sont peintes en rouge et les vêtements en jaune. Au registre inférieur : . — En *d*), au registre supérieur, restes d'une scène peinte représentant le roi devant la déesse Safkhît-aboui, vêtue d'un jupon rouge, tenant Ramsès par la main et lui présentant le signe des panégyries. Les chairs de la déesse sont peintes en jaune, celles du roi en rouge, ici comme partout ailleurs où roi et déesse se font face. Au registre inférieur : (←) . — En *d*) également, le graffite grec : CΛPH TIOC ; au-dessous, un autre graffite, illisible.

4. Pilier osiriaque. En *a*), traces colorées du manteau de la statue osiriaque. — En *b*), au registre supérieur, traces d'une scène peinte représentant une déesse vêtue d'un jupon jaune avec ceinture rouge, qui tient le roi embrassé; celui-ci porte la tunique longue et a en mains la ☥ et un ⸮. Au registre inférieur : . — En *c*), au registre supérieur, traces d'une scène représentant le roi, vêtu du jupon pointu par-dessus la tunique longue, embrassant le dieu Min posé sur son piédestal et ayant, derrière lui, le sanctuaire qui lui est spécial. Les Coptes ont brisé le phallus du dieu et ont peint par-dessus le labarum. Les couleurs sont ici particulièrement bien conservées (vert, jaune, rouge). Au registre inférieur : (←) . — En *d*), au registre supérieur, traces d'une scène peinte représentant le roi vêtu du jupon pointu, en face d'un dieu enfermé dans une gaine et portant le sceptre (Phtah ou Osiris). De pieux visiteurs ont couvert ce côté du pilier de nombreux dessins au trait. Au registre inférieur : (←) .

5. Le pilier n'existe plus.

---

[1] Sur l'original, aucune distinction entre ⊙, ⊗, ●, rendus indifféremment par ○. Les hiéroglyphes disparus sont restitués ici entre crochets carrés.

6. En façade, le roi vêtu de la tunique longue, portant le casque surmonté de l'uræus, offre à Osiris la déesse Mât sur son panier. Le corps du roi était peint en rouge; le visage a seul conservé toute sa coloration. Le dieu est coiffé de la couronne de la Haute-Égypte peinte en jaune; ses deux bras dégagés portent les; ses chairs sont peintes en vert, son maillot en jaune; il est enfermé dans un naos supporté par un socle en forme de. Au-dessus des deux figures, restes du cartouche de Ramsès II. Entre le dieu et le roi, ce texte, en une colonne verticale : (•→). Derrière le roi, également en une colonne verticale : (•→).

Côté ouest (*a*). — Face interne du pan de mur 6. C'est la partie la mieux conservée de l'édifice; les figures sont complètes. On y voit le roi en présence d'Hathor coiffée du disque et des cornes de vache, habillée de rouge et tenant dans la main droite la qu'elle fait respirer à Ramsès II. Au-dessus des deux figures :

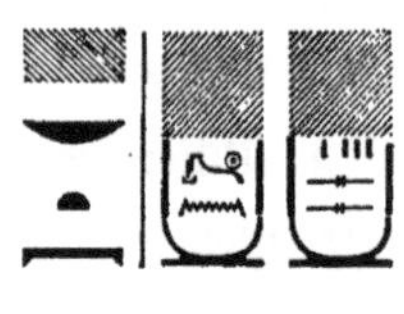

Suite du mur. — Au registre supérieur, le roi, portant le manteau long et, par-dessus, le jupon pointu, se tient en présence d'Amon-Nil dont les chairs sont peintes en bleu; le dieu avait en main un bouquet de fleurs. Entre eux les textes : (•→) [ ] et (←•), chacun en une colonne verticale.

Le registre inférieur est occupé par trois «Nils» agenouillés, ayant chacun sur la tête un bouquet soit de papyrus, soit de lotus, et portant soit une table chargée de provisions, soit des vases à libations. D'après les rares traces subsistantes de peinture, il semble qu'ils aient été peints alternativement en rouge et en jaune. Ils sont encadrés des textes qui suivent, disposés verticalement :

1° Texte : . Premier Nil, chargé de la table à provisions.

2° Texte : . Second Nil, portant les vases.

3° Texte : . Troisième Nil, portant la table.

4° Texte : . Pas de Nil.

Côté sud (*b*). — Le registre supérieur est très mutilé; seule la partie inférieure des figures est visible. On distingue, à gauche, près de la porte, un dieu-momie tenant le signe des panégyries et une canne. Devant lui, le roi qui tient en mains le signe ☥ et un dieu qui porte un sceptre. Vient ensuite une figure de divinité debout. Enfin on voit les restes d'une scène représentant la purification du roi par les dieux : une divinité sur un socle fait face au roi que suit une autre divinité également sur un socle : cette dernière verse sur la tête du roi le fluide de vie représenté par une série de ☥ s'écoulant d'un vase disparu entre deux filets d'eau. Peu de traces de peinture, si ce n'est sur les chairs colorées en rouge.

1° Premier Nil, chargé de vases. Texte : [hiéroglyphes].

2° Deuxième Nil, chargé de provisions diverses. Texte : [hiéroglyphes] (?) [hiéroglyphes].

3° Troisième Nil, porteur de vases. Texte : [hiéroglyphes].

4° Quatrième Nil, porteur de provisions diverses. Texte : [hiéroglyphes].

5° Cinquième Nil, porteur de vases. Texte : [hiéroglyphes . . . .] [hiéroglyphes].

6° Sixième Nil, chargé de provisions diverses. Texte : [hiéroglyphes].

7° Septième Nil, porteur de vases. Texte : [hiéroglyphes].

8° Huitième Nil, chargé de provisions diverses. Texte : [hiéroglyphes] (?).

9° Neuvième Nil, porteur de vases. Texte : [hiéroglyphes].

Côté sud (*c*). — Au registre supérieur, restes d'une scène symétrique à celle du côté sud (*b*). Le roi est conduit par une divinité en présence d'un dieu-momie posé sur un socle. A l'autre extrémité (sur un bloc tombé à terre), le roi marchant vers la porte; derrière lui, la déesse Safkhît-aboui ayant en main le signe des panégyries reposant sur le têtard et le sceau. Au registre inférieur, une série de Nils. 1° Texte : (⟵) [hiéroglyphes]. Premier Nil, porteur de vases. — 2° Texte : (⟵) [hiéroglyphes]. Second Nil, chargé de provisions (au-dessus de lui un graffite grec illisible). — 3° Texte : (⟵) [hiéroglyphes]. Troisième Nil, chargé de vases. — La suite manque. — Enfin, sur un bloc de l'angle du mur, tombé à terre, on voit un Nil, porteur de provisions, suivi du texte : (⟵) [hiéroglyphes], puis un Nil, porteur de vases.

LA PORTE.

MONTANT DE GAUCHE : MONTANT DE DROITE :

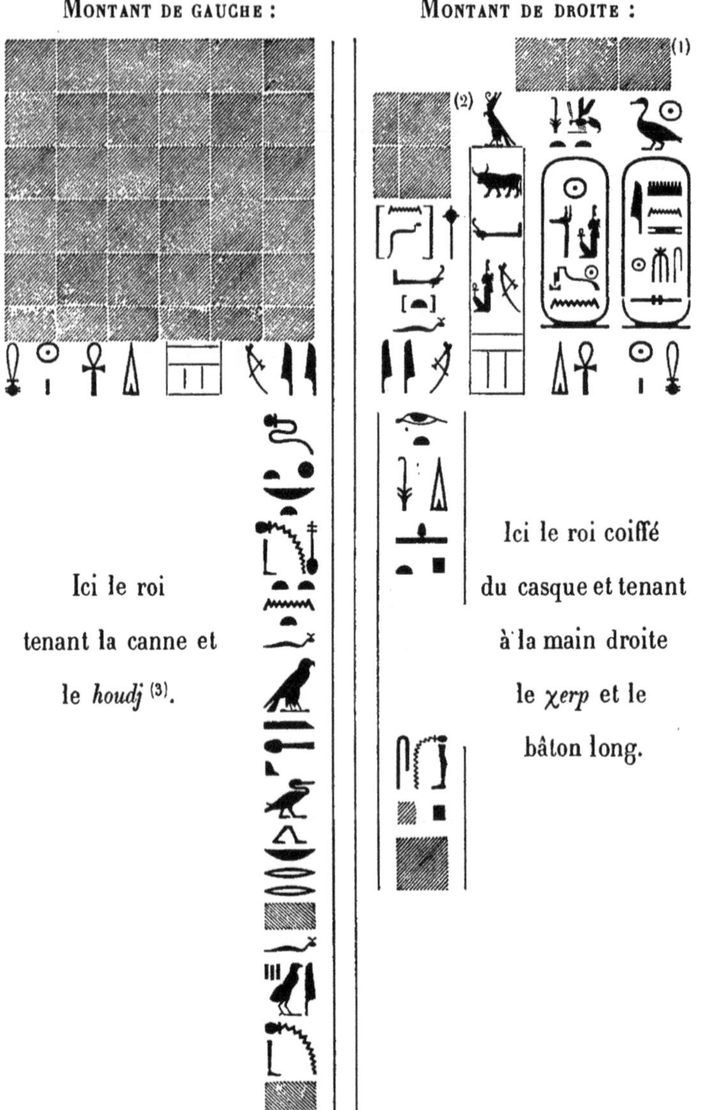

(1) Restes d'une queue de faucon et du ▬ sur lequel il était perché.

(2) Râ assis présente la ☥ au faucon debout sur le *sre*χ (simples traces).

(3) Sur son pagne, un Anubis a été dessiné au trait. Derrière lui un autre graffite représentant peut-être une grappe de raisin.

Côté est (*d*). — Au registre inférieur, qui seul subsiste, une série de Nils. 1° Texte : (→) [hiéroglyphes]. Le Nil a disparu. — 2° Texte disparu. Nil, porteur de provisions. — 3° Texte : (→) [hiéroglyphes]. Tout le reste a disparu.

Dans les ruines a été trouvé un bloc avec ce texte :

Les deux faucons juchés sur le *noub* sont représentés étendant les ailes, serrant le sceau que traverse le flabellum, portant le fouet sur le dos et coiffés du disque solaire.

L'intérieur de cette chapelle est complètement ruiné.

Dans l'embrasure de la porte, on voit à gauche une figure du roi vêtu du manteau long et du jupon pointu, portant l'encensoir; en face de lui, un dieu (Thot?) avec la palette de scribe.

Sur le mur de droite, restes d'une représentation analogue.

Sur un bloc gisant dans les ruines, on distingue les pieds d'une triade assise et les sièges sur lesquels reposent les trois divinités [1].

II

Le groupe de ruines (*B*), en face l'entrée du temple de Ramsès II, appartenait sans doute au premier pylône de ce temple (hauteur des murs variant de 0 m. 50 cent. à 1 m. 90 cent.). J'y ai relevé les inscriptions et décorations suivantes disposées sur les trois parties désignées par *a*), *b*), *c*).

Le mur *a*) comprend cinq bandes horizontales : (→) 1° [hiéroglyphes] (?) [hiéroglyphes]. — 2° [hiéroglyphes]. — 3° Cinq *rexitou*

[1] Sur les ruines de la chapelle les Chrétiens avaient élevé des maisons : j'y ai trouvé un *ostrakon* rédigé en grec et une lampe portant l'inscription : ΤΟΥΑΓΙΑΠΑΥΛΟϹ (τοῦ ἁγί(ου) Πα-ύλο[υ]).

à tête humaine, avec la huppe de l'oiseau, sont agenouillés sur des [hiéroglyphe], dans l'attitude de l'invocation. Devant chacun d'eux : (⟶) [hiéroglyphes]; au-dessus, une ⋆. En outre, au-dessus du premier, à droite : (⟶) [hiéroglyphes]; du second : [hiéroglyphes]; du troisième : [hiéroglyphes]; du quatrième : [hiéroglyphes]; du cinquième : [hiéroglyphes]. — Quelques graffites grecs ont été gravés en cet endroit. Celui-ci seul est lisible : ⲁⲄⲰⲐⲈⲄⲞⲢⲞⲨ. — 4° [hiéroglyphes]. — 5° [hiéroglyphes]. Les trois premières bandes sont limitées à droite par le bâton des panégyries reposant sur le têtard et le sceau.

Le mur *b*) présente quatre bandes parallèles : 1° et 2° Restes d'un cartouche colossal de Ramsès II reposant sur le [hiéroglyphe]. A droite, traces très effacées d'une scène représentant un personnage agenouillé qui tient le signe des panégyries, reposant sur le têtard et le sceau; ce signe est répété, deux fois. On voit aussi, en haut, le [hiéroglyphe]. Le reste est indistinct. Au-dessous de cette scène, à droite du [hiéroglyphe], on lit : [hiéroglyphes]. — 3° [hiéroglyphes] (?). — 4° [hiéroglyphes].

Du mur *c*), il ne reste que ce fragment :

Le groupe (*C*) (haut. 0 m. 70 cent.) est une base de calcaire, informe, présentant quelques traces d'hiéroglyphes (cartouche d'un Ramsès).

Le groupe (*D*) (hauteur des murs, presque entièrement détruits, de 0 m. 55 cent. à 1 m. 20 cent.) comprend une chambre ménagée dans l'épaisseur de murs très profonds. Pas de textes, sinon des traces du nom de Ramsès II, suivi de l'épithète [hiéroglyphe].

Assiout, avril 1906.

G. Lefebvre.

UN

GRUPPO DI DIONYSOS E FAUNO

RINVENUTO IN ALESSANDRIA

DI

E. BRECCIA.

Ogni volta che io penso in quali condizioni ci è dato di rinvenire gli antichi monumenti in Alessandria, mi corre alla mente, per una strana associazione d'idee, il verso manzoniano :

Come il grano lanciato dal pieno
Ventilabro......

In verità sembra che sulla capitale dei Tolemei, vittima oggi della furia edilizia da un lato e della cupidigia degli amatori e mercanti d'antichità dall'altro, abbia per secoli dominato una tempesta iconoclasta e devastatrice. In tutt'i punti del territorio della città, non ancora invasi dalle costruzioni moderne, quando qualche lavoro di sterro si compia, escono alla luce qui un braccio, là un piede, più lungi un pezzo di testa, e via via dita e gambe e torsi, capitelli e tronchi di colonne, tutto rotto in frammenti sparsi a capriccio. Si direbbe che un gigantesco demone abbia frantumato i monumenti che avevano costituito la gloria della città, li abbia mescolati insieme e li abbia gettati in aria lasciando che giacessero là dove il caso li portava a cadere.

Per buona ventura, di quando in quando, tra la massa di membri mutilati e senza importanza, ancora vien dato d'imbattersi in qualche pezzo che presenta un reale interesse.

L'anno scorso, il municipio di Alessandria, d'accordo col governo, procedette alla demolizione delle fortificazioni che si trovavano a sinistra di porta Rosetta, e il nostro servizio s'affrettò a stabilire una sua sorveglianza diretta su questi lavori e sul collettore che contemporaneamente si andava scavando. Tacendo di piccoli oggetti, di più o meno considerevoli frammenti d'iscrizioni e di basi di marmo, e d'un bel tronco di obelisco in granito nero, — che le formule in parte superstiti sulle quattro facce dimostrano proveniente da Heliopolis — si scoprirono i due torsi di Dionysos e Fauno riprodotti nella figura 1. Sono di un bel marmo bianco a piccoli cristalli il quale sotto terra ha preso una tonalità calda quasi alabastrina. Il punto di ritrovamento è a circa 300 metri dalla porta Rosetta, tra le mura e il

Fig. 1. — Gruppo di Dionysos e Fauno.

terrapieno in corrispondenza dell'angolo che la via d'Allemagna fa per costeggiare le scuderie della polizia, dirigendosi appunto verso porta Rosetta. Le due statue giacevano entrambe ventre a terra, l'una accanto all'altra, il Dionysos a destra, il Fauno a sinistra. Mancavano entrambi della testa, di gran parte delle braccia e delle gambe. Posavano non sul terreno, ma al di sopra d'una costruzione rettangolare in pietre — specie di contrafforte — nella quale si sarebbe detto che fossero state poste come materiale di riempimento. Nonostante l'opposizione dell'intraprenditore del collettore il quale aveva col municipio un termine assai limitato per la consegna del lavoro, abbiamo esplorato per circa venti giorni la zona circostante, ma nè trovammo tracce evidenti d'un antico edifizio, nè le parti mancanti delle due statue, sibbene un magnifico braccio femminile in marmo giallastro, la parte d'una parrucca in marmo, all'egiziana, un pezzo di natica, e un'enorme quantità di piccoli frammenti di marmo[1].

Osservando le due statue nella posizione in cui erano state trovate, si notava sul dorso della figura più grande una mano e parte d'un avambraccio; il Fauno rappresentato addossato a un tronco d'albero, conservava attorno alla parte posteriore del collo parte del grosso avambraccio e del polso d'un'altra figura.

Era intuitivo pensare che le due statue avessero fatto parte d'un gruppo di marmo lavorato dal medesimo blocco, ma l'avambraccio e la mano attaccata al dorso della figura maggiore, non solo apparivano di rozzo lavoro affatto in corrispondenza col resto, ma risultavano sproporzionati al corpo del giovane fauno. Dubitai allora per un poco che il gruppo fosse originariamente composto di tre persone e che quella centrale mancasse, ma a parte l'inverosimiglianza della cosa, date le condizioni di fatto, un esame attento delle due statue faceva escludere questa ipotesi. Non soltanto la parte superstite del braccio, che gira dietro il collo del Fauno conviene perfettamente al Dionysos, e sarebbe troppo grossa per una supposta figura centrale, ma è anche troppo dissimile dall'avambraccio aderente alla schiena del torso più grande. Inoltre sulla spalla sinistra di questo, si scorgono alcune macchie o venature del marmo che si riconnettono con altre simili sul lato destro del corpo del giovane Fauno. Per noi non esiste dubbio alcuno che il gruppo fosse composto delle due figure che possediamo. La mano destra del Fauno dev'essere rimasta semplicemente digrossata, per una ragione che ci sfugge. Non si potrebbe dire che l'artista l'avesse lasciata

---

[1] Date le grandi e successive trasformazioni che il luogo ha subito, lo scavo non ha potuto offrire alcuna sicura indicazione topografica. Come semplice ricordo accennerò che il patriarca Teofilo, arcivescovo d'Alessandria dopo il 385, aveva avuto il permesso dall'imperatore di trasformare in chiesa un tempio di Dionysos.

Dopo che avevo inviato il manoscritto, abbiamo rinvenuto a pochi metri dall'indicata località una statua acefala di sacerdotessa d'Iside e tronchi e gambe di altre statue.

tale deliberatamente, pensando che il gruppo sarebbe stato addossato a una parete, perchè tutto il dorso e le spalle della figura più grande, sono d'un finito perfetto.

Il gruppo si poteva facilmente identificare per quello di un Dionysos e Fauno e d'altra parte Dionysos era assai bene caratterizzato dalle estremità delle lunghe ciocche di capelli riccamente ondulate, scendenti sul petto da ambo i lati del collo. Il Dionysos è perfettamente nudo, il Fauno porta come a tracolla una pelle di capra, di cui la testa pende sul lato destro del petto del giovane e il resto ne copre soltanto una parte del ventre e del fianco. Sul braccio sinistro del Fauno a all'estremità esterna della coscia dal medesimo lato, esistono delle piccole sporgenze le quali sono indizio di un qualche oggetto che il Fauno doveva reggere; zampogna, flauto, bastone ricurvo o simili. Meno chiara mi appare una rugosità sul sommo del braccio sinistro del Dionysos. Il rapporto reciproco tra le due figure è evidente : il fauno stava diritto in atto di servire di appoggio al Dionysos e guardando verso di lui; questi girava il braccio sinistro attorno al collo del compagno abbandonandosi alquanto. Il braccio destro era sollevato fin sopra il capo sul quale ricadeva.

Ch'io mi sappia, il nostro gruppo non è identico ad alcuno degli altri gruppi di Dionysos e Fauno conosciuti. Le maggiori somiglianze si riscoutrano col gruppo del Museo Pio Clementino, e con quello del Museo archeologico di Venezia (1).

Il gruppo d'Alessandria è evidentemente una copia e probabilmente una copia da un originale in bronzo, ma è una copia eseguita da un artista che sentiva e sapeva rendere le bellezze dell'originale. Invero la finezza dell'esecuzione è in molte parti, tale da far ritenere il gruppo un'opera dell'età ellenistica piuttosto che dell'età romana.

L'anatomia del corpo di entrambe le figure, il giuoco anche più lieve dei muscoli sono studiati e riprodotti con minuziosa precisione, ma a un tempo tutte le forme sono straordinariamente fini, morbide, molli, sfumate (2).

---

(1) S. Reinach, *Répertoire,* t. I, 1633 e 1635.

(2) Queste caratteristiche si possono riscontrare anche nella pelle di capra indossata dal Fauno.

Osservando il tronco del Dionysos un nome ricorre spontaneo alla mente, quello d'un artista la cui scuola, forse più d'ogni altra, influì sull'arte alessandrina. Senza insistere su rassomiglianze, forse soltanto superficiali, tra il nostro gruppo e qualche nota opera prassitelica, ci par lecito ritenere che se non siamo in presenza d'una replica d'un originale di Prassitele, abbiamo tuttavia un'opera che va raggruppata con quelle della sua scuola [1].

E. Breccia.

---

(1) L'Helbig, studiando i rapporti tra l'ellenismo e le pitture murali campane, nel capitolo intitolato « Der Sinnenreiz » analizza la raffinatezza del costume e la tendenza nell'arte alle forme tenere, morbide, molli, che caratterizzano l'età ellenistica, e a un certo punto soggiunge : « Unsere Kenntniss ist zu beschränkt, um zu beurtheilen, in wie weit diese Richtung ist der älteren Kunst, etwa durch den Theseus des Parrhasios und die Dionysostypen des Praxiteles, vorbereitet wurde ». Il nostro Dionysos è senza dubbio un tipo prassitelico, e dell'accennata influenza offre un nuovo indizio.

DEUX STÈLES INÉDITES

PAR

M. GEORGES LEGRAIN.

J'ai acheté chez les marchands de Louqsor deux stèles qui furent trouvées dans le *sebakh* à Karnak ou à Médinet-Habou. Dans la première, la chanteuse d'Amon Ankhnasatefs fille du piéton Petisis transmet 10 aroures de terrains hauts des petites gens du territoire d'Amon au scribe, interne de la femme du dieu, Amentekennefnifou, fils de Qem-Amon et déclare en avoir reçu le prix. L'acte a été passé par un nommé [Khon]sou, fils du matelot de la barque d'Amon, Irithoreroou, fils de Padouapit. Le reste du texte fournit les limites du terrain et paraît se terminer par une malédiction contre ceux qui s'opposeraient à cette vente. Ce qui fait l'intérêt de ce monument c'est qu'il est daté de l'an VIII de Tonouatamon; on ne connaissait encore que l'an III de ce souverain[1].

Voici la description et le texte de cette stèle :

Grès de mauvaise qualité. Hauteur actuelle 0 m. 40 cent., larg. 0 m. 32 cent.

Stèle arrondie au sommet. La partie inférieure manque.

Le disque de étend ses ailes dans le cintre. Onze lignes de texte sont gravées en dessous : (→)

[1] Champollion, *Monuments de l'Égypte et de la Nubie*, t. IV, pl. 349.

La seconde stèle, appartenant au nommé *Seni*, est relative à 45 aroures de terrain. Seni était prophète de Nitocris. Je publie son monument sans plus ample commentaire.

Grès. Haut. o m. 44 cent., larg. o m. 3o cent., épais. o m. 06 cent.

Provenance. *Sébakh* à Karnak ou à Médinet-Habou. Achetée à Louqsor en mars 1905.

Description. Stèle légèrement arrondie au sommet. Le disque étend ses ailes au-dessus du tableau suivant. A gauche, debout, sont Amon-Ra (•—→) et Maout, Amon tenant le et le Maout coiffée surmonté du tenant le et levant la main droite derrière Amon.

Au centre est une table d'offrandes chargée de palmes et de pains. Une tête de bœuf et une tête d'antilope sont au-dessous.

A droite, un homme debout, , adore. Il est vêtu d'une vaste jupe proéminente serrée sous les seins, et chaussé de sandales à bout recourbé. Six colonnes sont gravées au-dessus de ce personnage : (•—→)

Quatre lignes de texte (•—→) sont gravées horizontalement au-dessous de ce tableau : (?)

G. Legrain.

SUR

QUELQUES MONUMENTS D'AMÉNÔTHÈS IV

PROVENANT DE LA CACHETTE DE KARNAK

PAR

M. GEORGES LEGRAIN.

J'ai donné, le 23 mai 1906, le n° 723 de fouilles à un fragment de cynocéphale debout qui venait d'être déterré à l'extrémité sud-ouest de la cachette de Karnak.

Il est en mauvais grès et ne mesure que 0 m. 60 cent. parce que le socle, les jambes et la moitié des cuisses manquent. De plus, le museau qui avait été fait à part puis rajusté jadis n'a pas été retrouvé. Autrefois le monument complet représentait un cynocéphale hamadryas, debout, levant les mains pour adorer le soleil. L'animal est adossé à un pilier sur la face postérieure duquel fut gravé le texte suivant en deux lignes verticales (•—→) qui, quoique

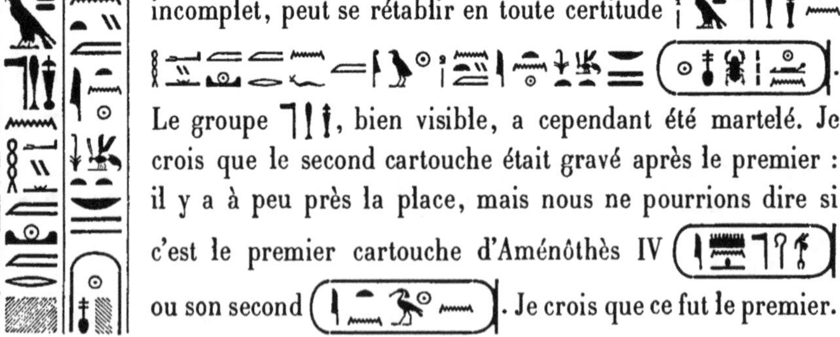

incomplet, peut se rétablir en toute certitude .

Le groupe , bien visible, a cependant été martelé. Je crois que le second cartouche était gravé après le premier : il y a à peu près la place, mais nous ne pourrions dire si c'est le premier cartouche d'Aménôthès IV ou son second . Je crois que ce fut le premier.

Le titre de « premier prophète de l'Horus du double pays, adoré à l'horizon en son nom, en lumière qui est dans le disque » que prend Aménôthès IV nous est déjà connu : il le porte sur la stèle de Silsileh[1] lorsqu'il envoie

---

(1) Lepsius, *Denkmäler,* III, 100 *i,* et Legrain, *Les stèles d'Aménôthès IV à Zernik et à Gebel Silsileh,* dans les *Annales du Service des Antiquités,* t. III, p. 259.

l'expédition qui doit construire le grand [hiéroglyphes] pyramidion de ce dieu dans les Apitou. Je l'ai retrouvé gravé sur l'épaule d'une statue de granit noir dont je déterrai ce seul fragment prés du temple d'Osiris *hiq djeto* à Karnak. J'ai montré ailleurs[1] que c'est avant son départ pour Khouîtatonou qu'Aménôthès IV prend ce titre, c'est-à-dire avant l'an VI de son règne, ce qui permet de dater le nouveau cynocéphale avec assez de précision.

Une remarque que je crois devoir faire, c'est que ce n'est pas la premiére fois que la cachette de Karnak nous rend des monuments d'Aménôthès IV, le roi schismatique.

Voici la liste actuelle :

A. Téte de Khouniatonou. Grés. Haut. o m. 45 cent. *Catalogue général du Musée du Caire*, n° 42089.

B. Sphinx en quartz. Long. o m. 53 cent. *Catalogue général*, n° 42090. Le type de la physionômie ne permet pas d'attribuer ce sphinx anépigraphe à d'antre roi qu'Aménôthès IV.

C. Dix grandes cariatides (n°s 42104 à 42110) provenant, semble-t-il, d'une grande allée de sphinx criocéphales, nous montrent un roi au visage allongé et au ventre bedonnant qui parait bien étre Aménôthès IV.

D. Bague en or portant le cartouche de Nofrititi, la femme de ce souverain [cartouche]

E. Une belle statuette en bois silicifié haute de o m. 60 cent. (n° 42095) parait avoir été usurpée à Aménôthès IV par Harmhabi.

F. Une autre statue en granit noir, haute actuellement de o m. 68 cent. nous présente un des Esprits de Pà [hiéroglyphes] adorant l'Horus de la double terre, adoré à l'horizon en son nom, en lumiére [qui est dans le disque lorsque] il se couche dans l'horizon occidental du ciel sur le haut édifice [hiéroglyphes] noble et pur de Rà. [hiéroglyphes]

[hiéroglyphes].

Et de fait, quand le génie à tête d'épervier et au torse un peu gras était complet,

---

(1) Legrain, *Les stèles d'Aménôthès IV*, dans les *Ann. du Serv. des Antiq.*, t. III, p. 259.

ses deux bras, brisés aujourd'hui, se levaient pour adorer l'Horus du double horizon. Ce texte intéressant nous fait connaître un , *qai*, noble et pur de Râ sur lequel le soleil se couchait chaque soir. Le déterminatif m'a fait traduire ce mot *qai* par « haut édifice » mais d'ordinaire ce mot se présente sous les formes , , etc., et désigne un escalier, une hauteur, une élévation, une colline, et je crois bien que le *qai* noble et pur de Râ n'était autre que la montagne de Gournah, derrière lequel le soleil se couche chaque soir[1].

En somme, nous avons trouvé dans la cachette de Karnak toute une série de monuments qu'on ne pouvait guère s'attendre à y rencontrer. Qu'on ait trouvé dans les pylônes des pierres provenant du temple d'Atonou, cela s'explique parfaitement, mais il faut noter cependant que Harmhabi et Ramsès les ont utilisées comme matériaux de construction d'un temple abandonné sans même prendre le soin de mutiler les cartouches d'Atonou, et ceux d'Aménôthès IV et de Nofrititi ne le sont que rarement. Je ne suis pas bien sûr qu'ils aient mis là une intention de représaille religieuse bien forte, et en cela, ils font un singulier contraste avec le fanatisme d'Aménôthès Khouniatonou. Ils ont pris les pierres d'un monument désaffecté de l'époque d'Aménôthès IV avec la même indifférence que Thoutmôsis III abattait la grande porte et le temple funéraire d'Aménôthès Ier. S'il y avait eu réaction amonienne comme il y eut offensive *atonienne,* je ne crois pas qu'on aurait laissé subsister le temple d'Atonou longtemps, en somme, après la chute de Khouniatonou. On aurait tout d'abord tout martelé comme lui-même l'avait fait. Il n'en est rien, pas même à Tell-el-Amarna, et, ce qui est encore plus singulier, c'est que les monuments que nous retrouvons dans la cachette de Karnak y ont été jetés pêle-mêle avec d'autres de la XIIe dynastie aussi bien que de la période grecque thébaine. La cachette ou *favissa* de Karnak fut créée d'un seul coup, vers les débuts de l'ère chrétienne, à peu près. Elle renferme une partie des monuments conservés dans le temple d'Amon, et c'est parmi ces monuments que ceux de l'époque *atonienne,* figuraient paisiblement depuis près de quatorze siècles.

---

[1] Voir le rapprochement que Nestor L'Hote fait de la montagne de Gournah et des Pyramides. *Lettres écrites d'Égypte,* 6e lettre, p. 149.

La cachette de Karnak pose bien des problèmes à résoudre ou doit modifier bien des opinions antérieurement établies. Les monuments *atoniens* que nous y avons rencontrés ne sont pas les moins curieux.

24 mai 1906.

G. Legrain.

RAPPORT

SUR

QUELQUES LOCALITÉS DE LA BASSE-ÉGYPTE

PAR

AHMED BEY KAMAL.

BAQLIEH [hiéroglyphes] OU [hiéroglyphes] (?) HERMOPOLIS.

Baqlieh est un village moderne situé à 5 kilométres au sud de Mansourah. Le nombre de ses habitants monte à 893 personnes. Il relève du district de Mansourah, province Dakahlieh.

A un kilométre de distance à l'est de ce village se trouvent quelques ruines d'une ancienne ville dont la superficie actuelle peut étre estimée à 57 feddans; si l'on tient compte du terrain empiété par les cultivateurs, on voit qu'elle était d'une étendue considérable[1]. M. Naville qui l'a visitée avant moi dit, et je crois qu'il a raison, qu'elle a été occupée pendant peu de temps par les rois de Mendès et de Sébennytos. Son temple est toujours reconnaissable grâce à de nombreux blocs en granit rouge et noir sans inscriptions qui sont épars autour de son emplacement. On y voit tout autour un cimetiére contenant des débris de momies et d'animaux, où M. Navillle avait fait des travaux de recherches[2]. Notre inspecteur de Zagazig, Mohamed Effendi Chaban, a fait au sud-ouest du temple des sondages qui n'ont donné que quelques menus objets funéraires. De la ville elle-même, il ne reste plus rien; toutefois les murs d'enceinte conservent encore

---

[1] La ville antique était, d'aprés la carte du cadastre, trés étendue du nord au sud. La partie septentrionale, qui est actuellement séparée des ruines par les travaux d'agriculture, est marquée sur ladite carte sous le nom de Tell el-Naqous.

[2] E. Naville, *Seventh Memoir of the Exploration Fund*, 1888-1889.

par place leur forme primitive. Les documents historiques qui expliqueraient l'état de cette ville nous manquent, et le peu de monuments qui subsistent encore dans ses ruines ne nous donnent que des renseignements trés restreints à son égard.

Sur le bord droit d'un ancien canal aujourd'hui remblayé et cultivé et à un kilométre à l'ouest des ruines du temple où était un petit tell actuellement nivelé, on vient de découvrir, sous une petite couche de terre, une statue dont la téte, les bras et les pieds ont disparu et qui, à cause de cette grande dégradation, a perdu beaucoup de sa valeur. Elle représente le roi Nectanébo II en marche, vêtu de la *shenti* et elle porte sur la ceinture une ligne horizontale ainsi conçue :

Sur le dossier, qui a o m. 23 cent. d'épaisseur, on lit le protocole royal suivant, écrit en une seule ligne verticale de droite à gauche : (←•)

D'aprés cette inscription, la ville de doit se trouver dans le nome hermopolite du Delta, entre le lac de Manzaleh et le nome Mendésien, à l'emplacement où l'on trouve actuellement beaucoup de fragments portant son nom et qui est connu dans la carte du cadastre sous le nom de Tell el-Naqous. Entre autres, je peux signaler un fragment en calcaire portant le nom de et un autre également en calcaire donnant [(1)]. Or, Baqlieh se trouve justement entre Temaï et le lac Manzaleh sur l'ancien emplacement de la ville de Raḥoul. Ce nom antique est une simple variante de celui de , que les géographes de l'antiquité classique appelèrent Hermopolis[(2)] et qui avait pour métropole Pi-Thot, c'est-à-dire Hermopolis[(3)].

(1) devait être , nom cité, entre autres documents, par le papyrus du Fayoum.

(2) Brugsch, *Dictionnaire géographique*, p. 459 et seq.

(3) Voir la carte annexée à l'*Histoire d'Égypte*, par Brugsch, édit. 1877.

Brugsch fait observer que les deux signes ont été placés pour déterminatif et que la ville se nommait seulement Rahouî[1]. D'un autre côté, le papyrus du Fayoum donne , comme nom d'une ville située dans la Basse-Égypte, ville qui avait également deux autres noms, un nom vulgaire , [2] et un nom sacré [3]. C'est la même ville dont nous trouvons le nom sur nos monuments, car toutes deux étaient attribuées au dieu Thot et elles se nommaient par conséquent Hermopolis[4].

Or Strabon nous signale dans la Basse-Égypte trois villes de ce nom : la premiére située dans une île du Delta non loin de Bouto, une autre au nome Sébennytique, et une troisiéme au-dessous de Gynæcopolis où le cynocéphale avait un culte particulier[5]. Je pense d'après la disposition géographique que l'emplacement occupé anciennement par la ville de ou et actuellement par celle de Baqlieh, était celui que Strabon désigne comme situé dans une île du Delta non loin de Bouto. Car au travers de cet emplacement coulait jadis le canal [6] qui formait une île et qui a conservé encore jusqu'à nos jours le nom de Baḥr-el-Sakhen : Sakhen est en effet le nom de la barque sacrée qui stationnait dans ce canal, en égyptien [7]. Ce canal, à en juger d'aprés ce que j'ai constaté sur place, coulait à l'ouest de la ville de Baḥâ (Baqlieh); car, les textes parlant du Nil disent qu'il vient : «avec l'eau de la nouvelle inondation jusqu'à Baḥu[8]». En outre, les textes et les travaux de recherche ont démontré un fait de quelque importance que nous devons expliquer plus bas. On sait que Thot était adoré dans la ville de Raḥouî sous la forme d'un ibis et dans celle de Baḥà sous la forme d'un singe [9]. Or, les sondages entrepris par

(1) Brugsch, *Dict. géogr.*, p. 459.

(2) Brugsch, *Dict. géogr.*, p. 188 et seq.

(3) Brugsch, *Dict. géogr.*, p. 962.

(4) Brugsch, *Dict. géogr.*, p. 188.

(5) Strabon, *Géogr.*, traduction française par Amédée Tardieu, t. III, p. 424, 425, 427.

(6) Brugsch, *Géogr.*, p. 256. C'est le nom du canal du XVe nome de la Basse-Égypte.

(7) Brugsch, *Dict. géogr.*, p. 1369.

(8) Lepsius, *Denkm.*, t. IV, p. 90 *b*.

(9) Pierret, *Ét. Égyp.*, Paris, 1873, p. 61 et voir aussi Brugsch, *Dict. géogr.*, p. 188 et seq. où il a montré que l'importance de Reḥouî et Bàḥà (Hermopolis Parva) valait pour la Basse-Égypte ce que valait , Hermopolis Magna, pour la Haute-Égypte.

notre inspecteur de Zagazig au sud-ouest des ruines du temple situées à l'est de Baqlieh, ont donné quelques statuettes d'ibis fragmentés, et, si un examen minutieux avait été fait lors de la découverte d'une grande quantité d'ossements d'animaux, on aurait pu vraisemblablement y reconnaître des débris des momies d'ibis.

Outre la statue de Nectanebo II, j'ai trouvé à Baqlieh, dans la maison de l'ancien omdeh, un fragment du côté nord d'un sarcophage de l'époque saïte, portant le nom de . On y voit les débris de deux registres superposés. Chaque registre est orné de divinités debout chacune dans un compartiment, et accompagnées de légendes expliquant ce que la divinité accorde au défunt Aḥmés, intendant des temples. Commençons par le registre supérieur. Il débute par le reste d'une figure des quatre génies funéraires, qui est debout et accompagnée d'une légende dont il ne reste que ces deux signes : . Vient ensuite Hapi momiforme, à téte de cynocéphale, debout et tenant le , sa légende écrite devant lui, en deux colonnes, a perdu son début. Voici ce qu'il en reste : . La troisième figure qui suit, celle d'Anubis, est également momiforme à tête de chacal; elle est debout et elle tient . Sa légende est écrite devant elle en deux lignes verticales et une troisiéme horizontale : . La quatrième figure est celle de Seb-Qab; elle est momiforme, à tête humaine et tient le sceptre . Sa légende se compose, comme les autres, de deux lignes verticales et d'une troisiéme horizontale tracée au-dessus de la figure même : . La cinquième figure est celle de Haqet. Sa légende a disparu et il n'en reste que : .

Le second registre indique les heures du jour, qui sont représentées comme d'ordinaire chacune par une femme debout, coiffée du disque solaire, levant les bras en signe d'adoration, vêtue d'une robe collante et accompagnée d'une légende indiquant le nombre de l'heure. Chaque légende est composée d'une ligne verticale et d'une autre horizontale.

La figure de la premiére heure n'a plus de téte, et il ne subsiste de sa légende que ces débris : . Celle de la deuxième heure est en bon état, et sa légende est ainsi conçue : . Celle de la troisième heure est également intacte. Voici sa légende en une ligne verticale : ; et en une autre horizontale : . Celle de la quatrième heure est aussi intacte. Sa légende est ainsi conçue : ligne verticale : ; ligne horizontale : . La figure de la cinquième heure a presque complétement disparu; il ne reste de visible que le disque solaire. Sa légende est toujours en deux lignes : une ligne verticale dont le commencement est conservé : , et une horizontale, qui est également intacte : . Quant à la sixiéme heure on ne voit de sa légende que ces deux signes ; la figure a entiérement disparu.

D'aprés le nombre des heures, notre fragment doit former la moitié antérieure du sarcophage. Il ne donne aucun renseignement sur la ville méme.

TELL-EL-MOKDAM (LÉONTOPOLIS).

Le 27 mai 1905, lors de mon passage à Tell-Mokdam, je trouvai prés d'une sakieh la partie inférieure d'une statue naophore au nom du prince fils du premier pharaon de la XXIIe dynastie Sešonq Ier. Il est intitulé , . Ce fragment[(1)] de 0 m. 72 cent. de hauteur, est en granit gris et commence au-dessous de la ceinture. Il représente Nemurot accroupi sur un socle taillé dans le méme bloc et tenant un naos intact qui contient l'image du dieu Anhouri debout, coiffé , tenant dans sa main gauche le et laissant son bras droit ballant. Sur le dossier, on lit une inscription gravée en creux de droite à gauche en une seule ligne verticale ainsi conçue : [(2)].

Les deux côtés du naos sont couverts d'inscriptions gravées également en

---

[(1)] *Journal d'entrée du Musée*, n° 37966. — [(2)] Pour ce prince, voir E. A. Wallis Budge, *Egypt under the Priest-Kings, Tanites and Nubians*, p. 63 et seq.

creux, mais fortement effacées par le temps. Avec l'aide de M. Legrain, je suis arrivé à donner sous toute réserve la copie suivante :

CÔTÉ GAUCHE :

1 2 3 4 5 6

(1) (1) (?)

Ici les doigts. Ici les doigts.

CÔTÉ DROIT : (→)

1 2 3 4 5

Ici les doigts. Ici les doigts.

(2)

---

(1) L'âme a des mains humaines et le fouet sur le dos. — (2) Pour cette restitution, voir MASPERO, *Les momies de Deir-el-Bahari*, t. I, p. 722.

Ramsès II, le grand roi Sésostris, qui n'avait abandonné, à peu prés, aucune localité antique méme de peu d'importance sans qu'il y eùt laissé ou usurpé un ou plusieurs monuments pour y perpétuer sa mémoire, avait laissé à Léontopolis une statue en grès compact mesurant 1 m. 13 cent. de hauteur. Cette statue, qui a été recueillie dans les ruines de cette ville, il y a quelques mois, est d'une belle facture. Elle représente le roi debout en marche, vêtu de la *shenti*, coiffé du *claft*, paré d'un *ousokh* et portant sur le nœud de sa ceinture son prénom ainsi gravé : .
Sur le flanc gauche on voit la figure de la déesse locale, coiffée du vautour et de deux plumes au-dessus du disque solaire. Cette statue aurait été d'une grande valeur artistique, s'il ne lui manquait pas les deux jambes et les deux bras. Néanmoins elle conserve assez bien les traits du roi ainsi que le protocole royal qui est écrit verticalement en gros caractéres creux sur le dossier :

I. .

II. .

MAHALLAH-EL-KOBRA.

J'ai trouvé le 17 avril 1906 : 1° au centre de cette ville et bàti dans une citerne, un fragment en granit rose d'environ 1 m. 80 cent. de longueur, portant, en une seule ligne verticale tracée en creux de droite à gauche, le protocole de Psamétique II ainsi conçu :

2° Un fragment d'une meule de pressoir à huile jetée au nord de la ville avec beaucoup d'autres fragments de méme provenance en granit rose. Il porte sur la tranche le débris d'une inscription : [1].
Toutes ces pierres qui servaient de meules, pour des pressoirs, ont été apportées d'un bàtiment pharaonique, soit du temple de la ville de Sébennytos, soit de la ville sainte Iseum, connue anciennement et actuellement

[1] Ce fragment a été signalé à la Direction par M. C. C. Edgar.

encore sous le nom de Bahbit. L'endroit de la ville de Mahalleh contenant les fragments s'appelle «Tell-el-Waqâa», c'est-à-dire «colline de la bataille». On dit, en ville, à propos de cette appellation, qu'au temps de l'Expédition française, une bataille acharnée y a été livrée entre les Français et les habitants de la ville; elle amena la déroute de ces derniers et la destruction complète du quartier qui comprenait tous les plus jolis bâtiments. Depuis lors les ruines du quartier ont été abandonnées sur lesquelles on bâtit plus tard les pressoirs à huile qui ont également disparu, en laissant sur place les meules fragmentées dont nous avons parlé plus haut.

TELL-FARAOUN.

Il y a quelques mois, un notable de Faqous trouva dans sa ferme, adjacente à Tell Faraoun, une statue debout en basalte de o m. 65 cent. au nom de [hieroglyphs]; le nom du père a disparu. Sur le côté gauche de cette statue on lit une inscription gravée en creux de gauche à droite, en deux lignes verticales, et surmontée du signe du ciel [hieroglyphs] :

[hieroglyphs] (1) [hieroglyphs] (?) [hieroglyphs] (?) [hieroglyphs]. Sur le dossier de cette statue on lit une longue inscription, écrite également en creux de gauche à droite, en trois lignes verticales surmontées du signe du ciel [hieroglyphs] :

[hieroglyphs]

(1) Le [hieroglyphs] surmonté du [hieroglyphs] est placé au-dessus du dos de l'hirondelle et derrière sa tête.

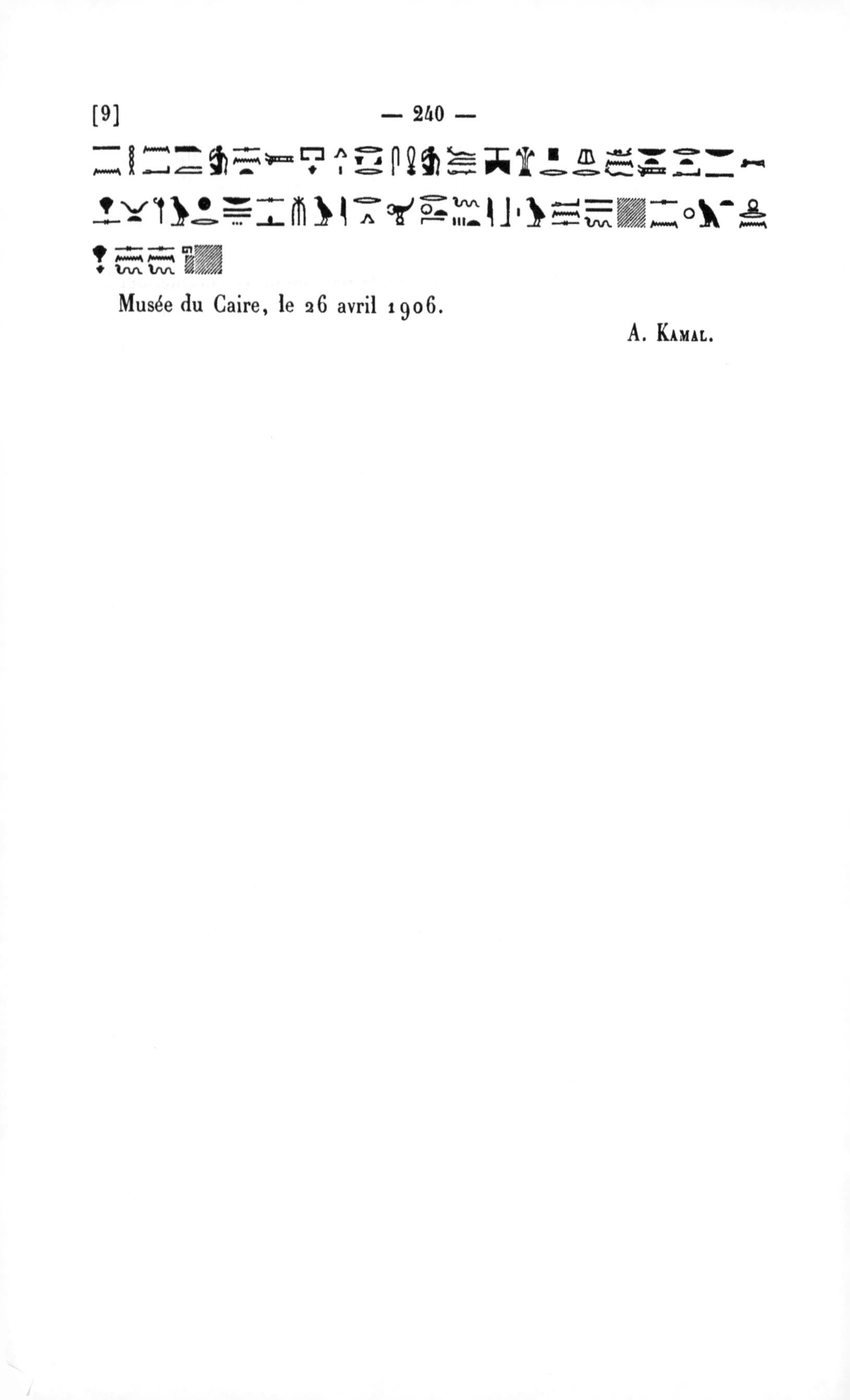

Musée du Caire, le 26 avril 1906.

A. Kamal.

NOTICE

SUR QUELQUES PIERRES GNOSTIQUES

PAR

M. LÉON BARRY.

I

L'un de ces documents, le seul sur lequel nous ayons cru utile d'insister, appartient aux collections du docteur Fouquet, du Caire. Les autres peuvent se voir dans une des vitrines du Musée égyptien. Le premier est en partie intelligible. Par là, il se distingue de la grande majorité des phylactères, talismans, jetons de passe, gnostiques ou non gnostiques, improprement généralisés sous le nom d'Abraxas[1]. Ceux-ci, on le sait, ne contiennent, le plus souvent, qu'une suite de lettres, de formules, dont la clef est perdue, et des représentations bizarres, dont on parvient difficilement à fixer le symbolisme. Ici, au contraire, si tout n'est pas clair, du moins, les inscriptions ont un sens, quelques figures peuvent se reconnaître; enfin, la destination phylactérique de l'ensemble n'est pas douteuse.

Ce curieux amulette, sorte de petite médaille ovale, en hématite, a été taillé et incisé avec une extréme minutie, mais sans beaucoup de sens artistique. Les diamètres sont de 0 m. 023 mill. et de 0 m. 027 mill. sur 0 m. 004 mill. d'épaisseur.

Sur l'une des faces, on a gravé : au centre, un scarabée, debout sur le disque solaire. De la partie inférieure de ce disque, s'échappent quatre serpents. Tout le reste du champ est occupé par une inscription en capitales grecques trés menues et disposée en quatre cercles concentriques,

[1] On trouvera une bibliographie trés étendue et un excellent résumé de toutes les questions auxquelles donnent lieu ce genre de documents dans H. Leclercq, article *Abraxas*, fasc. 1, col. 126-155 du *Dict. d'archéol. chrét. et de liturgie*, Letouzé et Ané, Paris, 1903. Voir également Dietrich, *Abraxas. Studien zur Religionsgeschichte des spätens Alterthums*, Leipzig, 1891.

autour de la figure centrale. Le commencement de l'inscription part de la tête du scarabée. En voici le texte :

1er cercle. — ΜΗΡΑϹΘΗΛVΚΗϹΘЄΟϹΑΒΑΝΒΑⲰΜΗΤΡⲀϹΓV

2e cercle. — ΝΑΙΚⲰΝΘЄΟϹΙⲀΗⲀΥΗⲀΙVⲀΙΗΙΕΟVΟΕΙΗⲀΥΙⲀΗVⲀΗⲀΙⲀ ΜΗΤΡ

3e cercle. — ⲀϹΓVΝⲀΙΚⲰΝΚVΡΙΟϹΟΡⲰΡΙⲰΟVΘΑVΒⲀΚΜΗΤΡⲀϹΓV ΝⲀΙΚⲰΝ∇VΛⲀ▒ΙⲀΗΙΕΟ

4e cercle. — VΟΕΙⲀⲰⲀΙΟΙΗΙΟΗΙⲀⲰⲀΙΗⲰVΟΕΙΗⲀΙΜΗΤΡⲀϹΓVΝⲀΙΚ ⲰΝΣⲰΤΗΡΑΜΟVΝVΟ▒ΙΜΑΧⲀΚ▒.

Sur la tranche de la pierre : ΜΗΞ.

Ce que l'on peut transcrire :

μή[τ]ρας θηλυκῆς θεὸς αϐανϐαω, μήτρας γυναικῶν θεὸς ιαη αυη αιυ αιη ιεο υοε ιηα υια ηυα ηαια, μήτρας γυναικῶν κύριος ορωριωουθ αυϐαχ, μήτρας γυναικῶν φύλα[ξ] ιαη ιεο υοε ιαω αιο ιηι οηι αωα ιηω υοε ιηαι, μήτρας γυναικῶν σωτήρ ἀμοῦν υο... ιμαχ ἀκμή (?).

L'autre face porte, au centre, un petit groupe de trois personnages. A droite le dieu Bès se tient dans son attitude la plus ordinaire, les jambes arquées et les mains sur les cuisses. Perché sur sa tête, un personnage nu lève le bras droit, comme dans un geste d'invocation. Dans une des pierres gnostiques que nous publierons plus loin, on voit un Harpocrate nu pareillement juché sur la tête de Bès. L'on sait, d'autre part, que sur les stèles magiques de l'époque ptolémaïque, on voit presque constamment la tête de Bès au-dessus ou au-dessous du corps d'Horus enfant [1]. Mais ici, bien que l'identification soit très probable, aucun attribut ne nous permet d'affirmer, avec une entière certitude, que le graveur ait voulu représenter Harpocrate. Derrière ces deux personnages, une divinité, peut-être Sérapis, est représentée, debout, de profil, vêtue du pallium, les cheveux ceints d'un diadème, d'où partent des rayons. La main gauche soutient le pan du manteau, la main droite, levée, porte un objet minuscule qu'il est impossible de préciser. Au-dessus de ce groupe, on lit les lettres V_Μ Θ.

---

[1] Daressy, *Catal. gén. du Musée du Caire, Textes et dessins magiques*, nos 9401, 9405, 9406, 9407, 9408, 9410, 9412, 9414, 9417, 9418.

Au-dessous, l'on voit gravée une représentation étrange, dont nous trouverons d'autres exemples dans quelques intailles du Musée du Caire. C'est une sorte de sac ou de vase pansu, d'où sortent, de l'orifice et du fond, des lignes anguleuses et contournées. Différents signes magiques remplissent le reste du champ. Un serpent se mordant la queue entoure toutes ces figures. On lit en exergue :

PⲀCΓVNⲀIKⲰNΔⲀIMⲰNOMOOPOΦOMOOPOΦⲰTHC

[μήτ]ρασ γυναικῶν δαίμων ὁμοοροφ... ὁμοοροφώτης

Sans doute, il serait téméraire de vouloir donner une explication complète de toutes les parties de cet amulette. Il faudrait d'abord l'avoir comparé avec les milliers de documents semblables que nous possédons, et qui se trouvent dispersés dans les musées et les collections particulières. Tant qu'ils n'auront pas été recueillis et classés, une pareille enquéte sera impossible. D'antre part, on peut se demander si celui ou celle qui achetait le talisman comprenait tout ce qui s'y voyait représenté. Nous savons par quelques textes des Péres de l'Église[1], combien les sorciers et les faiseurs d'amulettes profitaient de l'immense crédulité des âmes simples. Nous essayerons, toutefois, de fixer l'attention sur ce qui, dans notre amulette, nous a paru en quelque façon explicable.

C'était, suivant toute vraisemblance, un phylactère, destiné, soit à écarter les affections qui peuvent attaquer l'organe de la conception, à guérir de la stérilité, par exemple, soit à assurer une heureuse délivrance. Les inscriptions sont, à cet égard, suffisamment claires. Ce ne sont qu'une suite d'invocations variées à un dieu dont l'attribut particulier est sans cesse répété : «Dieu de la matrice féminine! Dieu de la matrice des femmes! Seigneur de la matrice des femmes! Gardien..... salut..... génie de la matrice des femmes!» Les mots qui suivent ces invocations et qui sont, soit un nom particulier de la divinité, soit une formule mystique, sont difficilement explicables. Nous n'avons rencontré nulle part l'expression

[1] Voir, par exemple : Saint Athanase, dans Migne, *Patrologie grecque*, t. XXVI, col. 1319; Saint Jean Chrysostome, *Epist. ad Coloss.*, homélie viii, *Patrologie grecque*, t. LXII, col. 357.

ABAMBAω. ΙΑΗ est l'équivalent de l'hébreu יה, Dieu[1]. La série de voyelles qui suit ce terme et qui reprend plus loin se retrouve, à peu prés semblable, dans une pierre gnostique, dont Gori[2] signale l'intérêt au cardinal Quirini et qui est une priére pour obtenir la santé. C'est en prenant modéle sur ce document, où les lettres sont divisées en groupes de trois ou de quatre que nous avons ainsi partagé celle de notre amulette.

Le mot ΟΡωΡΙωΟΥΟ se trouve trois fois dans le catalogue de Chabouillet[3], à vrai dire, avec une orthographe un peu différente ΟΡωΡΙΟΥΘ. Ce serait, d'aprés lui, une invocation à Horus. Dans Gori[4], on rencontre ΟΡωΡΙ qu'il traduit par «aurore». Nous retrouverons la méme invocation dans trois intailles du Musée du Caire. Quant aux termes qui suivent le mot AMOVN probablement écrit lui-méme pour Ἀμμοῦν, ils sont difficilement lisibles, par suite d'une cassure de la pierre. C'est tout au plus si l'on peut conjecturer le mot ἀκμή «point extréme, apogée» (de force, de puissance).

Pent-on établir une relation entre la figure qui se trouve au centre de la pierre et l'inscription qui l'entoure? On sait de quelle prudence il faut user pour ces sortes de rapprochements. «Aucune preuve évidente de corrélation entre les figures et les textes qui se remarquent sur les pierres gnostiques n'a été donnée jusqu'à ce jour, et, bien que cette corrélation soit probable et peut-étre certaine pour quelques types déterminés, il semble préférable de ne rien préjuger pour les autres[5].» Ce n'est donc qu'avec une extréme réserve que nous ferons remarquer le rapport qui pourrait exister entre le scarabée posé sur le disque solaire, symbole, dans la mythologie égyptienne tardive, d'un dieu théologique pur, les expressions *ορωριωουθ*, Ἀμοῦν, *ὁμοοροφώτης*, qui désignent, toutes, une divinité solaire, et le terme Ιαη, nom du Dieu suprême. Dans une de ces sectes

---

[1] Cf. Passeri Gori, *Thesaurus gemmarum*, 3 vol., in-4°, Florence, 1750, t. II, p. 249, n° 2.

[2] Cf. Passeri Gori, *Thesaurus gemmarum*, t. H, p. 263.

[3] Chabouillet, *Catalogue général et raisonné des camées et pierres gravées de la Bibliothèque Impériale*, in-12, Paris. 1858, p. 294, n° 2200, 2201, 2202.

[4] Cf. Passeri Gori, *loc. cit.*, t. II, p. 256, n° 40.

[5] Leclercq, *Dictionnaire d'archéol. chrétienne*, article *Abraxas*.

gnostiques où toutes les idées et les formes religieuses étaient confondues, il n'est pas invraisemblable qu'un pareil syncrétisme se soit produit. Les serpents qui tombent du disque solaire peuvent symboliser ici la puissance bienfaisante et curative de ce Dieu suprême dont on invoque l'intervention.

L'autre face de l'amulette offre de si grandes obscurités que nous ne croyons point devoir nous hasarder à l'expliquer. La photographie que l'on en donne, à la suite de cet article, pourra permettre des rapprochements et des comparaisons à ceux qui sont, mieux que nous, versés dans la connaissance des pierres gnostiques.

II

INTAILLES GNOSTIQUES DU MUSÉE DU CAIRE.

Le Musée du Caire possède un petit nombre de pierres magiques de provenance basilidienne et dont personne, à notre connaissance, ne s'est occupé jusqu'à ce jour. Elles ne figurent pas encore dans le *Catalogue général* de ce Musée. En voici la description.

N° 1. Hématite, ovale, o m. 017 mill. × o m. 020 mill. — Cette pierre, et les deux qui suivent, ressemblent d'une manière frappante au phylactère que nous avons décrit plus haut. De part et d'autre, c'est la même matière, le même travail méticuleux et inhabile, le même symbolisme compliqué. Nous avons là, sans doute, quatre spécimens des produits d'un même marchand d'amulettes.

Un groupe de quatre personnages. Au centre, Bès, portant sur la tête Harpocrate nu, armé du fouet, l'autre main vers la bouche. A droite, une divinité, trois rayons sur le front, et tenant la croix ansée. A gauche, un personnage à tête d'épervier, coiffé du disque solaire, assis sur un siége et tenant un sceptre. Au-dessous, la même représentation bizarre dont il a été question ci-dessus, mais renversée.

Un serpent, se mordant la queue, entoure l'ensemble.

Revers : au centre le signe ⍁, et autour l'inscription :

ΟΡѠΡΙΟΥΘ ΟΡΟΥΡΜΕΡΦΕΡΓΑΡΒΑΡΜΑΦΡΙΟΥΙΡΙΤΧC.

N° 2. Hématite, ovale, o m. 015 mill. × o m. 017 mill. — Thouêris, la déesse hippopotame, et une divinité coiffée de trois rayons et portant le sceptre. Au-dessous : le vase ou sac dont il a été parlé (?). Autour : serpent se mordant la queue.

Au revers :

OPωP
IOVΘ
OPωP
IωOYΘ

On remarquera les deux orthographes de l'invocation OPωPIOVΘ.

N° 3. Hématite, ovale, 0 m. 015 mill. × 0 m. 017 mill. — Anubis portant le sceptre et debout sur le même signe que ci-dessus. Tout autour, en deux cercles, l'inscription :

ATAΛACHCOPωPIOVΘ
CIMHTIMHIΓAMΓICETVΦωN

Au revers, enfermés par un serpent se mordant la queue, Thouêris, un serpent à tête de lion, un personnage coiffé de rayons et le même signe que ci-dessus.

N° 4. Jaspe vert, forme ovale, diamètres 0 m. 016 mill. × 0 m. 011 mill. — Harpocrate vêtu, trois rayons autour du front et le doigt sur la bouche, chevauche un sphinx dont la tête est ornée du disque solaire. On trouve une figure très analogue d'Harpocrate sur le sphinx au revers d'une monnaie de Trajan [1]. Sur l'autre face l'inscription suivante :

ABE
PNEKΛ
HCIABEP
NEBOVN
ICOVAΠ
PIMO

Sur la tranche : NOVB ITON ΘωPω.

N° 5. Jaspe noir, 0 m. 016 mill. × 0 m. 011 mill. — Harpocrate nu, armé du fouet, l'autre main vers la bouche, émerge d'une fleur de lotus.

---

(1) Milne, *History of Egypt under the Roman Rule*, p. 145 (fig. 128).

Devant son visage, un soleil, derriére sa tête, un croissant de lune, autour de lui, remplissant le champ, trois scarabées, trois éperviers, trois uræus, trois crocodiles et trois béliers. Au revers, une série de voyelles :

IEωAI
HOVEVAI
HIAωAE
VωHωAIH
ωEAHAI
IAωAI

N° 6. Lapis-lazuli. — Pierre rectangulaire, à biseaux. Femme, les bras étendus dans le geste de l'orant, entourée de l'inscription :

NIB X·B·IX
IωPEOV

Au revers :

BAI
A K
X ω

Rien n'indique que cette pierre soit gnostique. On sait que les Chrétiens se servaient trés fréquemment d'amulettes.

N° 7. Scarabée de faïence bleue. Au revers :

ΘωBAP
PABωΘ

N° 8. Hématite, ovale, 0 m. 014 mill. × 0 m. 017 mill. — Un cynocéphale, portant le disque solaire et armé d'un fouet, chevauche un lion. Cette intaille est d'un travail exquis. Au revers :

I A ω
A E ω
IAEω

N° 9. Jaspe, ovale, à biseaux épais, 0 m. 019 mill. × 0 m. 026 mill.

— Mithra, monté sur un taureau et brandissant un glaive. A gauche Séléné, à droite Apollon. Au-dessous, un personnage méconnaissable, un chacal courant, un serpent, un épervier. Champ semé de sept étoiles. Au revers :

NEIKA
ΡΟΠΛΗΖ
ΙΑω

Sur le biseau : ΑCωΝΙΗΛ.

Sur le culte de Mithra à Memphis cf. Strzygowsky, *Catalogue général du Musée du Caire, Koptische Kunst,* page 9. Sur le rapport numérique d'Abraxas et de Mithra, cf. Leclercq, *loc. cit.,* col. 131.

N° 10. Hématite, ronde, 0 m. 025 mill.[1]. — Corps humain vêtu d'un pagne, et d'où émerge, sur les épaules, une moitié de serpent dont la tête barbue est coiffée du *pschent.* La main gauche tient la croix ansée, la main droite le sceptre ⌠. Tout autour les mots :

ΑΟΥC ΠΙCΙΔΑΟΥΘЄΙ ΒΡΙΜ ΛΕΡΘЄΜΙΝω

Au revers :

Α Β Є Ρ Α Μ Є Ν
Θ ω Ο Υ Λ Є Ρ Θ Є
ΞΑΝΑΞΕΘΡΕΛΥ
ΘωΘΝΕΜΑΡΕΒ
ΑΡΕΜΜΑΛωΑ
ΜΜΙΜΕΑω

Nous n'avons pas essayé de chercher la clef de toutes ces figures et des légendes qui les accompagnent. L'insuffisance des matériaux dont nous disposions, ne nous le permettait pas. Nous espérons, toutefois, que ce travail aura quelque utilité pour les savants qui s'occupent du gnosticisme.

Lorsque l'on réfléchit que ces petites pierres sont les seuls monuments

[1] Cette pierre ne se trouve pas au Musée du Caire. Elle appartient à M. Brugsch pacha, conservateur du Musée.

figurés qui nous restent de ces doctrines dont le succés et le retentissement furent immenses, que ce sont, peut-étre, les seuls témoins de leur forme et de leur influence populaire, on ne peut s'empêcher de souhaiter que de plus nombreuses recherches leur soient consacrées et qu'une étude complète nous livre enfin le secret, si secret il y a, de leurs énigmes.

Le Caire, novembre 1905.

L. Barry.

NACHLESE

ZU DEN DEMOTISCHEN INSCHRIFTEN

DES

CATALOGUE GÉNÉRAL

DES ANTIQUITÉS ÉGYPTIENNES DU MUSÉE DU CAIRE

VON

WILHELM SPIEGELBERG.

Unter diesem Titel beabsichtige ich von Zeit zu Zeit Nachträge und Ergänzungen [1] zu den von mir veröffentlichten demotischen Inschriften des Cairiner Museums zu geben. Dabei soll in erster Linie das neu hinzugekommene Material zugänglich gemacht werden.

I

ZWEISPRACHIGE INSCHRIFT VON KARNAK.

Der griechische Text dieses im April von Legrain gefundenen breiten pfeilerartigen Sandsteinfragmentes ist bereits von G. Lefebvre im *Bulletin de correspondance hellénique,* 1905, S. 446 ff (Sonderabzug), veröffentlicht worden.

Fig. 1.

Ich verdanke dem glücklichen Finder ausser der Publikationserlaubnis auch die folgende Mitteilung über die Herkunft des Stückes : (fig. 1) «Trouvé en avril 1903 dans la salle à colonnes, au nord de l'obélisque de Makera, à l'endroit marqué A, la partie supérieure tombée vers l'est».

---

(1) Ich benutze diese Gelegenheit, um zu vier Nummern die Provenienzangaben zu fügen, die ich den Nachforschungen von Herrn Seymour de Ricci verdanke. N° 31088, *Journal d'entrée*, n° 35635 Mit Rahine (Kom el Quala'a) acheté à M. Nahman au Caire. — N° 31098, *Journal d'entrée,* n° 25602 aus Theben. — N° 31123, *Journal d'entrée,* n° 26878 aus Achmim. — N° 31144, *Journal d'entrée,* n° 26890 aus Luksor.

Über die äussere Beschaffenheit des Sandsteinblockes geben die nebenstehenden Zeichnungen (fig. 2) Auskunft, die nach einer mir von *Ludwig Borchardt* gütigst zur Verfügung gestellten Skizze hergestellt worden sind. Nach *Borchardt* war der Block «ein Theil eines Pilasters aus Sandstein. Er sass mit seiner rauh gelassenen Seite in einer Wand. Oben war er mit einer Hohlkehle bekrönt, an den Kanten hat er einen glatten Rand. Wie breit der Pilaster war, ist nicht zu sagen. Die Vorderseite trägt einen Theil einer demotischen Inschrift (*d*), die erhaltene Seitenfläche eine griechische (*g*).» Wozu der Pilaster diente, ob darauf etwas stand, ob er unten im Boden oder Pflaster stak, ist nach Borchardt nicht zu ermitteln.

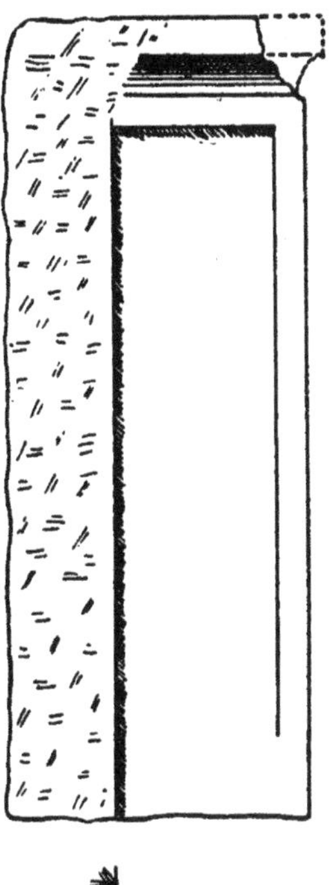

Die griechische Inschrift, lautet [1]

Διὶ Ἡλίῳ Αμ-
μωνι θεῷ με-
γίστῳ Τιριτμὶς
Τεῶτος ἱέρισσα
ἀνέθηκεν
κατὰ διαθήκην
Τεῶτος Ἰναρῶ-
τος προφήτου
καὶ κορυφαίου
πατρὸς εὐσεβεί-
ας χάριν, ἐπ' ἀγαθῶ[2]
[ι]
ἔτους κα Μάρκου
Αὐρ[η][3]λίου [Κομόδου][4]
Ἀντωνίνου Καίσαρος
τοῦ κυρίου Ἀθὺρ κα

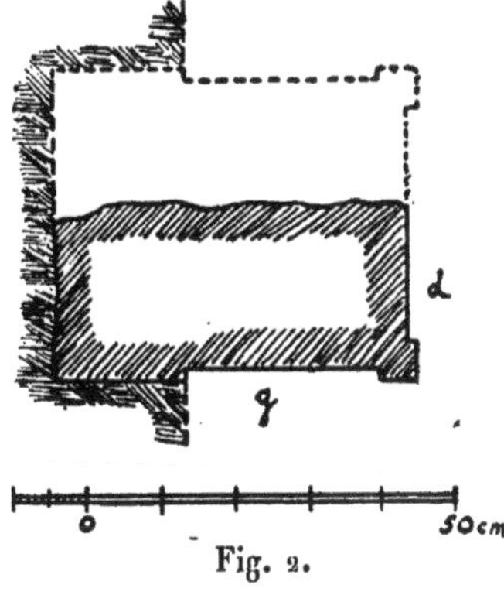

Fig. 2.

[1] Ich benutze dabei die mir von Herrn *Lefebure* gütigst zur Verfügung gestellten Korrekturen und einen mir von meinem Freunde *Otto Rubensohn* freundlichst besorgten Abklatsch.

[2] Spuren des ω sind noch auf dem Abklatsch sichtbar.

[3] Nach dem Abklatsch.

[4] Absichtlich getilgt. Siehe unten.

Die demotische Inschrift (Tafel I) ist rot ausgemalt. Die rechte Hälfte ist weggebrochen, und um die ganze Inschrift lief ein etwa 4 cm breiter Streifen.

1 [*m-bꜣḥ ʾmn-Rʿ pꜣ*] *ntr ʿꜣ. n t.t jt-ntr*
2 [ ] *ḥn-ntr tp n ʾmn-Rʿ stn ntr-w*
3 [ ] *N.t rt. . . . . . .*
4 [*Dd-*] *ḥr sꜣ n jt-ntr*
5 [ ] *ʾn-ḥ-Ḥr-ʾr-w*
6 [ ] *wʿb.t(?) n ʾmn Tiritm*
7 [ ] *šrj.t r ẖr-f n t.t*
8 [ ] *mr ḥn-ntr*
9 [ ] *Ḥr pʾ Ḥr pꜣ wʿb mḥ II*
10 [ ] *nꜣis ẖrd šʿ ḏt*
11 [*Ḥsp XIX n Ato-*] *grturs*
12 [*Gisrus Mr*] *kus ꜣAulrs*
13 [ ] *ꜣAntonins* (1)
14 [ ] *Hrmnüigu* (?)
15 [ ] *Prtsigu*
16 [ ] *Srmtsigu*
17 [ ] *pꜣ ntr ʾbd III ʾꜣḫj.t sw XXI*

UEBERSETZUNG.

«[|1 Vor Amon-Reʿ, den] grossen Gott durch den Gottesvater |2 . . . .
. . . . den Hohenpriester (2) des Amon-Reʿ, des Götterkönigs (3), |3 . . . . . .
. . . . [in] Theben (4), den Vorsteher (5) . . . . |4 . . . .

---

(1) Die Gruppe *tꜣ* giebt die Vokalisation TO an.

(2) Wörtlich der «erste Gottesdiener» (hieroglyphs). Man beachte die Wiedergabe durch *προφήτης καὶ κορυφαῖος*.

(3) = Ἀμουρασ(ο)ωνθήρ in der Turiner Stele (Dittenberger : *Sylloge Or. gr.*, I, n° 194 und pag 277, Anm. 7).

(4) Im Demotischen steht die aus dem Pap. Rhind bekannte Gruppe für (hieroglyph) «Stadt» eine der zahlreichen Bezeichnungen für Theben.

(5) Es ist der Titel, der in der röm. Kaiserzeit durch *προστάτης* wiedergegeben wird. Siehe Spiegelberg : *Demot. Inschriften*, Cairo, S. 35 (*προστάτης Ἴσιδος*). In der folgenden mir unklaren Gruppe wird also ein Gottesname stecken.

[Te]os, Sohn des Gottesvaters |5 .... Inaros[1] |6 [Gestiftet hat es die] Priesterin (?) des Amon *Tiritmis* |7 .... [seine] Tochter nach seinem Befehl durch |8 [den] .... Vorsteher der Priester |9 [des Amon-Re', des Götterkönigs] Horos, Sohn des Horos und (?) den zweiten Priester |10 .... ihre Kinder in Ewigkeit.

|11 [Im Jahre XXI] des Imperator
|12 Caesar Mar]cus Aurelius
|13 [Commodus] Antoninus
|14 Armeniacus
|15 [Medicus] Parthiens
|16 [Germanicus (?)] Sarmaticus
|17 [ ], des Gottes.

Am 21sten Athyr.»

So schwierig die Ergänzung des nur zur Hälfte erhaltenen demotischen Textes im Einzelnen ist, so ist doch der Inhalt klar. *Tiritmis* hat den Pilaster im Auftrage ihres Vaters Teos, des Hohenpriesters des Amon Re' = Ζεὺς Ἥλιος, in das Heiligtum dieses Gottes in Karnak geweiht, und zwar durch ihre Kinder, die wohl Priester desselben Gottes waren.

Der griechische Text ist wesentlich kürzer und sieht fast wie eine Inhaltsangabe des demotischen aus. Jedenfalls stehen beide Texte durchaus unabhängig neben einander, jeder redet mit den Formeln seiner Sprache.

Was die Datierung anlangt, so hat Lefebvre angesichts der griechischen Inschrift zwischen Commodus und Caracalla geschwankt. Da nun aber der mir vorliegende Abklatsch deutlich die absichtliche Tilgung des Namens Commodus (Κομόδου)[2] zeigt, die auch sonst für Aegypten nachweisbar ist[3], so fällt schon aus diesem Grunde die Entscheidung zu gunsten des Commodus aus. Der letzte Zweifel wird aber durch den Siegertitel *Sarmaticus* beseitigt, den die demotische Inschrift bewahrt hat, der für Caracalla nicht belegt ist. Somit stammt die Inschrift sicher aus der Regierung des

---

(1) Siehe zu dem Namen *Recueil*, XXVIII, S. 191 ff.

(2) Auch aus räumlichen Gründen würde Κομόδου mit *einem* μ̄ (wie DITTENBERGER 509,5) vor Σεουήρου vorzuziehen sein.

(3) DITTENBERGER, *Orientis græci inscriptiones selectæ*, II, n° 708 (S. 446).

Commodus, der in Aegypten die Regierungsjahre seines Vaters Marcus Aurelius weiterzählte[1], also aus dem Jahre 180 n. Chr[2].

II

Die Statuenbasis, deren griechische Inschrift

Βασιλέα Πτολεμαῖον
Σωτῆρα Διόδοτος Ἀχαίου

bereits bekannt ist[3], hat sich jetzt im Museum von Alexandria gefunden. Ich veröffentliche sie hier

nach einem Abklatsch, den ich Herrn Seymour de Ricci verdanke :

1 *Pr-‘; Pturmis n* (?) *t. t* (?)[4]
2 *Tiututs p’ ;Agis*[5]
«Pharao Ptolemaios durch (?)
Diodotos, Sohn des Achaios»

III (TAFEL II).

Kalksteinstele 0,34 × 0,26 — Aus Tell-abu-Iassin (*Journal d'entrée*, n° 36691).

---

(1) Dittenberger, a. O., S. 446.

(2) Der 21ste Athyr würde nach den Mahlerschen Tabellen der 27ste September sein.

(3) Strack im *Archiv*, I, 200.

(4) Die Lesung der zerstörten Gruppe ⲚⲦⲈⲚ ist sehr unsicher, aber sehr viel wahrscheinlicher als nachfolgendes *p; sutr* (= «der Soter»).

(5) Das *g* sehr unsicher und mehr geraten als gelesen. Zu der Wiedergabe des χ durch g vgl. Hess in *Indogermanische Forschungen*, VI, S. 129.

Links neben einem schreitenten Ibis.

Tḥwtj	« Thot
w; ḥ ʿḥʿ	Berechner (?)[4] der Zeit
p; ʾw ʾr tj	welcher giebt
n; ḫr	die Speisen (ϩⲣⲉ)
n̲ (?); hb	den Ibissen
m - b; ḥ Tḥwtj	vor Thot. »

IV

DEMOTISCHE INSCHRIFTEN AUF METALLGEFÄSSEN[5]

3482 (Seite 35 des Katalogs).

Ich lese am Original

Mtrḳus p' ; Aurius, was Μητριχος[6], Sohn des Εὔριος[7], sein könnte.

---

[4] Wörtlich « der die Zeit setzt ». Oder steht *w; ḥ* hier für *wʿḥ* (cf. Brugsch, *Wb.*, IV, 1708) in der Bedtg. « verstehen, berechnen » ? Es liegt wohl ein dem bekannten *ḥsb ʿḥʿ* « Berechner der Zeit » (z. B. L., *D.*, IV, 9 *a*) synonymes Epitheton des Thot vor.

[5] Siehe den betr. Band des *Catalogue général* von Fr. W. von Bissing, wo die demot. Inschriften ungenau wiedergegeben sind. Die hier gegebenen Copieen sind nach dem Original frei gezeichnet, also keine mechanische Reproduktionen.

[6] Cf. Μητρίχη weibl. (Pape-Benseler 918).

[7] *Ibid.*, 418.

Freilich mag vor dem ersten Namen eine Lücke sein, so dass er möglicherweise nicht vollständig ist.

Die Reste der griechischen Inschrift las Edgar (fig. 3). Daraus lässt sich keine Beziehung zu der demotischen Inschrift gewinnen. «Metrichos (?), Sohn des Eurios» ist wohl als Stifter[1] des seinen Namen tragenden Gefässes anzusehen.

3491 (Seite 38 des Katalogs).

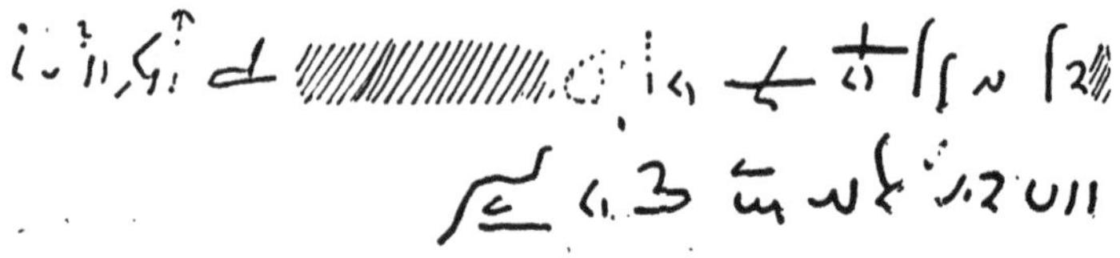

ʾmn (?) pꜣ nṯr ʿꜣ ṯj ʿnḫ . . . .
ʾrm n-f ḫrd šʿ ḏt

«Amon (?), grosser Gott, gieb Leben [dem N.] mit seinen Kindern in Ewigkeit.»

3569 (Seite 69 des Katalogs).

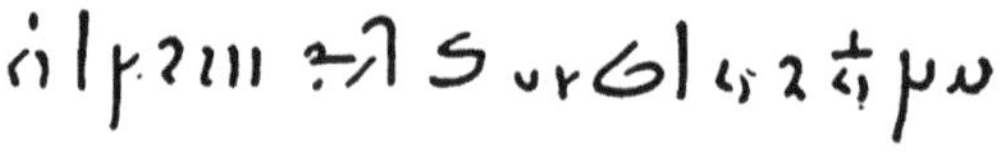

pꜣ rmt ʿꜣ ṯj ʿnḫ pꜣ mr šn ʾrm nꜣ rmt

«Grosser Mann, gieb Leben dem Lesonispriester und den Leuten.»

«Der grosse Mann» ist ein Ausdruck für den Verstorbenen, der gelegentlich «der grosse Mann, der grosse Gott» heisst[2]. Vermutlich stammte also der in Abydos gefundene Becher aus einem der dortigen Gräber, in welchem er ebenso eine Weihgabe war wie in einem Tempel.

W. Spiegelberg.

Fig. 3.

(1) Vgl. dazu Otto, *Priester und Tempel im hellenistischen Aegypten*, I, S. 331.

(2) Siehe Brugsch, *Aegyptologie*, S. 52 und W. Spiegelberg, *Demotische Inschriften*, Cairo (*Catalogue général*) S. 26, Anm. 2.

FOUILLES
DE ZAOUIÉT EL-ARYÂN.

(1904-1905.)

La fouille que M. Barsanti a dirigée avec tant de constance est des plus importantes par la nature et par la date du monument qu'elle a mis au jour. En effet, les graffiti tracés sur les blocs retirés de la grande cavité centrale sont tous au nom d'un roi appelé tantôt [cartouche], Norirka sans Râ, pour [cartouche], Nofirkarî, selon un usage assez fréquent à toutes les époques. Le premier signe est écrit le plus souvent d'une manière cursive (n°s 1, 19, 20, 38, 41, 45, 46, 47, 52, 54), qui en a rendu la valeur incertaine pendant quelque temps; mais la variante vraiment hiéroglyphique qu'on rencontre au n° 35 a confirmé la lecture [hiéroglyphe], nofir, nafir, que j'en avais donnée dès le début, aprés avoir essayé un moment d'y reconnaître le signe [hiéroglyphe], déterminatif de [hiéroglyphe], ka. Or nous avons deux rois de ce nom dans la série antérieure à la IVe dynastie, un dans la IIe dynastie d'aprés la table de Sakkarah, l'autre dans la IIIe d'aprés celle d'Abydos. J'ai déjà défendu à plusieurs reprises l'hypothèse d'aprés laquelle les listes monumentales ne contiendraient que ceux des Pharaons dont les statues et le culte funéraire subsistaient dans la ville où les statues furent dressées. Si on l'applique ici, comme je crois qu'il convient de le faire, on ne s'étonnera pas de trouver présent sur la table de Sakkarah le nom d'un Pharaon dont M. Barsanti vient de nous révéler l'existence à Zaouiét el-Aryân, et on en conclura, sans trop d'invraisemblance, que ce souverain est le premier des deux Nofirkarî, celui de la IIe dynastie. L'adjonction à deux reprises du groupe [hiéroglyphe] derriére le cartouche (n°s 19 et 52), ainsi que son apparition à l'état isolé dans le graffito n° 33, pourraient nous porter à croire que notre Nofirkarî et le [hiéroglyphe] Rânabou de Sakkarah seraient identiques : on a admis comme certaines, dans plusieurs reconstructions récentes de la Ire et de la IIe dynastie, des conjectures aussi douteuses que celle-là, et l'absence d'un titre devant le groupe ne prouverait rien dans des inscriptions tracées aussi capricieusement que celles de nos blocs. Toutefois, l'indice est trop léger pour qu'il soit prudent de s'en servir, et je préfére le laisser tomber. On peut se demander encore si le Nofirkarî d'Abydos qui remplace le Pharaon Houni des autres documents ne serait pas le Nofirkarî de Sakkarah déplacé par un scribe ignorant ou distrait. Manéthon ignore en effet le premier, mais il assigne au second des Nofirkarî le septiéme rang dans sa seconde dynastie Thinite. Ici encore, il convient de suspendre notre jugement : même si l'on admet un déplacement fautif dans la liste d'Abydos, Manéthon suivait une tradition memphite ou héliopolitaine, comme je l'ai dit ailleurs, et, de ce qu'il a ignoré la tradition thébaine ou abydénienne, on ne saurait en conclure que cette tradition est fausse. Réservons donc notre jugement, confessons notre impuissance à résoudre le probléme avec les données actuelles, et attendons que les fouilles nous fournissent des éléments nouveaux.

A part le nom du souverain, les graffiti tracés rapidement à la couleur rouge sur les blocs de calcaire ne contiennent pas de renseignements vraiment historiques. Deux ou trois paraissent nous fournir des dates on la mention de quelques-uns des officiers chargés de surveiller la construction (n°s 1, 19, 20, 28, 38, 41, 45, 46, 49, 52, 54), d'autres donnent les dimensions réelles ou supposées de certains des blocs (n°s 4, 6, 8, 21, 27, 30, 36, 37, 43, 45); la plupart sont des gribouillages sans signification pour nous (n°s 2, 3, 5, 7, 9, 11, 12, 13, 14, 15, 16, 17, 18, 22, 23, 24, 25, 26, 29, 31, 32, 33, 34, 39, 40, 44, 48, 50, 51, 53, 55, 56, 57). Le coup de pinceau rappelle assez celui qu'on remarque sur les blocs des pyramides de Gizéh, et ce serait là peut-être un indice d'époque, si nous connaissions mieux la paléographie cursive des siécles thinites et memphites. Un seul des graffiti présente un intérêt pour la construction, celui que Barsanti a reproduit sous le n° 10 et qui est le croquis grossier du plan de l'excavation telle que nous la voyons; les proportions que j'ai fait noter en centimétres le long des lignes sont peu exactes, mais le contour général est suffisamment caractéristique pour qu'on ne puisse se méprendre sur l'intention de l'ouvrier qui a ébauché ce barbouillage. Il est fâcheux qu'il s'en soit tenu là et qu'il n'ait pas dessiné à côté de ce plan une silhouette du monument tel qu'il devait être aprés achèvement : il nous aurait épargné bien des recherches. L'état actuel m'a rappelé, dès la premiére fois que j'ai vu le monument, l'aspect que présente le site de la pyramide détruite d'Abou-Raouache depuis que M. Chassinat l'a déblayée, et de plus la disposition générale des substructions des pyramides du groupe de Sakkarah, la pyramide à degrés comme celles de la V° et de la VI° dynastie : si on les supposait détruites, on verrait que l'excavation dans laquelle leurs chambres et leurs couloirs furent établis a la forme en T de celles d'Abou-Raouache et de Zaouiét el-Aryàn. J'en conclus alors — et c'est la conclusion à laquelle je me tiens — que nous avions affaire à une pyramide commencée et dont la construction aurait été soudainement interrompue pour quelque motif que nous ne devinons pas, mort brusque du constructeur, changement de résidence, révolution, invasion étrangére, pent-être plus simplement un incident sans valeur pour nous mais qui, ayant aux yeux des Égyptiens une signification augurale, aurait rendu la localité impure et par suite impropre à la sépulture : la pyramide voisine n'a jamais été occupée, bien qu'elle eût été achevée, et Sanofraouî ne voulut pas être enterré dans celle qu'il s'était bâtie en premier lieu, probablement pour un motif de ce genre. La pyramide, ou s'il s'agissait d'un tombeau analogue à celui de Bêt-Khallaf, le mastaba, aurait été, dans ce cas, abandonné de parti pris par le roi vivant, au moment où l'on venait d'établir au fond de l'excavation le radier de granit et de calcaire sur lequel on allait construire les chambres;

le roi aurait transporté ses chantiers ailleurs. Dans cette hypothése on pourrait se demander si le roi en question ne serait pas ce méme Didoufrî, dont M. Barsanti recueillit une plaquette au début des travaux; la pyramide où il reposa, prés d'Abou-Raouache, aurait été une construction postérieure à celle qu'il avait ébauchée à Zaouiéh. La présence du cartouche, Nofirka, sur les blocs ne serait pas un obstacle à cette maniére de voir : n'a-t-on pas lu les cartouches d'Ounas sur les matériaux du Mastabat-el-Faraonn? Les chantiers de Tourah et de Memphis devaient contenir souvent des blocs tirés de la carriére des années avant qu'on les utilisât, et le Nofirkarî de la table d'Abydos n'est séparé de Didoufrî que par le quart de siécle environ du régne de Chéops. Mais je n'insiste pas plus sur cette hypothése que je n'ai fait sur les précédentes.

M. Barsanti n'a pas été de cet avis : il a cru dés le début et il croit encore que le tombeau, mastaba ou pyramide, n'a jamais été terminé, il est vrai, mais que le Pharaon pour lequel on le bâtissait y a été enterré et que sa momie s'y cache sous le radier rapporté ou dans quelque chambre creusée en plein roc. Comme c'est là une opinion soutenable, je lui ai accordé l'autorisation de sonder le fond de l'excavation et de pousser des galeries sous ou dans les assises de granit et de calcaire, à la seule condition que ses recherches ne compromissent en rien la solidité du monument et qu'elles n'en gâtassent point l'aspect. C'était lui rendre l'entreprise difficile, mais je n'admets pas que, sous prétexte de rechercher des objets de collection ou des documents historiques, on détruise un édifice ou méme les ruines d'un édifice, et notre Service moins encore qu'un explorateur particulier : nous sommes là pour conserver les monuments et non point pour aider à les faire disparaître. M. Barsanti en est donc réduit à marcher, comme il le dit, à tâtons, et cette obligation risque de lui faire manquer la chambre, s'il y en a une. Il comprend, du reste, le sentiment qui m'anime; avant de quitter le site il remettra en place tous les blocs qu'il a déplacés, il remblaiera toutes les galeries qu'il a creusées et il en masquera l'entrée.

Ses rapports disent ce qu'il a fait pour en faciliter l'accès aux visiteurs et pour les garder contre les dangers qui les y menacent. J'espére que les mieux informés parmi les touristes viendront admirer le monument : le plaisir qu'ils éprouveront pendant cette excursion vaut bien les deux ou trois heures qu'elle leur coûtera. L'immensité de l'œuvre entreprise par les Égyptiens ne se révélera pas à eux tout d'abord; c'est seulement au bas de l'escalier, lorsqu'ils poseront le pied sur le dallage de granit, qu'elle éclatera à leurs yeux. Non pas que chaque détail examiné en particulier offre rien de trés remarquable et qui sorte de l'ordinaire, mais l'impression est de celles qu'on n'oublie jamais. La taille et la richesse des matériaux, la perfection des coupes et des joints, le fini incomparable de la cuve en granit, puis d'autre part la hardiesse des lignes et la hauteur des parois, tout se réunit pour composer un ensemble unique jusqu'à présent. C'est comme un choc que l'on ressent et nulle part la puissance des vieux architectes égyptiens ne se révéle avec une force aussi soudaine. — G. M.

I

RAPPORT

PAR

M. ALEXANDRE BARSANTI.

Le 15 mai 1900, découragé du résultat négatif des fouilles que je venais d'exécuter dans la pyramide de Zaouiét el-Aryân[1], je regagnais les pyramides de Ghizeh en compagnie du réis Ibrahim Fayed, mais au lieu de suivre la route qui court à la lisiére du désert, nous cheminions sur le plateau supérieur. Arrivés à un kilométre et demi environ au nord de la pyramide de Zaouiét, le réis me fit observer que le sol était semé partout d'éclats de granit. Je pensai aussitôt qu'ils indiquaient le site d'un chantier où l'on avait terminé la taille des blocs et des objets mobiliers destinés à quelque grand tombeau, et que ce tombeau devait étre caché dans le voisinage. Examinant les lieux plus attentivement, je remarquai tout prés de l'atelier un véritable gisement de poudre de granit, telle que celle dont on se servait pour polir les pierres dures employées à la construction. Frappé vivement de ces indices, je montai sur une colline prochaine pour embrasser plus commodément l'ensemble du site, et du coup je reconnus, au sùd de la colline, les restes d'une immense construction rectangulaire dont les murs dépassaient à peine le niveau des terrains environnants. De gros blocs en calcaire demeuraient encore en place, mais la plupart des autres gisaient épars de-ci de-là parmi des amas d'éclats de calcaire : il semblait qu'il y eùt là des centaines de puits non encore fouillés, néanmoins l'idée me vint que le tout formait un monument unique, probablement un grand mastaba. J'étudiai donc minutieusement les mouvements du sol, et bientôt j'aperçus, au centre du plateau, une petite dépression formant cuvette et une sorte de rigole qui courait du nord au sud, sur le grand axe de ce prétendu mastaba. J'achevai de me convaincre que j'étais en présence d'un monument inconnu, de taille à faire hésiter les

[1] Voir le rapport de ces fouilles, dans les *Annales du Service*, 1901, t. II, p. 92-94.

fouilleurs ordinaires. Sitôt rentré au Musée, je vous soumis ma découverte : vous en appréciàtes immédiatement l'importance, et vous me promîtes de commencer les travaux dès que les ressources du budget vous le permettraient. Pour le moment, vous vous bornâtes à me recommander de pratiquer des sondages dans le terrain, afin de voir si ma conjecture était exacte. Dès le lendemain, 16 mai, je pris une cinquantaine d'ouvriers sous la surveillance du réis Ibrahim Fayed, et, en deux jours de temps, nous constatâmes que la construction remontait à l'ancien empire. D'autres sondages superficiels nous donnèrent l'emplacement précis de l'angle sud-est de la grande cour. Enfin, au nord du plateau, je découvris d'énormes tas de débris de pierre marneuse, qui provenaient de galeries creusées dans le roc. Les choses en restèrent là pour le moment, mais, en attribuant à M. Reisner les terrains qu'il demandait pour y opérer des fouilles au nom de l'Université de Californie, vous prites soin d'en excepter cet emplacement.

Ce fut seulement dans les premiers jours de mars 1904 que vous pûtes donner suite à vos projets de fouilles. Le réis Ibrahim Fayed commença par déblayer sous ma surveillance l'aire de la grande cour. Au début de mai, les quatre angles en étaient dégagés, et nous pouvions déjà nous faire une idée exacte de l'immensité de notre tâche : le mur sud de l'enceinte mesure en effet 28 métres de long, et ceux de l'est et de l'ouest, 14 métres chacun. Vers le nord, au pied de la colline, je trouvai les restes des huttes habitées par les ouvriers antiques : il en subsiste à peine deux ou trois rangées de pierres grossièrement montées l'une sur l'autre. Le réis Ibrahim recueillit, à l'intérieur de l'une des chambres, une plaquette en schiste verdâtre qui porte le cartouche du roi Didoufrâ, des ciseaux en bronze, un petit cylindre chargé de caractéres peu lisibles, des silex taillés, des fragments de cruches en terre cuite. Dans le mur nord de l'enceinte, et plus rapproché du mur est que du mur ouest, un grand couloir s'ouvrait, large de 8 m. 50 cent. et long de 110 métres (fig. 1), la rigole méme dont j'avais noté le tracé du haut de la colline quatre années auparavant. La fouille continua jusqu'au 20 juin sans donner d'autres résultats que ceux que je viens d'indiquer : le réis Ibrahim commença le déblaiement de la dépression centrale, mais la masse de sable et de débris qui la remplissaient était telle que c'est à peine s'il put descendre à 10 métres de profondeur.

II

Les travaux reprirent le 6 octobre 1904, et trois jours plus tard, derriére

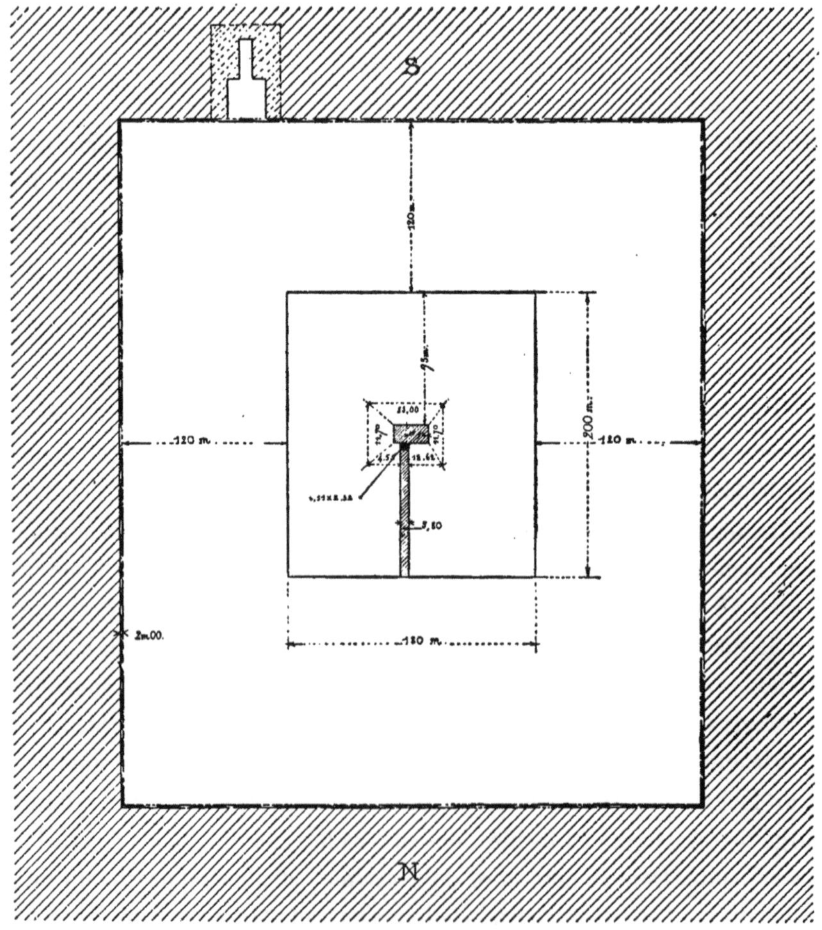

Fig. 1.

un gros bloc de calcaire, une bande d'un crépi blanc large de o m. 60 cent. et trés soigneusement exécuté apparut sur la paroi ouest. Il est placé sur un trait rouge qui descend verticalement et qui marque le milieu exact de la paroi (fig. 2), et sa vue ranima mes espérances qui commençaient à s'affaiblir. Enfin, six semaines aprés cette découverte, le 8 décembre un sondage poussé à l'angle sud-ouest, nous révéla, à la profondeur de 21 métres, l'existence d'un bloc en granit rose. La paroi forme à cette profondeur une sorte de ressaut de roche dure surmontée d'une couche de marne : on

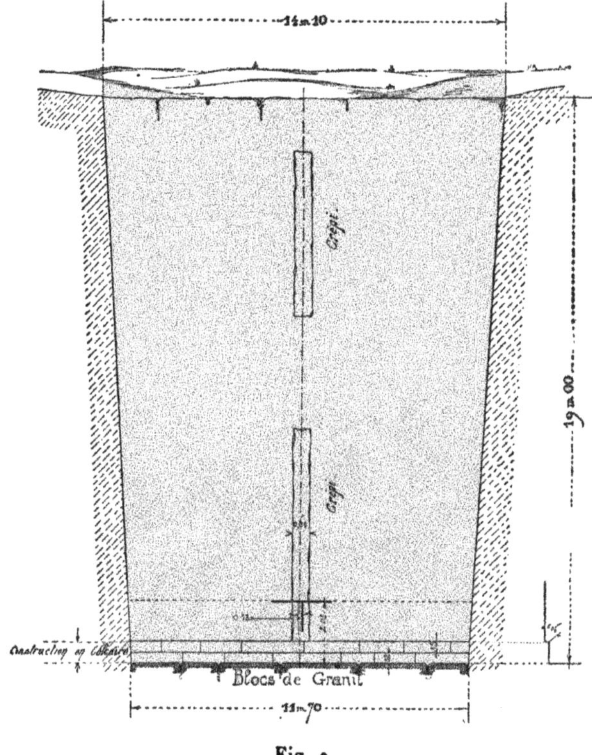

Fig. 2.

avait laissé subsister la couche de marne qui devait protéger la roche dure au cas d'un tassement du sol, et on y avait posé l'appareil de granit dont nous venions de mettre à nu la premiére pierre. J'activai immédiatement le travail de ce côté, et nous déblayâmes en quelques jours plusieurs autres blocs de granit qui étaient liés au premier et les uns aux autres avec un mortier trés solide. Leur présence augmenta mon ardeur. Le déblaiement devenait trés difficile et parfois méme périlleux. Les Égyptiens, pour combler la fosse, y avaient jeté pêle-mêle quantité de blocs en calcaire, qui s'y entassèrent jusqu'à la hauteur de 15 métres au plafond et dont l'ensemble représente environ 4200 métres cubes de pierre (fig. 3). Je fis établir une forte grue (pl. I) pour les enlever, mais nos ouvriers ne parvenaient qu'à peine à les dégager tant ils étaient enchevêtrés les uns sur les autres. Ils étaient d'ailleurs de dimensions parfois considérables et

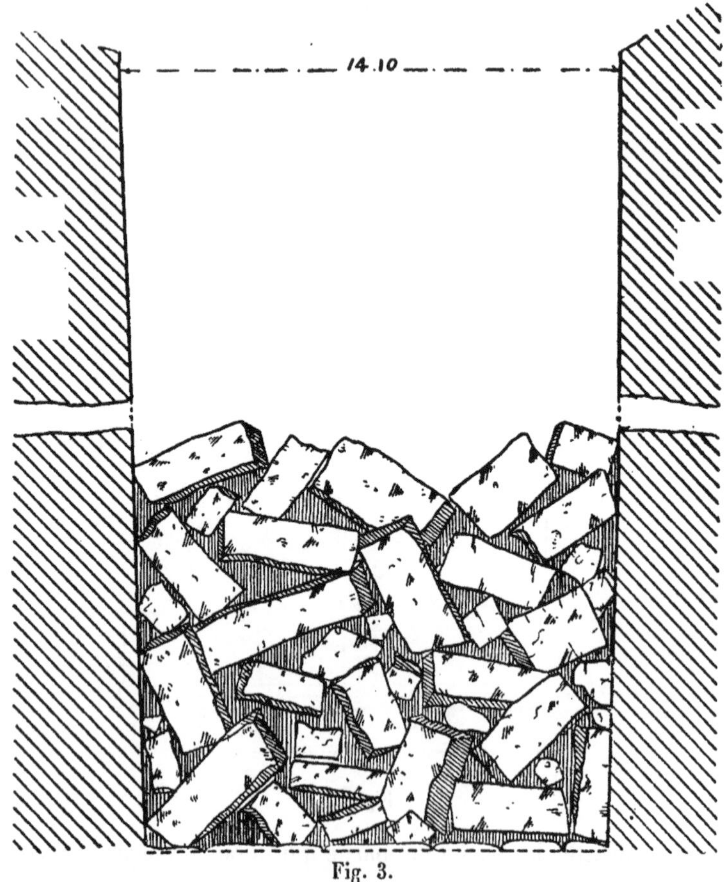

Fig. 3.

quelques-uns d'entre eux pesaient trois et quatre tonnes. Dès qu'ils étaient au niveau du sol on les chargeait sur un truc Decauville, qui les transportait à quelque distance au sud, dans un chantier improvisé où je les faisais disposer en file. Je les examinais minutieusement pour voir s'ils ne portaient pas quelques inscriptions et, aprés une longue persévérance ma peine fut récompensée. Le 15 décembre, je lus sur deux morceaux de calcaire qui se rajustaient, un cartouche de roi peint en gros caractéres à la couleur rouge (cf. p. 266, n° 1)[1]. D'autres inscriptions suivirent que j'emmagasinai à côté de celle-là et reproduites ci-contre, sur seize pages consécutives (p. 266-281). Descendant plus bas, je mis au jour sur la paroi sud, juste vis-à-vis l'axe médial du grand couloir nord, une bande verticale en crépi blanc, analogue à celle qui était au milieu de la paroi ouest et ayant un trait rouge en son milieu, comme celle-ci (fig. 4). Je continuai

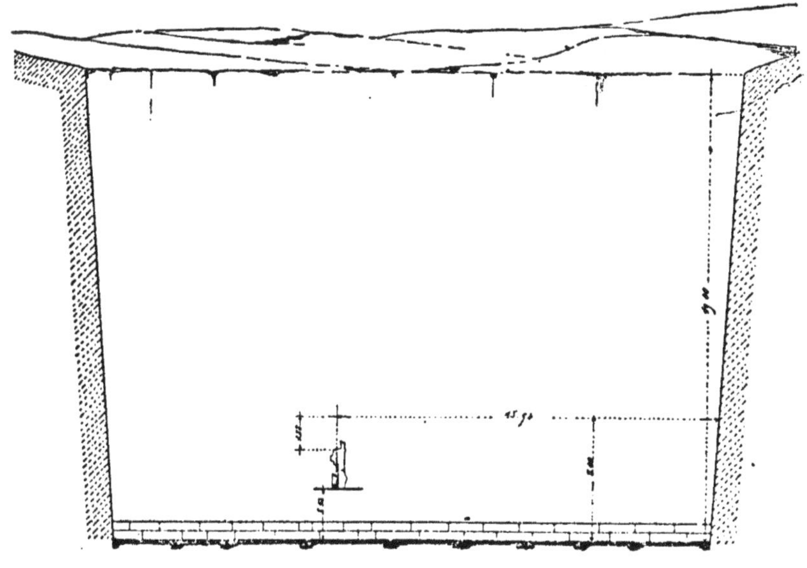

Fig. 4.

l'enlèvement des blocs et des remblais qui remplissaient le puits et le couloir descendant, tout en faisant dégager rapidement les restes de l'enceinte extérieure. Je constatai ainsi que le mur était large de 2 m. 10 cent. en moyenne et qu'il était construit en pierre sur toute sa longueur. La partie ouest est bâtie en contre-haut du puits, sur le sommet d'une pente, probablement pour empêcher que l'eau des pluies tombées sur les montagnes voisines n'envahît le tombeau. La distance du mur au puits est

[1] C'est peut-être, ainsi que je l'ai dit dans l'introduction (p. 257), le cartouche du roi Nofirkarî de la IIe dynastie, et le Rânabou des documents précédemment découverts à Abydos et à Sakkarah. — G. M.

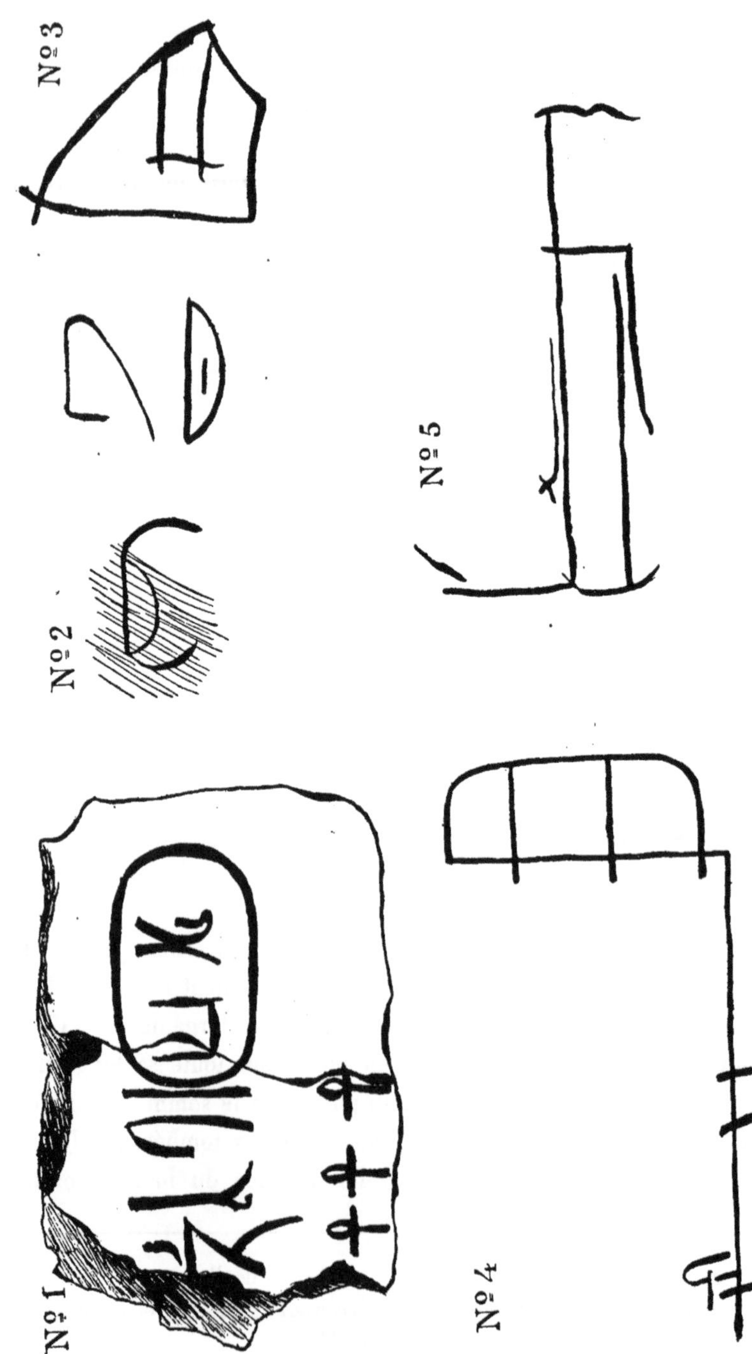
Nº 1
Nº 2
Nº 3
Nº 4
Nº 5

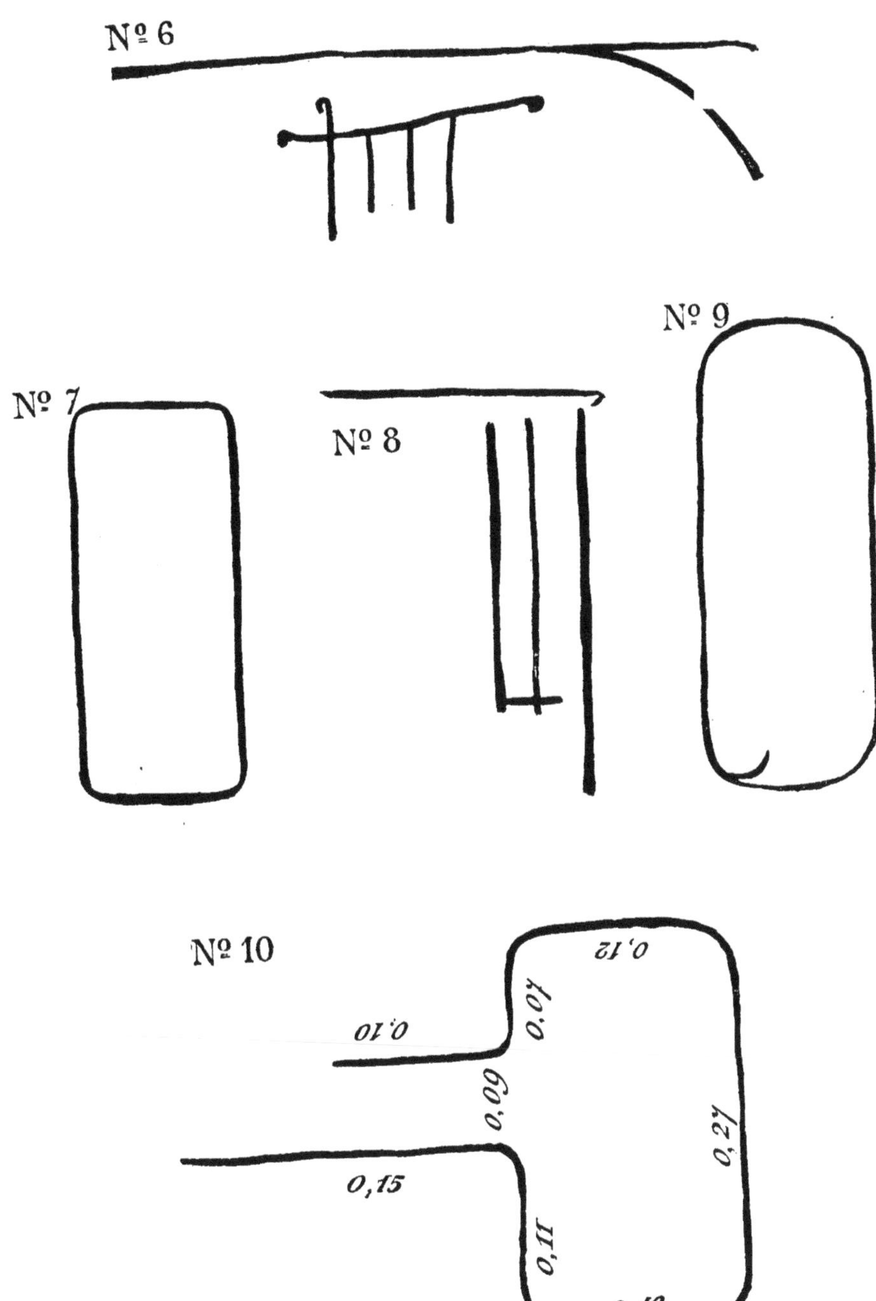
№ 6
№ 7
№ 8
№ 9
№ 10
0,12
0,07
0,10
0,09
0,27
0,15
0,11
0,10

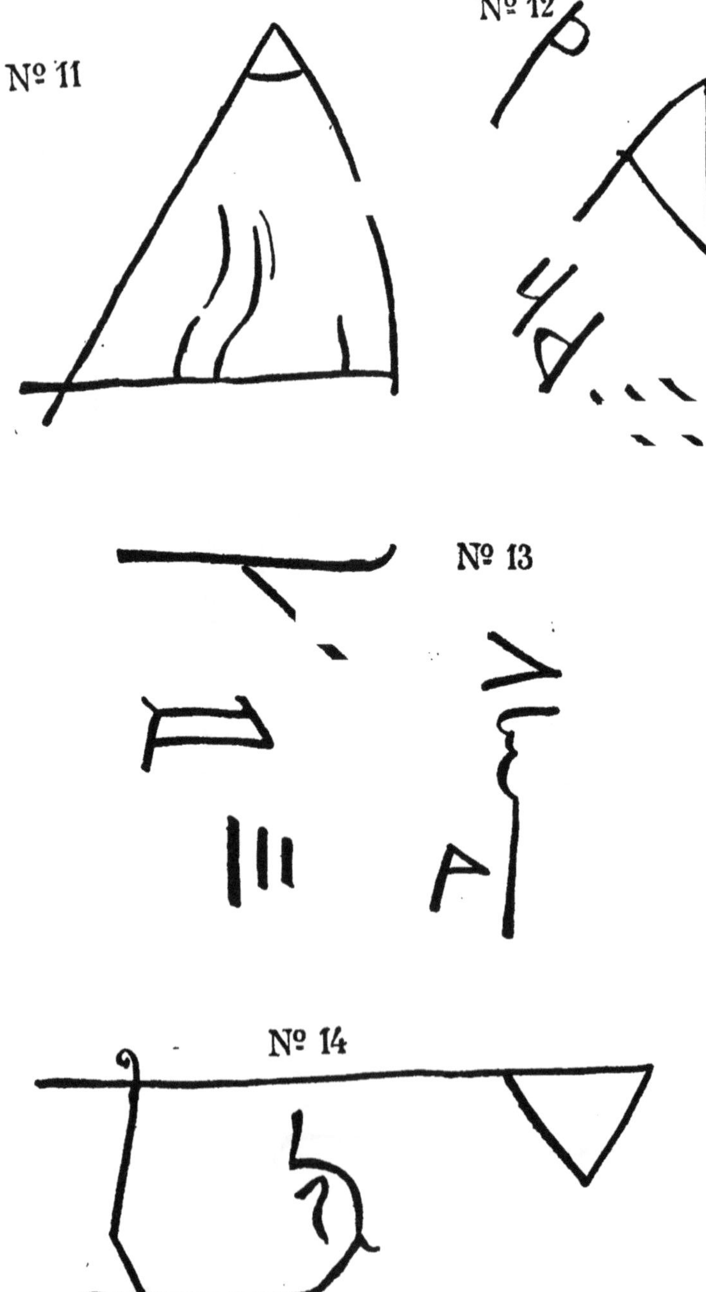

№ 11
№ 12
№ 13
№ 14

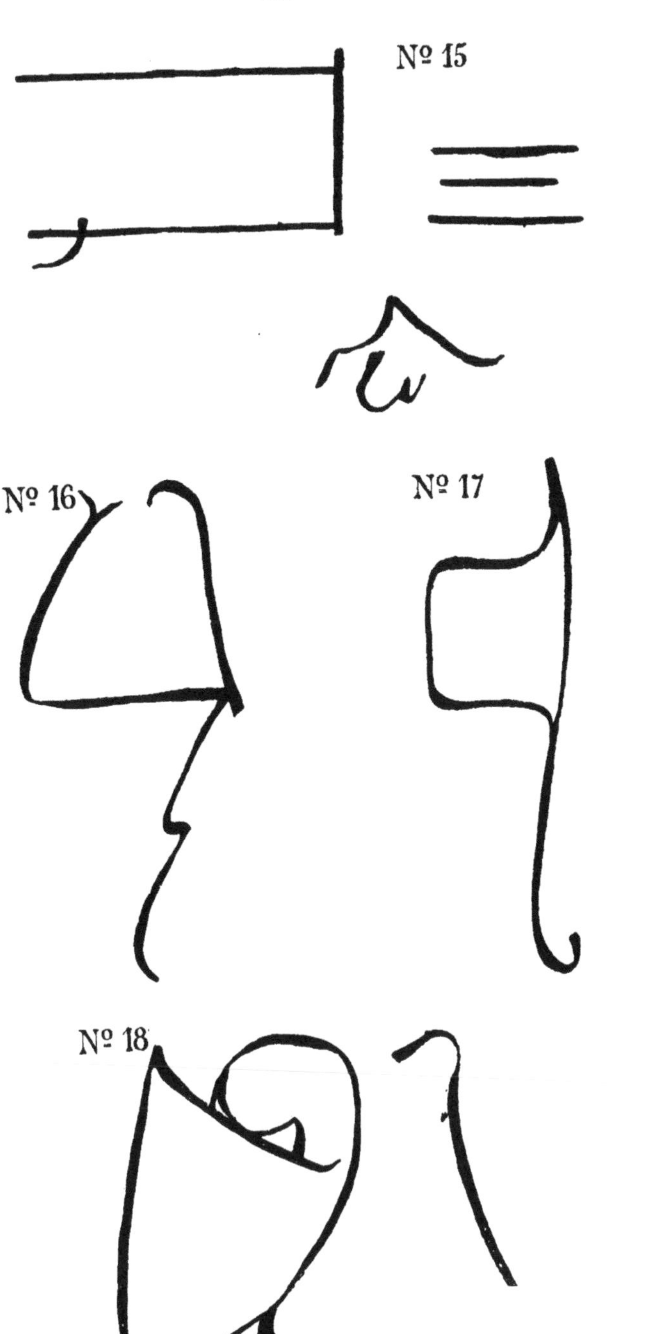
№ 15
№ 16
№ 17
№ 18

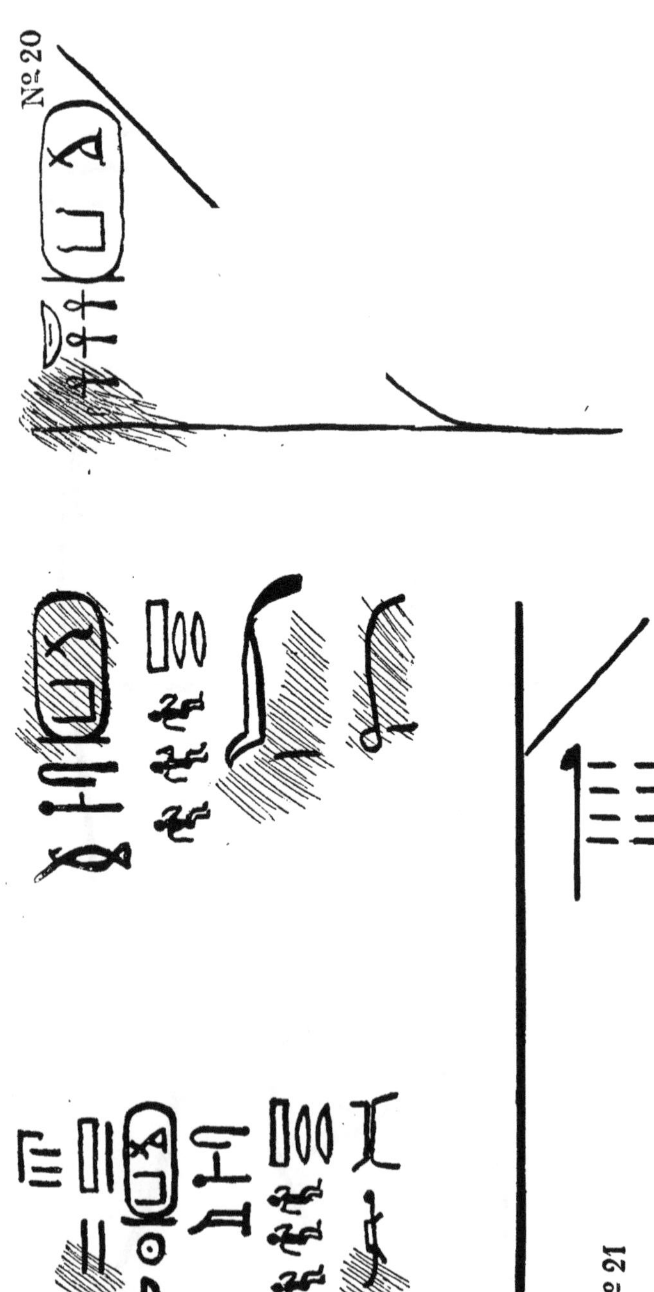

Nº 20
Nº 19
Nº 21

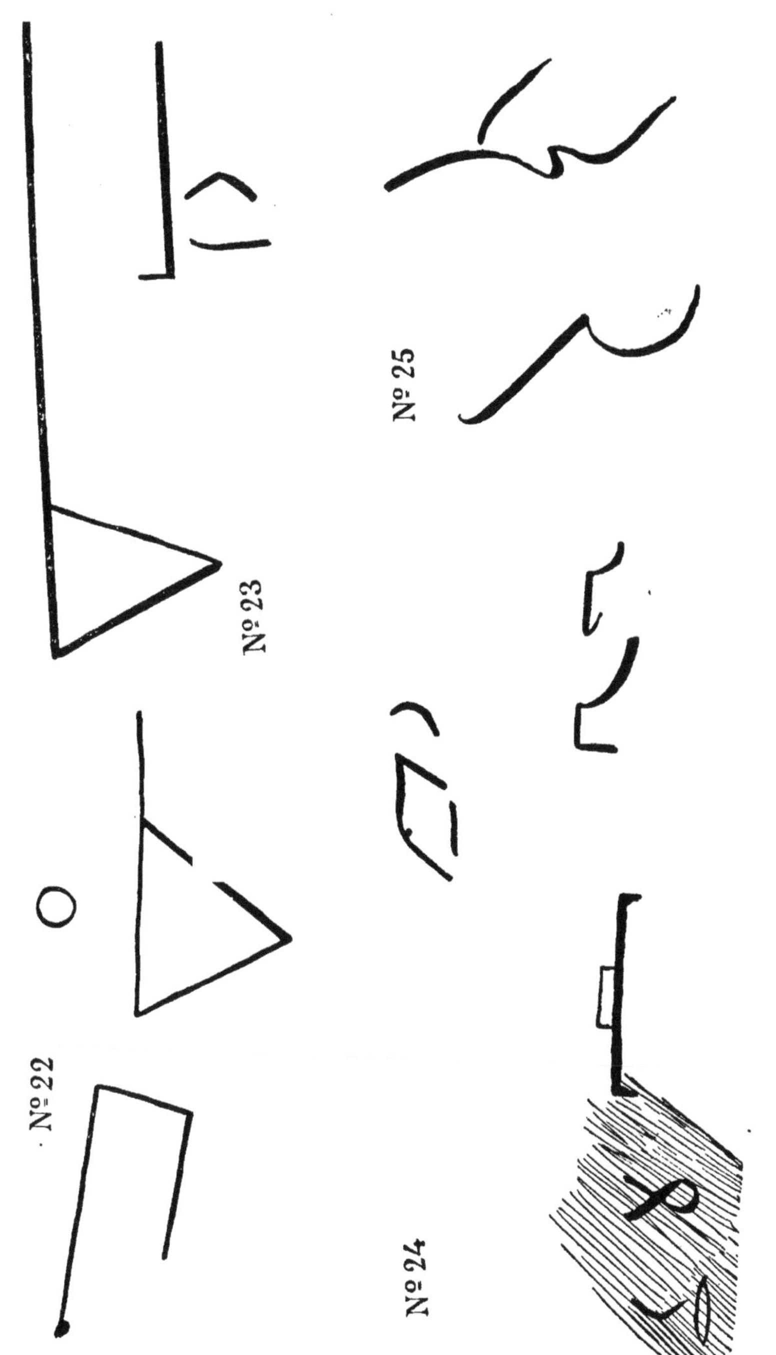
№ 22
№ 23
№ 24
№ 25

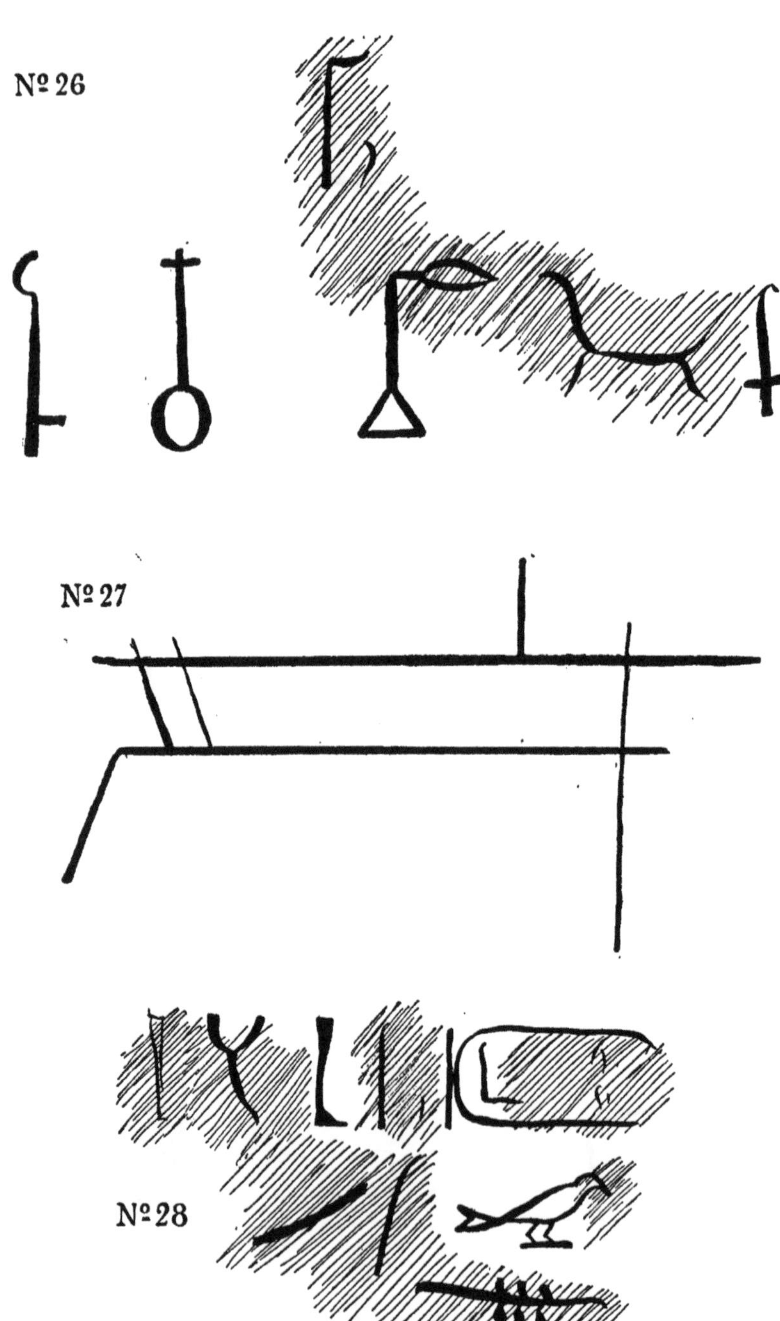

№ 26
№ 27
№ 28

№ 29

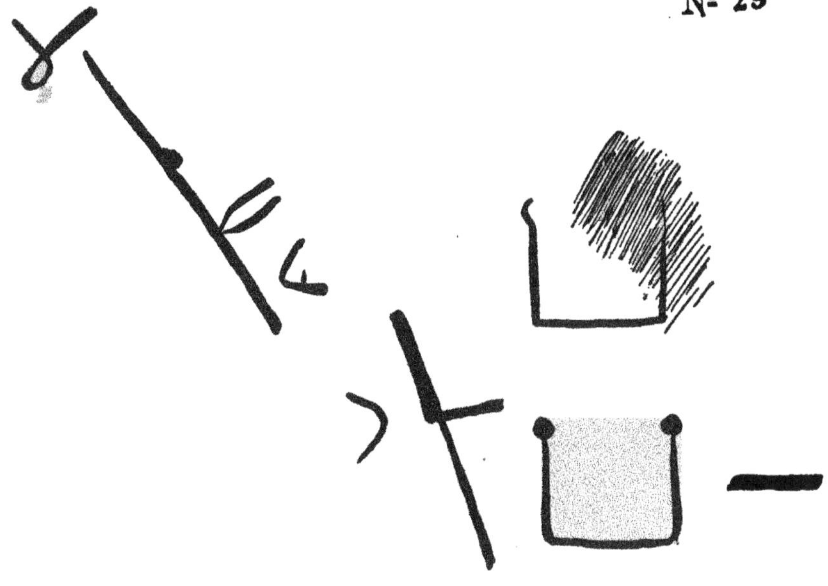

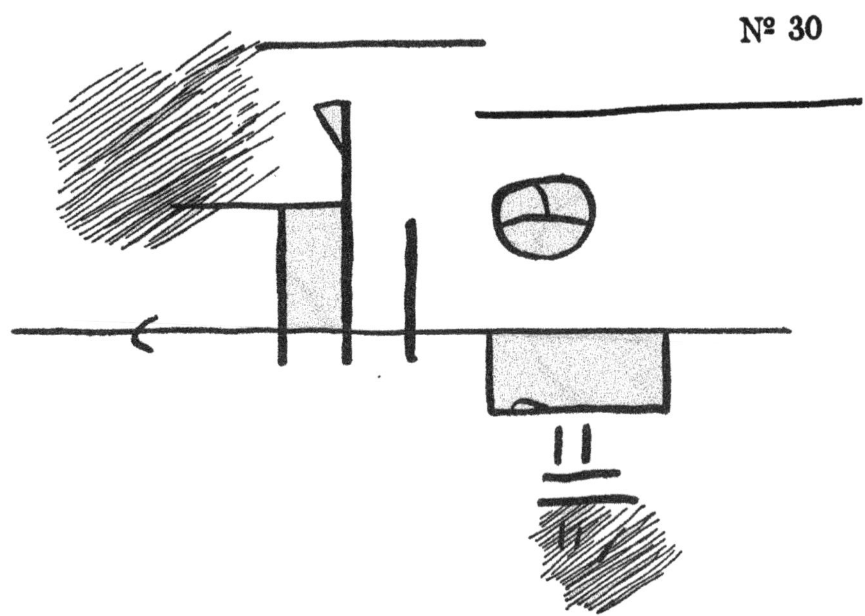
№ 30

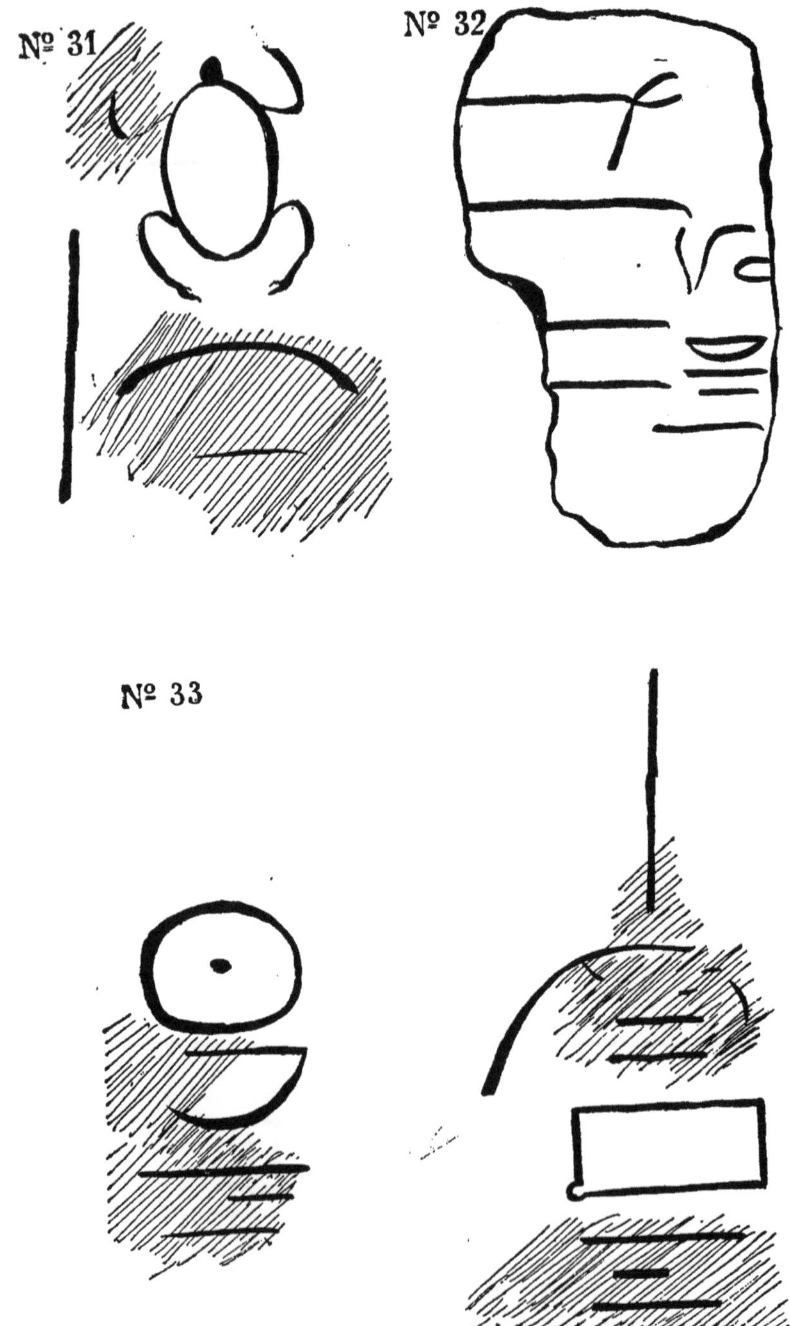
Nº 31
Nº 32
Nº 33

№ 34

№ 35

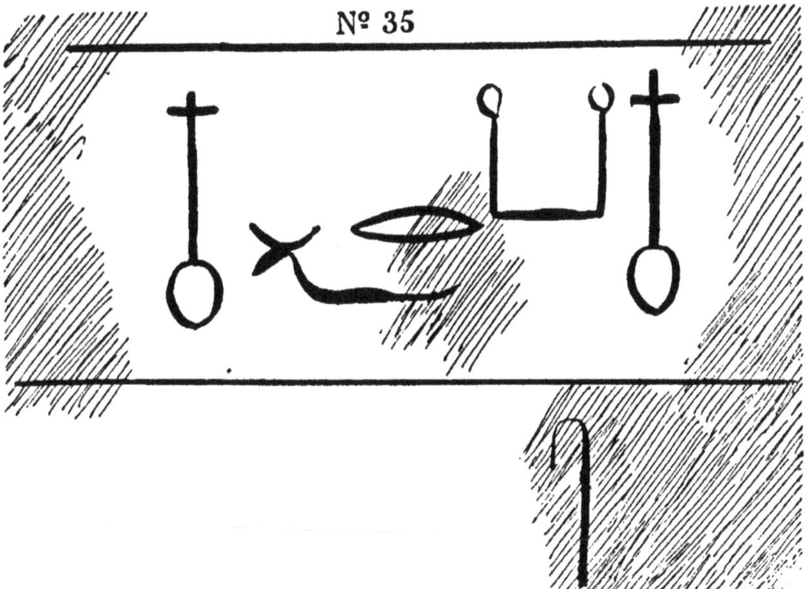

№ 36

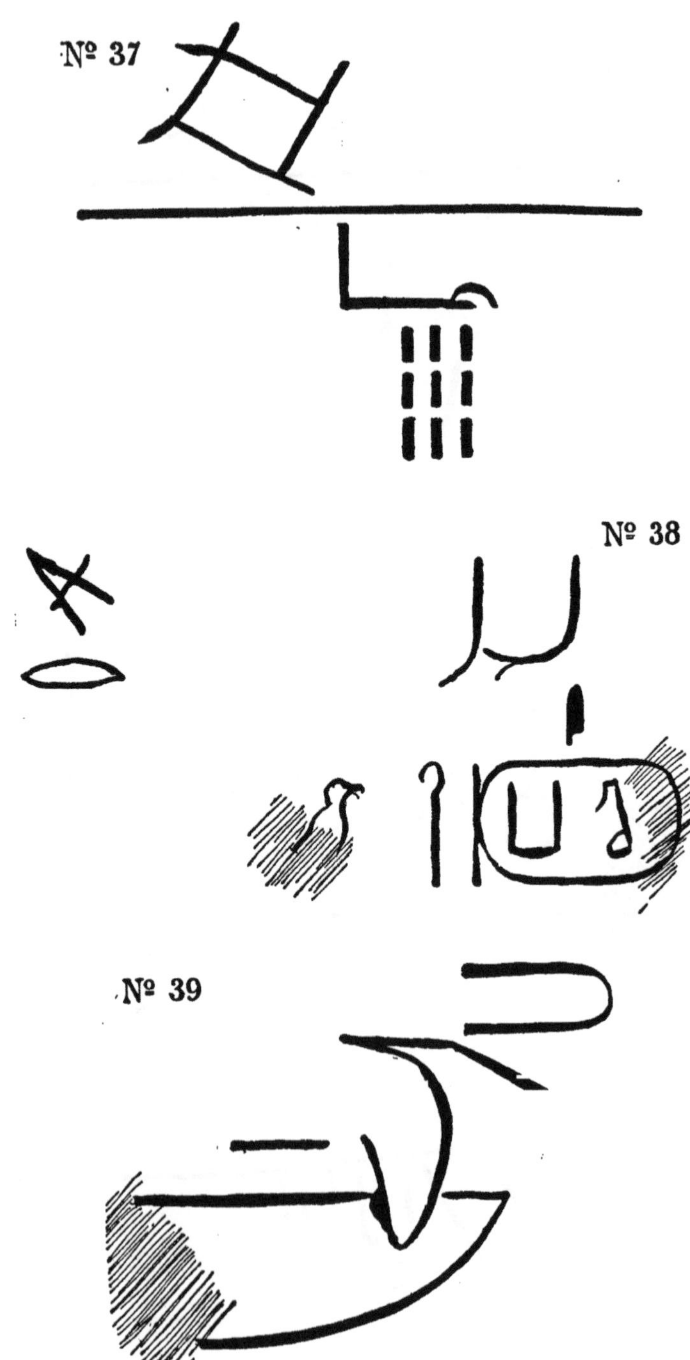

№ 37
№ 38
№ 39

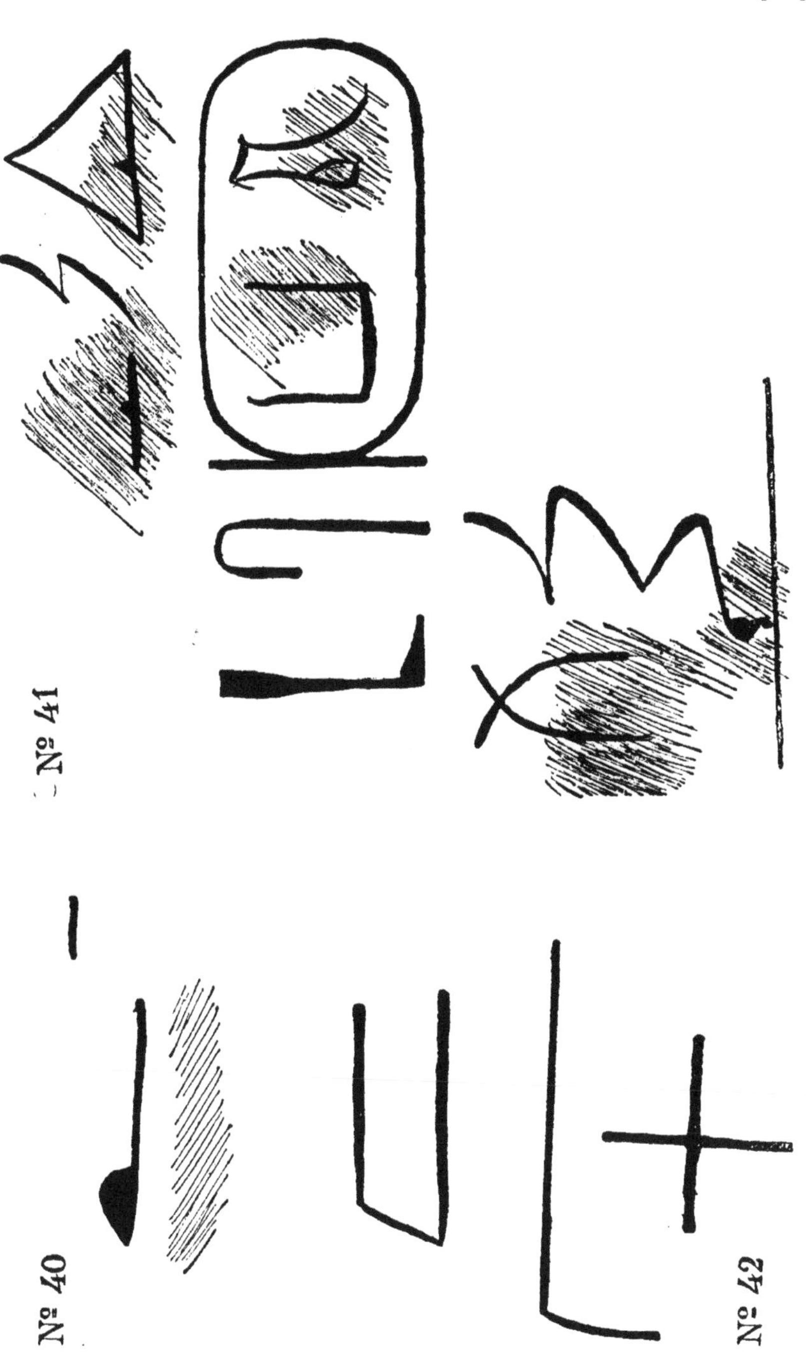
Nº 40
Nº 41
Nº 42

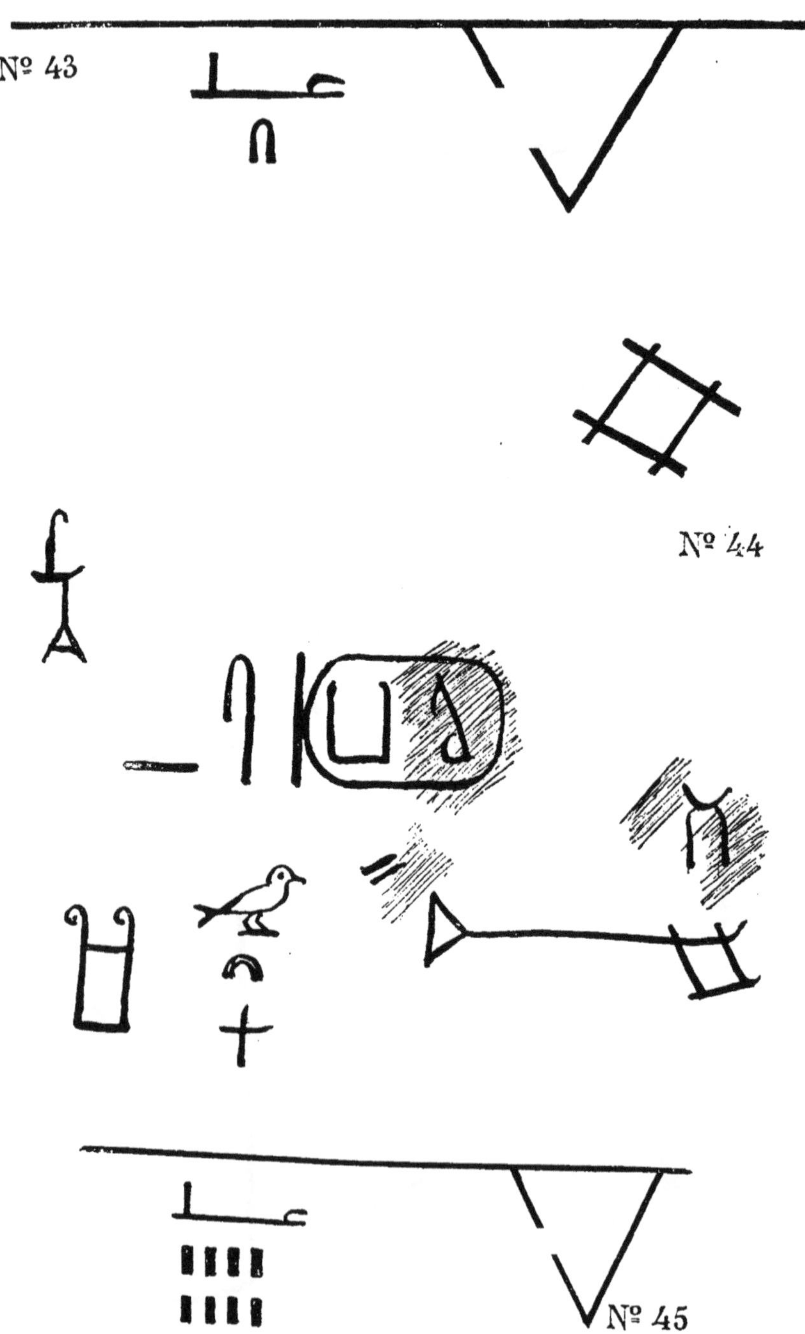

№ 43
№ 44
№ 45

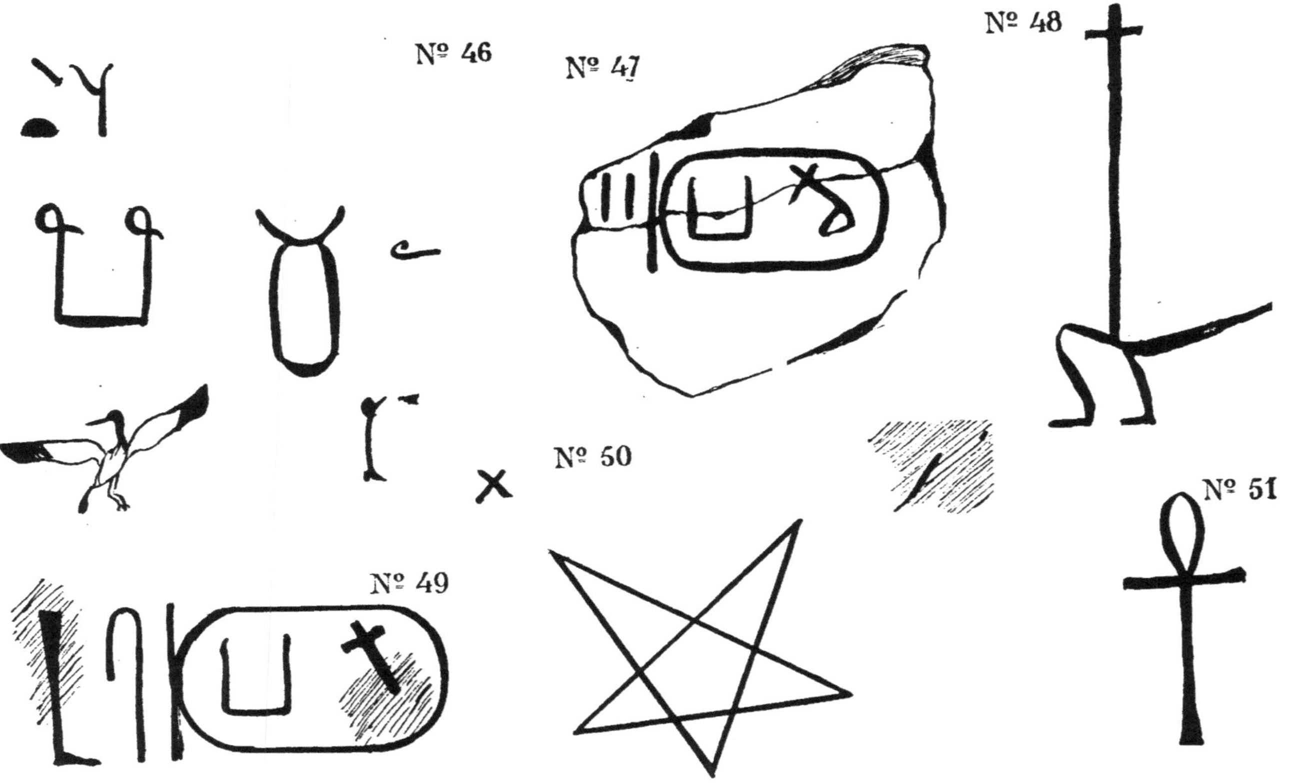
Nº 46
Nº 47
Nº 48
Nº 50
Nº 49
Nº 51

Nº 52

Nº 53

Nº 54

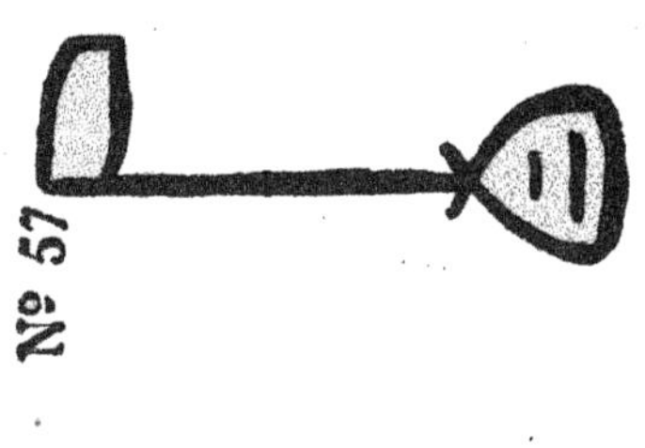

№ 57

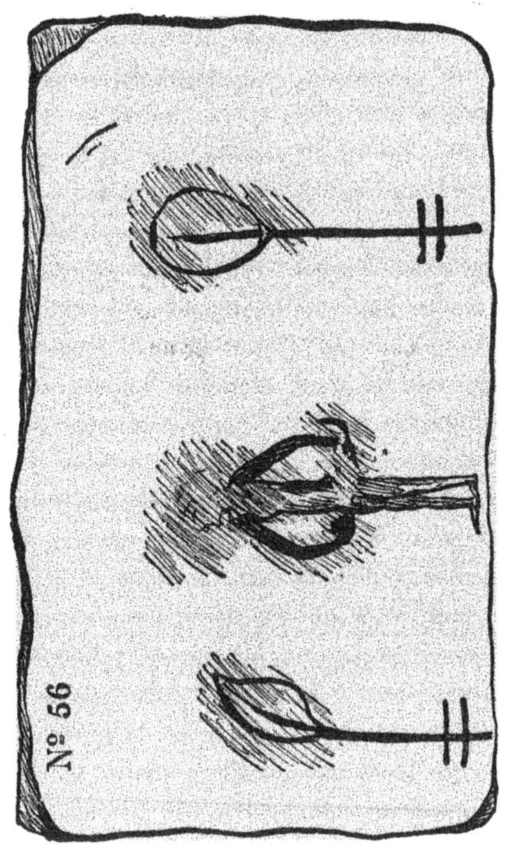

№ 56

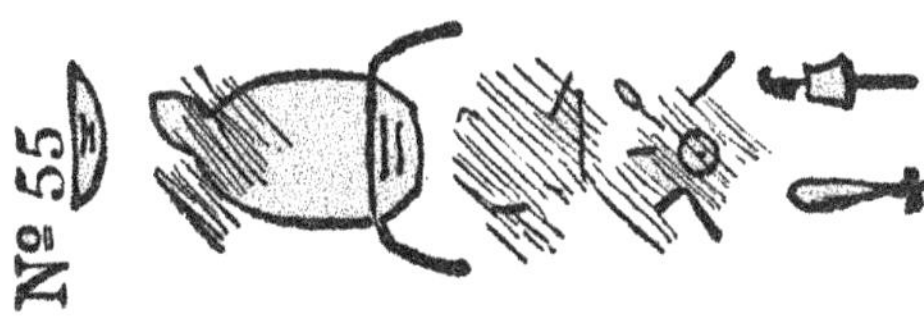

№ 55

partout de 120 métres. A part des données géométrales, rien d'important ne sortit de ce travail accessoire.

Au commencement de février 1905, nous touchions le fond du puits et le déblaiement du couloir descendant (pl. II) était assez avancé pour que nous fussions arrivés au point où il débouche au fond du puits. Juste à cet endroit nous nous heurtâmes à un gros bloc de granit du poids d'environ trente tonnes, qui était placé horizontalement au niveau d'autres blocs qui semblaient former le dallage du puits. Je m'imaginai d'abord que j'étais devant la porte du monument, mais descendant toujours plus bas, je rencontrai deux autres blocs de la méme dimension ou à peu prés et qui étaient accolés l'un à l'autre sur tranche (fig. 5, 6, 7, 8, 9), puis au-dessous deux blocs encore également en granit, et de 1 m. 16 c. d'épaisseur, mais posés à méme le rocher. Le tout était pris entre d'énormes blocs de calcaire qui remplissaient l'espace resté libre le long de la paroi rocheuse. Pour mieux me rendre compte de la profondeur de cette étrange construction, je fis tailler les blocs de calcaire sur une largeur de 3 métres, et je reconnus que l'appareil de granit continuait toujours du côté nord. Je fis donc pousser les blocs de granit vers le nord, avec des crics, à la place que le calcaire avait occupée, mais j'éprouvai un premier désappointement : aucune ouverture n'apparut. Je pensai alors que peut-étre la porte se cachait derriére le bloc de granit de trente tonnes, celui qui était placé horizontalement au niveau du dallage du puits, mais là encore, je ne trouvai rien qu'un second bloc de granit placé sur tranche et mesurant 1 m. 020 mill. de hauteur, qui se liait du bas par une rainure avec le bloc de trente tonnes, si bien qu'on n'eût pas réussi à le déplacer si l'on n'avait pas au préalable retiré celui-ci. Cela ne me découragea point, et je me mis à espérer que si j'écartais tous les blocs qui prenaient contre les faces du bloc de trente tonnes, je trouverais enfin l'entrée tant cherchée : je fus déçu cette fois encore et les blocs une fois déplacés, aucune porte ne se révéla à nous.

Pendant que ces recherches se poursuivaient du côté nord, presque au centre du côté ouest, je découvris le 12 mars, un objet d'une forme entiérement nouvelle. C'est une grande cuve ovale (pl. III), en granit rose poli à glace, et profonde de 1 m. 05 c. Elle est taillée à méme l'un des blocs du dallage qui occupe le fond du puits, et les architectes égyptiens avaient pris leurs mesures avec soin pour la protéger; ils avaient répandu sur le couvercle

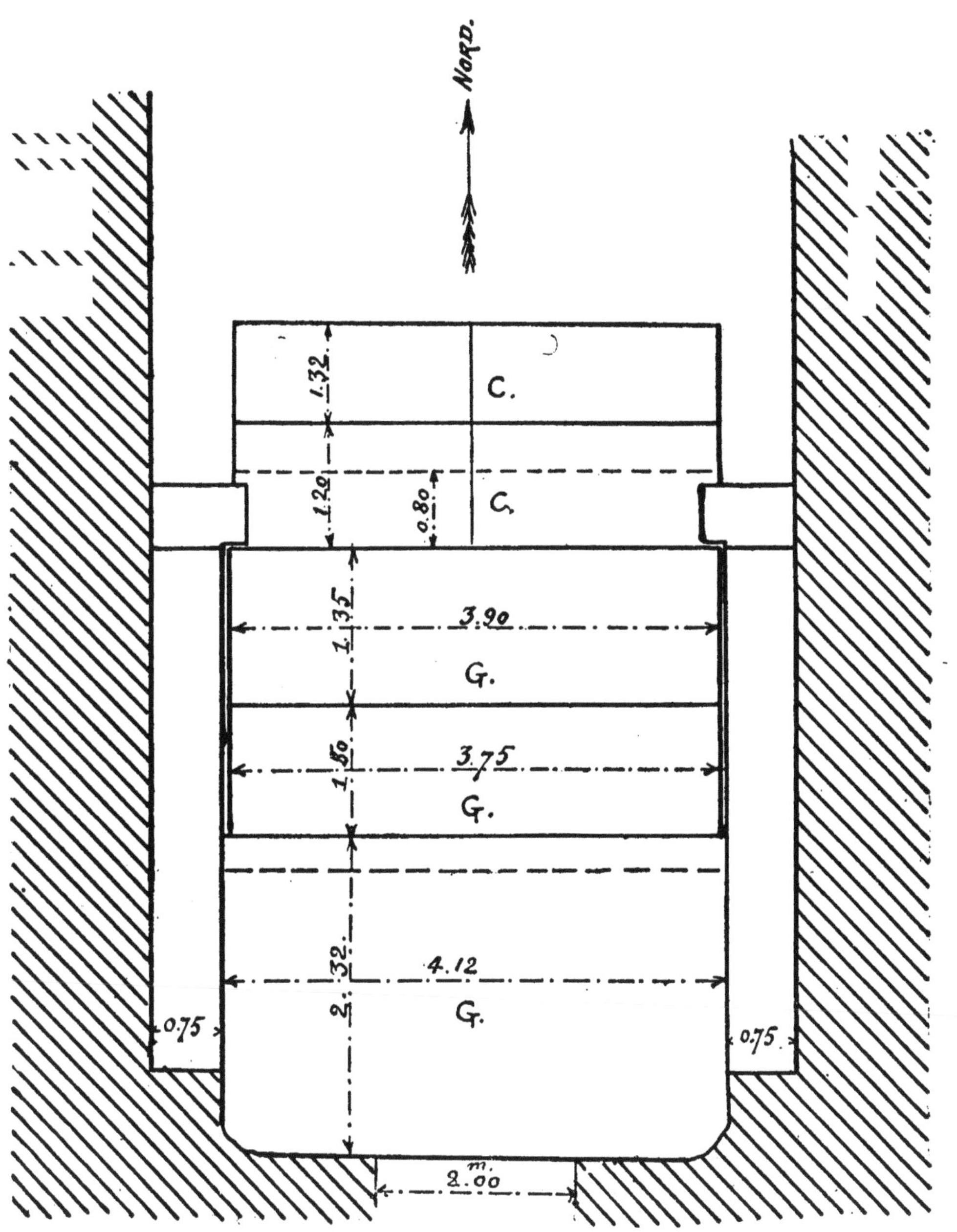

Fig. 5.

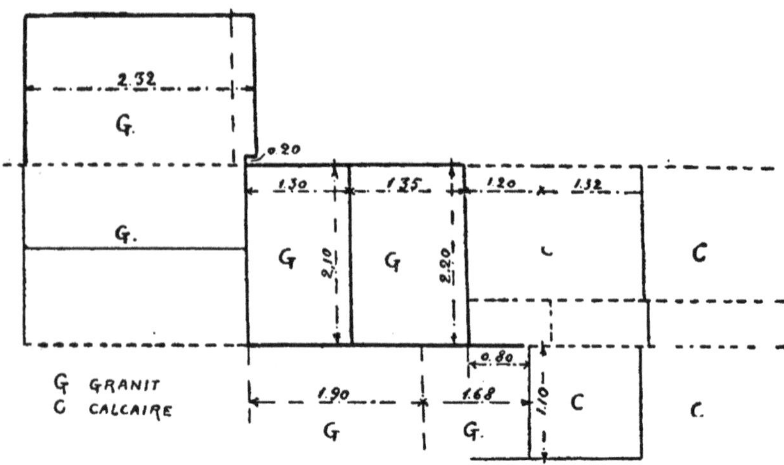
2.32
G.
0.20
G.
1.30
1.35
1.20
1.32
G
2.10
G
2.20
C
C
0.80
G GRANIT
C CALCAIRE
1.90
1.68
1.10
C
C
G
G.

Fig. 6.

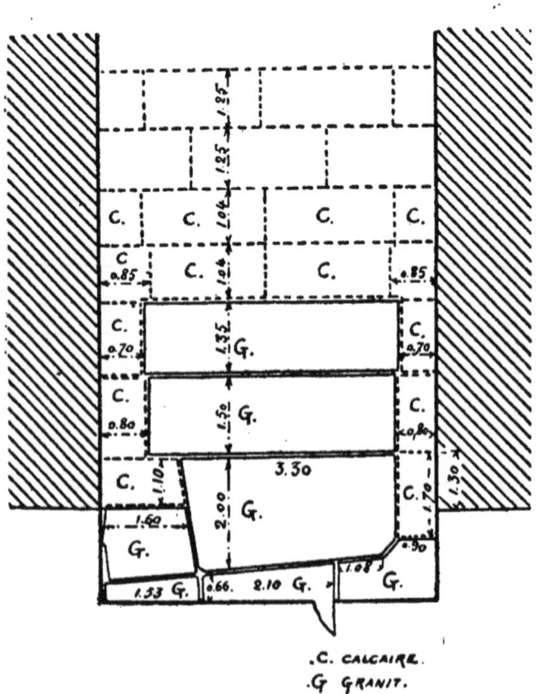
1.25
1.25
C.
C.
1.04
C.
C.
C
0.85
C.
1.04
C.
0.85
C.
0.70
1.35
G.
C.
0.70
C.
0.80
1.50
G.
C.
0.80
3.30
C.
1.10
2.00
G.
C.
1.70
1.30
1.60
0.90
G.
1.08
G.
1.53 G.
0.66.
2.10 G.
.C. CALCAIRE.
.G GRANIT.

Fig. 7.

une couche de chaux, et par-dessus la chaux un lit épais d'argile bien étalée, qui le soustrayaient entièrement au contact des blocs de calcaire empilés par-dessus. Ceux-ci avaient été d'ailleurs placés régulièrement sur l'argile les uns à côté des autres, de manière à envelopper le précieux monument d'une sorte de bâtisse isolante. Le couvercle était luté à la cuve avec du plâtre, et ce fut avec une émotion réelle que je me mis en mesure de le soulever. Toutes précautions prises me faisaient espérer que le contenu serait des plus précieux, mais je m'étais trompé une fois de plus : lorsque l'intérieur de la cuve apparut, je le trouvai complétement vide. Je remarquai seulement que les parois latérales étaient garnies comme d'une bande noirâtre de 0 m. 10 c. de hauteur. C'est probablement le dépôt trés léger de quelque liquide enfermé dans la cuve en guise d'offrande ou de libation, et qui se sera évaporé au cours des ans. On a émis l'hypothèse que cette cuve était un sarcophage non utilisé, mais je ne puis l'admettre. Le soin avec lequel on l'a protégée prouve qu'elle contenait quelque chose, et le dépôt noirâtre nous indique la nature de ce

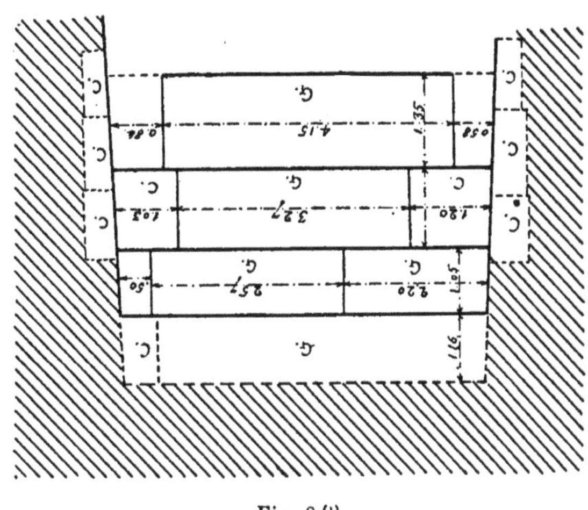

Fig. 8 [1].

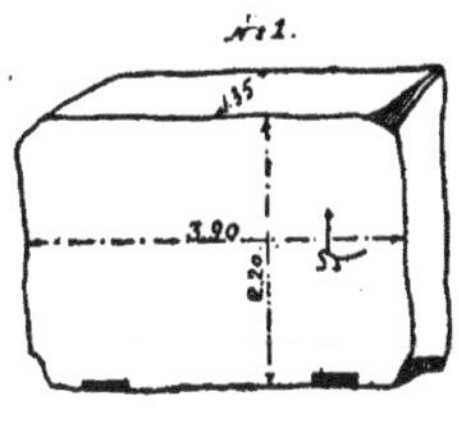

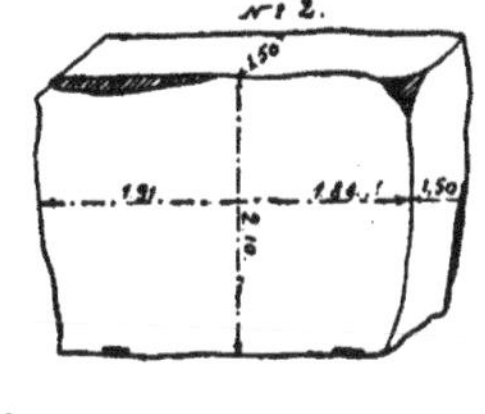

Fig. 9.

---

[1] Le dessinateur avait retourné la figure, et les chiffres ont été renversés; comme il aurait été trop long d'exécuter un cliché nouveau, j'ai conservé celui-ci malgré cette erreur. G signifie que le bloc est en granit, et C qu'il est en calcaire.

contenu. On n'aurait pas pris la précaution de la dissimuler sous un amas énorme de blocs si elle avait été vide alors (fig. 10).

Cette question épuisée, je revins au couloir descendant et j'embauchai plusieurs des tailleurs de granit qui avaient travaillé aux réservoirs d'Assouan, afin de me frayer par la force un chemin à travers les blocs que je supposais me barrer l'accés de la chambre funéraire. Aprés avoir retiré environ 22 métres cubes de pierre, ils découvrirent, juste au centre du puits, un bloc qui semblait étre placé là comme une sorte de bouchon. Il était encastré entre la paroi est, qui est construite avec d'énormes blocs de granit, et entre un beau

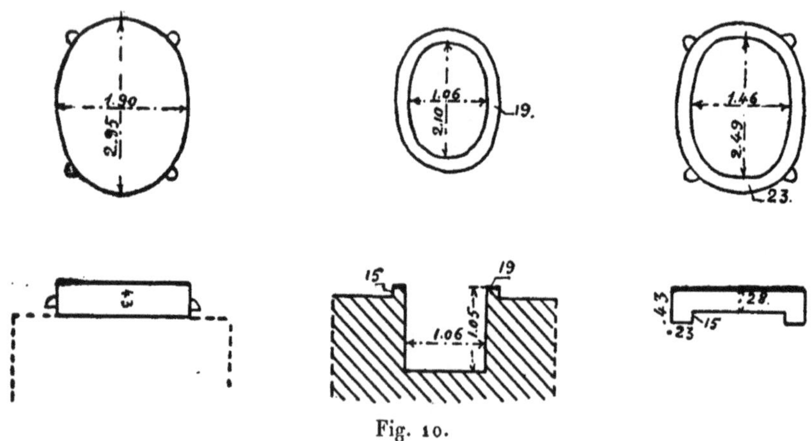

Fig. 10.

bloc qui faisait partie de la paroi ouest; comme il était posé directement sur le rocher dans le quatrième lit de la maçonnerie, j'eus toute raison de croire qu'il marquait l'entrée des appartements intérieurs. Il était d'ailleurs du méme granit que la cuve et son couvercle, ce qui prouve qu'on lui attribuait une importance particuliére. J'allais donc pousser plus loin la fouille lorsque, le 31 mars, au moment où les travaux semblaient sur le point d'aboutir, un orage épouvantable nous surprit. Une véritable trombe s'abattit sur la montagne de Zaouiét el-Aryân, et le puits fut inondé jusqu'à la hauteur de 3 métres; vers minuit, l'eau baissa brusquement d'environ un métre. Je ne puis expliquer ce phénomène qu'en supposant qu'elle s'engloutit dans quelque galerie souterraine, assez vaste pour contenir 380 métres cubes d'eau, et de fait, je trouvai pendant longtemps des traces d'humidité dans les joints des blocs.

(*Sera continué.*) A. Barsanti.

TABLE DES MATIÈRES.

Tewfik Boulos. Report on Excavation at Nag el-Kelebat 1- 3

A. Lucas. Ancient Egyptian Mortars 4- 7

J. E. Quibell. Report on Work done in Upper Egypt during the Winter 1904-1905 .... 8- 10

A. E. P. Weigall. A Report on the Suffocation of five Persons in a Tomb at Gurneh on November 10th-11th 1905 .... 11- 12

W. G. Kemp. Letter to the Director-general of Antiquities on Ruins found at n° 3 Station on the Suez Road 13- 15

É. Brugsch Pacha. Sur deux trouvailles de culots d'argent provenant de Mit-Rahineh 16

Mohammed Effendi Chaban. Sur le tombeau romain de Tell El-Sabakha... 17- 18

H. Ducros. Étude et analyse d'une roche trouvée à Karnak (1903-1905). 19- 26

— Note sur un produit métallurgique et une turquoise du Sinaï. 27- 32

G. Legrain. Notes d'inspection, § XXX-XXXVI 33- 57

G. Maspero. La chapelle d'Asfoun 58- 60

G. Daressy. Deux figurations de girafe 61- 63

Fr. W. von Bissing et Max Reach. Bericht über die Malerische Technik der Hawata-Fresken im Museum von Kairo 64- 70

G. Maspero. Troisiéme rapport sur la défense de Philæ 71- 77

Percy E. Newberry. Topographical notes on Western Thebes collected in 1830, by Joseph Bonomi 78- 86

Ahmed bey Kamal. Sébennytos et son temple 87- 94

Ahmed Effendi Naguib. Une conduite d'eau à Kom el-Nakhla 95- 96

A. Barsanti. Rapport sur les travaux exécutés à Edfou en 1902-1905, réparations et consolidations (avec 6 planches) 97-109

— Lettre sur la découverte des restes d'un petit convent copte prés de Zaouyet el-Aryân 110

Sobhi Effendi Arif. Découverte d'une tombe chrétienne prés de Samallout (avec 1 planche) 111-114

G. Daressy. Un poignard du temps des rois Pasteurs (avec 1 planche)... 115-120

A. E. P. Weigall. A Report on the Excavation of the funeral Temple of Thoutmôsis III at Gurneh 121-141

. Maspero. Sur un scarabée de Sabacon........................ 142
. C. Edgar. Tombs at Abou Billou 143-144
E. Breccia. Note epigrafiche 145-149
É. Baraize. Sur quelques travaux de consolidation exécutés en février et mars 1906 à Deir el-Bahari.......................... 150-154
G. Elliot Smith. An Account of the Mummy of a Priestess of Amen, supposed to be Ta-usert-em-suten-pa (avec 9 planches).... 155-182
G. Legrain. Notes d'inspection, § XXXVII-XXXVIII................ 183-192
G. Schweinfurth. Die Entdeckung des wilden Urweizens in Palästina... 193-204
C. C. Edgar. Report on an Excavation at Toukh el-Qaramous......... 205-212
G. Lefebvre. Une chapelle de Ramsés II à Abydos.................. 213-220
E. Breccia. Un gruppo di Dionysos e Fauno rinvenuto in Alessandria... 221-225
G. Legrain. Deux stèles inédites............................ 226-227
— Sur quelques monuments d'Aménôthès IV provenant de la cachette de Karnak 228-231
Ahmed bey Kamal. Rapport sur quelques localités de la Basse-Égypte.... 232-240
L. Barry. Notice sur quelques pierres gnostiques (avec 2 planches)..... 241-249
W. Spiegelberg. Nachlese zu den Demotischen Inschriften des *Catalogue général des Antiquités égyptiennes du Musée du Caire* (avec 2 planches) 250-256
Barsanti-Maspero. Fouilles de Zaouiét el-Aryân :
I. Rapport, par A. Barsanti (avec 3 planches)........... 257-286

Intailles gnostiques (faces).

2 11 8

4 10 A 9 6

1 5 3

Intailles gnostiques (revers).

Stele aus Tell Abou-Jassin.

Phototypie Berthaud. Par

Phototypie Berthaud, Paris

Fouilles de Zaouiet el Aryân. — Le puits vu d'en haut.

Phototypie Berthaud. Paris

Fouilles de Zaouiet el Aryân. — La tranchée descendante.

Lightning Source UK Ltd.
Milton Keynes UK
UKHW02f0620130818
327150UK00008B/241/P

9 781333 910655